연·세전 교장 에비슨 자료집(Ⅶ)

-교육·선교 서한집(5) : 1924~1926-

연·세전 교장 에비슨 자료집(Ⅶ)
−교육·선교 서한집(5) : 1924~1926−

초판 1쇄 발행   2024년 6월 30일

편   자 | 연세대학교 국학연구원 연세학연구소
번   역 | 문백란
감   수 | 김도형
발 행 인 | 윤관백
발 행 처 | 선인

등록 | 제5−77호(1998.11.4)
주소 | 서울시 양천구 남부순환로 48길 1
전화 | 02)718−6252 / 6257   팩스 | 02)718−6253
E-mail | sunin72@chol.com

정가   50,000원

ISBN   979−11−6068−900−6   94900
ISBN   978−89−5933−622−7   (세트)

연세사료총서 7

연·세전 교장

에비슨 자료집(Ⅶ)

－ 교육·선교 서한집(5) : 1924~1926 －

연세학연구소　편

▌책머리에 ▌

　이 책은 『에비슨 자료집』(Ⅶ)으로, 에비슨이 연전과 세전 두 학교의 교장으로, 두 기관을 운영하면서 대외적으로 주고받은 편지를 번역한 "교육·선교 서한집"으로는 5번째이다. 이 자료집에 수록된 문서들은 1924~1926년의 서한 135건이다.

　에비슨은 1922년 12월 18일 열린 양교 이사회의 공동회의 결정에 따라, 관계 기관의 허가를 받고 학교 운영 자금을 구해오기 위해 1924년 3월 서울을 떠나 미국으로 갔다. 그런데 1년 예정의 모금 활동이 여의치 않아 1년을 더 연장하고, 1925년 6월 뉴욕대학에서 박사학위를 취득한 원한경(Horace H. Underwood, 1890~1951)을 모금 활동에 합류시킨 후, 1926년 8월 함께 한국으로 귀임하였다. 따라서 이 책에 실린 에비슨의 왕복 서한은 대부분 미국 현지에서 작성되었고, 모금 문제를 다루고 있었다.

　에비슨의 모금 활동은 연전과 세전, 두 학교의 후원조직인 뉴욕의 협력이사회(Cooperating Board)의 협력 속에서 나름의 성과를 내었다. 원하는 목표만큼 모금하지는 못하였지만, 학교나 병원의 건물 신축과 재정 안정에 도움을 주었고, 여자대학 설립과 종합대학 승격 등을 구상할 수 있게 하였다. 모금 외에도 에비슨은 미국에서 졸업생의 미국 유학 지원, 선교사 교수의 박사학위 취득 지원, 유능한 교수 유치, 두 기관에 필요한 물품 구입 등을 추진하며 학교 업무를 다양하게 지원하였다. 그러므로 오늘날 독자들은 그가 주로 미국에서 펼친 여러 활동상을 담은 문서들을 통해 당시 '연세'의 모습을 약간 다른 각도에서 살필 수 있을 것이다.

　자료집의 문서들은 필라델피아의 장로교문서보관소, 뉴저지주의 드류대학교 내 연합감리교회 문헌보관소와 프린스턴대학교 도서관, 캐나다 토론토대학 내 빅토리아대학 문서보관소에서 소장된 것이다. 이 자료는 본교의 원로 동문이신 최재건 교수(성결대 석좌교수)께서 대다수를 수집해 주셨다. 총장정책과제로 수행한 이 연구는 국학연구원장 및 연세학풍연구소장을 지내고 퇴임한 사학과 김도형 교수(전 동북아역사재단 이사장)의 전반적 책임 아래 진행되었다. 수집 문서를 정리, 보완하고 번역한 일은 연구소 전문연구원인 문백란 박사가, 이를 다시 출판 가능한 수준으로 감수, 교열하는 작업은 김도형 교수가 맡아 주었다. 원문까지 영인하여 출판하는 까다로운 편집작업을 감수해주신 선인출판사의 편집진께도 깊은 감사를 드린다.

2024년 1월
연세대학교 국학연구원장
연세학연구소장
김 성 보

▌일러두기 ▌

1. 에비슨이 송·수신한 서한, 보고서, 전보 등으로 각 문서의 출처는 문서 말미에 제시하였다. 구체적인 소장처와 그 약어는 다음과 같다.

    ① PHS : 미국 필라델피아 장로교문서보관소(Presbyterian Historical Society). 마이크로필름으로 된 "Presbyterian Church in the U.S.A. Board of Foreign Missions, Korea Mission Records 1903~1957" 및 "Presbyterian Church in the U.S.A. Commission on Ecumenical Mission and Relations. Secretaries Files : Korea Mission, 1903~1972" 및 "Korea Mission records, 1904~1960."

    ② UMAC : 미국 뉴저지, 드류대학교(Drew University)의 연합감리교 문헌보관소(The United Methodist Archives Center).

    ③ PCC & UCC : 토론토대학 내 빅토리아대학. 마이크로 필름으로 제공된 "Correspondences of Presbyterian Church in Canada Foreign Mission Committee, Eastern Section Board of Foreign Missions Korea Mission 1898~1925."

    ④ PUL : 프린스턴대학교 도서관(Princeton University Library)

2. 원문과 번역문을 각각의 문서로 묶어서 원문을 쉽게 대조할 수 있게 하였다.

3. 번역은 직역을 원칙으로 하되, 가독성을 높이기 위해 긴 문장을 둘 이상의 문장으로 나누기도 하였다.

4. 편지 원문의 서식과 부호의 형태·위치를 번역문에서 가급적 그대로 따랐다. 원문에서 밑줄이나 중간줄이 있는 곳은 번역문에서도 같은 모양으로 표시하였다. 그러나 경우에 따라 원문에는 없어도 의미소통을 위해 필요한 단어나 간략한 해설문을 '[ ]' 부호로 문장에 삽입하거나, 대명사를 문맥상의 실제 지시어로 번역하기도 하였다.

5. 경어체로 번역하였지만, 존댓말이 과하여 분위기가 경직되지 않도록 격식을 약간 갖춘 정도의 어투로 번역하였다.

6. 이해를 돕기 위해 각주를 달았다. 각주 설명이 필요한 인명, 단체명, 특정 용어 등에 대해서는 그 명칭이 맨 처음 등장한 곳에 각주를 달았다.

7. 교단별 선교지휘부를 가리키는 'Board of Foreign Missions' 또는 그것의 약칭인 'Board'는 각 교단 총회 산하의 부서란 점에서 '선교부' 또는 '해외선교부'로 번역하였다. 한국에 있는 선교사들의 교단별 집단을 가리키는 'Mission'은 '선교회'로, 'Mission'의 지방거점을 가리키는 'Station'은 '선교지회'로 번역하였다. 'Board'가 대학이사회를 가리키는 "Board of Managers"의 약칭으로 표기하거나 연희전문·세브란스의전을 위한 선교부들의 후원 조직인 "Cooperating Board"의 약칭으로 표기되기도 하여 문맥에 따라 '이사회' 또는 '협력이사회'로 번역하였다.

8. 'Charter'는 엄밀히 법인설립허가서를 뜻하지만, 실제로는 그 안에 포함된 법인 규정을 가리키므로 '정관'으로 번역하였다. 'Constitution'은 캐나다장로회 총회에 대해서는 '헌법'으로, 협력이사회의에 대해서는 '정관'으로 번역하였다.

▌차 례▐

▌자료 소개 ▐

 이 책에 수록된 자료는 연전, 세전의 교장을 겸하고 있던 에비슨(O. R. Avison, 1860~ 1956))이 1924~26년까지 학교 운영 관련으로 만들어진 편지, 보고서, 전보, 협력이사회 회의록 등 모두 135건의 문서이다. 에비슨은 학교 발전 기금을 모으기 위하여 1924년 4월부터 1926년 8월까지 미국에서 활동하였는데, 이 문건들이 이를 잘 보여주고 있다.

 1920년대 들어 연전과 세전에서는 학교 운영 체계를 정비하고 건물을 신축하느라 많은 자금이 소요되었다. 그에 따라 학교 재정이 항상 적자 상태로 이어졌으나, 이를 메우기 위해 학생 등록금을 무작정 올릴 수도 없었고 각 협력 선교회에 부담을 더 지우기도 어려웠다. 결국 국내외 단체나 개인에게 후원을 구하는 길을 택할 수밖에 없었다. 각 학교 교수회로부터 이런 내용의 요청을 받은 양교의 대학이사회들은 1922년 12월 18일 공동회의를 열어 교장을 미국과 캐나다에 보내 후원금을 모집해 오게 하고 교장의 업무를 1923년 1월부터 부교장에게 대행시키기로 의결하였다.

 그런데 양교의 재정을 지원하고 감독하는 뉴욕의 협력이사회는 모금을 위해 에비슨이 미국에 오는 것에 동의하지 않았다. 협력이사회는 재정 적자를 해결하기 위해 예산을 축소하도록 지시하고, 또 미국의 경기가 좋지 않다는 이유를 들어 에비슨의 미국행을 연기하도록 요청하였다. 하지만 연전, 세전의 입장에서는 미국의 여건이 좋아지기를 마냥 기다릴 수 없었다. 우여곡절 끝에 에비슨은 1924년 3월 서울을 떠나 4월 뉴욕에 도착하여 모금 활동을 펼치고 1926년 8월 14일 시애틀에서 출항하여 8월 31일 서울에 돌아왔다. 이렇게 하여 거의 2년 반 동안 미국에서 활동하였다.

1. 기금 모금 관련

(가) 에비슨은 북장로회 선교부가 위치한 뉴욕시 5번가(Fifth Avenue) 156번지 건물의 914호실을 사무실로 사용하였다. 북장로회 선교부의 공식 편지지로 통신 업무를 보면서 그곳을 모금 운동의 거점으로 삼았다. 1925년 6월, 뉴욕대학에서 박사학위를 마친 원한경 (H. H. Underwood)도 안식년을 연장받고 모금 사역에 합류하였다.

에비슨의 사무실이 있던 곳에는 북장로회 선교부 총무단의 일원으로서 협력이사회의 총무를 맡고 있던 홀(Ernest F. Hall)의 사무실도 있었다. 북감리회 선교부가 있던 5번가 150번지 건물에는 선교부의 회계이면서 협력이사회의 회계인 서덜랜드(George F. Sutherland) 의 사무실이 있었다(협력이사회의 업무는 156번지의 총무 사무실과 150번지의 회계 사무실 두 곳에서 처리되었다). 두 사무실이 가까이에 있었기에 에비슨은 수시로 서덜랜드 회계와 사안들을 협의하였으나, 대부분의 공식적인 업무는 편지로 주고받았다.

모금 업무는 에비슨과 협력이사회 회계의 공조와 업무 분담으로 진행되었다. 에비슨과 원한경(모금 활동에 1년 후 동참)은 단체나 개인에게 후원을 호소하여 후원금을 직접 수령하거나 후원을 약정받았다. 에비슨은 자신이 받은 후원금의 수표나 약정 카드를 회계에게 보내면서 기부자가 정한 용처(예: 신병실 침대 구입비 등)를 알려 후원금 장부를 학교별, 항목별로 정리하게 하였다. 기부자가 기부 대상을 학교만 정하고 용처를 지정하지 않을 때는 일반기금으로 분류하였다. 에비슨 일행의 체류비(여비)를 포함한 모금 활동비는 기부금의 한 항목으로 잡아서 기부금으로 해결하게 하였다(차례 124, 125번).

기부를 받은 다음에는 협력이사회 회계에게 기부자의 주소를 알려주고 협력이사회가 돈을 받았다는 공식 수령증을 보내게 하였다. 10불(53번), 15불(43, 73번), 20불(60번) 등과 같은 적은 금액도 반드시 수령증을 발송하게 하였다. 분납을 약정한 경우에는 회계가 약정 카드와 장부를 살펴서 분할금이 약속 기일에 들어오고 있는지를 확인하고 그 이행을 독려하였다.

에비슨과 협력이사회는 기부금을 얻기 위해 여러 단체나 개인을 설득하였다. 개인 후원자들과 한인 교포들의 소액 후원금도 받았고, 록펠러 재단, 카네기 기금, 커먼웰스 기금, 홀 재단 등의 유명한 기부단체들과도 접촉하였다. 하지만 홀 재단 외에서는 기부를 받지 못하였다(32번). 뉴욕의 한국인 교포들이 연전을 위해 모으고 있는 기부금의 일부로서 358불짜리 수표를 받았고, 시카고의 이병두를 통해 한인학생회의 기부금 30불을 받았다(82, 124, 125번).

홀 재단으로부터 5만 불을 받았을 때는 이를 5½% 이자의 채권으로 받았다(33번). 협력이사회 이사장 존 언더우드(John T. Underwood, 1857~1937)도 채권을 연전의 기본재산 용도로 기부하면서 채권의 이자를 모금 사역 경비로 쓰게 하였다(22번). 그는 그 돈이 학교에서 급하게 사용될 것이 아니었으므로 이를 미국의 어느 곳에 투자하여 이자 수익을 늘리게 하였다. 용도가 지정된 기부금도 은행에 예금해 두었다가 그 기금을 쓰게 될 때까지 기간 만큼의 이자 수익을 얻을 수 있게 하였다(33번).

모금을 위해 에비슨은 한국과 더불어 연희전문을 소개하는 홍보용 소책자(표지명 "Korea")를 만들었다. 이 책자의 발행비는 존 언더우드가 대고 출판은 언더우드 타자기회사에서 맡아주었다(18, 19, 20번).*

(나) 에비슨은 예정했던 활동 기간 1년이 끝나가는 때인 1925년 4월 10일 협력이사회 정기회 때 보고서를 제출하면서 각 학교에 125만 불, 모두 250만 불가량이 필요하다고 진술하였다(32번). 세전의 기본재산을 위해서는 최소 50만 불을 모아야 한다고 하였다.

기부금을 가장 많이 낸 쪽은 역시 협력이사회 이사들이었다. 존 언더우드는 기본재산을 위해 6만 불을 기부하였다. 존 세브란스(John L. Severance, 1863~1936)와 그의 자매 프렌티스 부인(Elizabeth P. Prentiss, 1865~1944)은 세브란스병원의 '신병실' 건축비 10만 불과 토지 구입비 7천5백 불, 경상비로 1만 불을 5년 동안 주기로 약속하였다. 그리하여 1년 정도 기간에 세전은 총 160,928불을 받았고, 연전은 총 131,041불을 받았다.

1926년 4월의 협력이사회 정기회 때는 에비슨이 연전을 위해 총 22만 불가량을 약정받고, 세전을 위해 총 17만 5천 불가량을 약정받았다고 보고하였다(106번). 그러면서 많은 돈을 기부할 수 있는 단체에는 접근하기가 어렵고, 소액 기부금들로는 목표액을 채울 수 없다고 고충을 토로하였다. 얼마 후에는 원한경과 더불어 홀 재단의 재산 관리인을 만나 설명하여 얼마간 후원을 받을 가능성을 보았다고 보고하였다(111번. 그 결과 1929년 홀 재단

---

* 홍보용 소책자는 이 자료집의 사진 부분에서 소개되고 있다. "KOREA"라고 쓰인 이 책자의 겉장만 보아서는 연전을 소개하는 것인지 알 수 없지만, 한국의 고적과 전통문화를 소개하고, 현재 연전에 이르는 근대 교육 발전과정을 사진으로 보여준 다음, 학교의 교육 목표와 갖가지 현황을 제시하고 있다.

으로부터 20만 불을 받음). 많은 노력에도 불구하고 예상한 만큼의 모금액을 얻지 못하자 에비슨은 모금의 성과가 오랜 미국 체류 기간에 비해 크지 않아 유감이라고 말하였다(125번).*

당시의 모금 활동은 목표했던 바를 이루지 못했지만, 1928~29년도에 존 언더우드와 홀 재단의 지원으로 재정 적자를 해결하고, 1929년 각과의 발전계획과 종합대학 수립계획을 매우 구체적으로 세워 이후 1930년대에 큰 성장을 이루게 되었다.

모금 운동 기간이 끝나가자 에비슨은 자신이 떠난 후에도 미국에서 계속 후원금을 모금해줄 사람을 구하려 하였다(106번). 협력이사회 이사장도 이 계획에 찬성하였으나, 에비슨은 미국에 있는 동안 그 일의 적임자를 구하지 못했다.

한편, 협력이사회는 홀 재단이 법인에 대해서만 기부하기로 했다는 말을 듣고 협력이사회를 법인으로 만드는 문제를 검토하기 시작하였다(94번). 에비슨은 이 일을 적극 지지하였다(95번). 협력이사회는 1926년 4월 정기회 때 그곳을 법인으로 만드는 데 필요한 준비를 하기로 의결하였다(106번). 그 후 협력이사회는 1928년 뉴욕주에 법인으로 등록하고 12월 4일 법인 이사회의 제1회 회의를 열어 정관을 새로 채택하고 임원을 다시 구성하여 법인 설립 절차를 마무리하였다.

2. 선교사 교수 동정

1) 연희전문학교 교수

(가) 노블(Alden Noble) : 노블은 북감리회 소속의 연전 이사(1915~34) W. 노블(William A. Noble) 선교사의 아들로서 연전에 교수로 오기를 희망하였다. 그러나 연전에서는 1924년 북감리회 선교부에 다른 선교사 교수의 사임으로 생긴 빈자리를 채우는 대신에 주는 연

---

* 에비슨은 『동아일보』와의 귀국 인터뷰에서는 두 학교를 위해 40만 불(80만 원 이상)을 모금하였다고 설명하였다(『동아일보』, 1926년 9월 3일, 「在美朝鮮同胞 耿耿一念이 民族」). 에비슨은 후에 연전을 위해 총 228,808불을 모금하였는데, 그 가운데 기본재산을 위한 기부금이 175,000불, 토지구입비 및 건축비가 22,750불, 비지정 기부금이 31,058불이라고 하였다(『연희전문학교 운영보고서 (II) ─ 교장·부교장·학감 보고서(1915~1942)』, 「(32)에비슨 교장의 북장로회 서울지회 제출 보고서」, 1927년 6월, 2021, 335·342쪽).

2천 불을 계속 받아 재정적으로 쪼들리고 있는 학교의 운영비에 보태기 위해 그의 부임을 1925년으로 미루어주도록 요청하였고(2, 8번), 북감리회 선교부는 그 요청을 수용하였다 (10, 32번). 노블은 그 후 연전에 부임하여 생물학을 가르쳤으나, 1927년 사임하고 말았다.

(나) 밀러(Edward H. Miller)와 피셔(James E. Fisher) : 연전 수물과 교수 밀러와 문과 교수 피셔는 이 시기에 안식년을 맞아 컬럼비아대학에서 학위 과정을 밟고 있었다. 당시에 한국 사회에서는 이전과 달리 총독부의 정책이나 사회 여론상으로 연전의 교수가 되려면 박사학위 취득이 필요한 분위기가 조성되었다. 에비슨은 이런 점을 고려하여 1926년 4월 밀러가 속한 북장로회 선교부의 총무 브라운(A. J. Brown)에게 편지를 보내 밀러가 올해 화학 전공으로 석사학위를 받게 되는데 1년을 더 공부하여 박사학위를 받도록 안식년을 연장해달라고 요청하였다(104번). 협력이사회 정기회 때도 밀러와 피셔의 안식년 연장이 필요하다는 점을 호소하였다(106번). 그 후 두 사람은 1927년 박사학위를 받았다.[*]

(다) 베커(Arthur L. Becker) : 베커는 연전 창립 때부터 이사와 학감과 수물과 과장으로 활동하면서 1923년 부교장으로, 에비슨이 미국으로 떠난 후 교장을 대리하였다. 그러다가 1925년 9월 학감과 수물과 과장직을 사임하고(학감은 유억겸이, 수물과장은 이춘호가 승계함) 에비슨에게 자신이 곧 안식년을 가질 예정인데 미국에 가면 가정 경제 때문에 한국에 돌아오기 어려울 것 같고 혹시라도 돌아오게 된다면 부교장직을 내려놓기를 바란다는 내용의 편지를 썼다(106번). 그런 다음 에비슨이 서울로 돌아오기도 전에 미국으로 출국하였다.

에비슨은 1926년 4월 협력이사회 정기회에서 베커가 연전에 필요하다고 설명하였고, 연전의 한국인 교수들(우애회)도 협력이사회에 편지를 보내 베커 박사가 안식년을 끝내면 한국으로 돌아올 수 있도록 성금(4천 원)을 모아 필요한 자금에 보태겠다는 뜻을 밝혔다 (106번). 에비슨은 북감리회 선교부를 향해 그쪽 선교부가 베커의 재정을 채워서 한국인 교수들의 도움을 받을 필요가 없게 해주면 좋겠고, 그 한국인들의 기부금을 외국인 선교사

---

[*] 밀러는 "비타민 A의 안정성에 끼치는 수소 이온 활성의 영향"(The Influence of Hydrogen Ion Activity upon the Stability of Vitamin A)이란 학위논문을 썼고, 피셔는 "한국에서의 민주주의와 선교 교육"(Democracy and Mission Education in Korea)이란 학위논문을 써서 1928년 뉴욕에서 출판하였다.

후원보다 학교 시설 개발이나 한국인 교수 봉급 지급에 활용하면 더 좋겠다고 주장하였다(105번). 그러면서 베커에게 자녀교육에 필요한 돈의 일부를 제공하겠다고 한 한국인들의 제안은 베커를 난처하게 만들고 선교의 대의를 교란할까 염려되므로 그 돈으로 베커가 맡은 과의 장비를 개선하게 하면 좋을 것이라고 말하였다(115번). 베커는 그 후 자녀의 학비를 벌기 위해 조지아 공대에서 가르치다 존 언더우드로부터 학비를 지원받아 1928년 9월 돌아왔다.

(라) 원한경(Horace H, Underwood, 元漢慶) : 원한경은 1924년 뉴욕대학에서 석사학위를, 1925년 박사학위를 취득하였다. 그 후 안식년을 연장하여 에비슨의 모금 활동에 합류하였고(32, 33번), 에비슨과 함께 협력이사회의 정기회에 참석하였다(2, 33번). 그의 미국 체류 비용은 학교에서 부담해야 하였지만, 그의 백부인 존 언더우드가 대신 부담해주었다(117번). 1926년 4월 협력이사회는 에비슨과 원한경의 한국 귀환을 앞두고 두 사람이 미국에서 모금 사역을 탁월하게 수행한 사실을 인정하는 기록을 남기기로 의결하였다(106번). 더불어 원한경 박사가 한국에서 선교사들이 행한 교육 사역을 가장 포괄적으로 연구한 박사학위 논문을 써서 곧 책으로 출판하는 눈부신 공헌을 한 것에 대해 사의를 표하기로 의결하였다.[*]

(마) 농과 교수 채용 문제 : 에비슨은 맥켄지(Frederick F. McKenzie)를 농과 교수로 채용하고 싶어 했으나 성사되지 않았다. 연전은 1921년부터 경제적인 이유에서 학생을 뽑지 않아 폐과된 농과를 속히 복설하기를 바라며 농과 교수를 구해놓으려 하였다. 캐나다장로회 선교부는 그들이 파송했던 문과 교수 잭(Milton Jack)이 1920년 이사회에서 농과를 맡아달라는 부탁을 받고 나서 사임해버리자 그를 대신하여 매년 2천 불을 보내면서 농과 교수가 될 사람을 찾아주겠다고 약속하고, 얼마 후 1922년 10월 브리티시컬럼비아대학 농학부를 졸업하고 미주리주 주립대에서 석사과정을 밟고 있는 맥켄지를 소개해주었다. (그는 나중에 박사학위를 취득하고 미주리주립대 교수가 되었다.) 에비슨은 그에게 한국의 기후와 토양과 지형에 맞는 농법을 찾아 실천할 수 있는 농과 교수가 필요하다고 말하고 그렇

---

[*] "한국에서의 근대 교육"(Modern Education in Korea)은 1926년 뉴욕에서 출간되었다.

지만 농과 개설을 위한 총독부의 인가 취득과 자금 마련 등의 난관도 있다고 설명하였다 (58, 59, 62, 129번). 맥켄지는 그를 파송해줄 선교부가 없어 연전에 갈 수 있게 될지를 의심하였고(102, 128번), 에비슨은 학교의 경제적 여건이 여의치 않으므로 그가 자신의 봉급과 사역비 몇 년 분을 모금해오면 좋겠다고 권유하였다(128번). 또한, 그가 악조건 속에서도 사명감을 갖고 오게 하려고 한국 농업교육의 필요성과 에비슨 본인의 농업교육관을 간곡히 피력하였지만, 결국 그를 붙잡지 못하였다(131번).

2) 세브란스의학전문학교 교수

(가) 맨스필드(Tomas D. Mansfield) : 맨스필드는 캐나다장로회 소속 선교사로 1916년 세전 이사로 활동하였고, 1920년부터 세전 교수로 근무하면서 연전 이사로도 활동하였다. 그런데 이 시기에 안식년을 맞아 미국에 와서는 학교로 돌아가지 않으려 하였다(41, 42번). 그는 자녀가 많아 선교사 봉급으로 가족을 부양하기 어려워 사임하려 하였으나, 선교부 쪽에서는 그에게만 봉급을 늘려줄 수 없었다(61번). 에비슨은 맨스필드에게 편지를 써서 그가 자녀교육을 위해 해마다 더 큰 빚을 져서 사역의 중단이 불가피하게 된 것을 이해한다고 위로한 다음, 그의 세전 사역이 훌륭하였고 그와 함께 한 시간이 즐거웠다는 말로 작별의 인사를 하였다(65번).

(나) 파운드(Norman Found) : 북감리회의 의료선교사인 파운드는 세전을 떠나는 맨스필드를 대신하여 교수로 오기를 원하였다. 그런데 이 자리가 본래 캐나다장로회 몫이었으므로, 그는 북감리회를 떠나 캐나다장로회로 소속을 변경하고자 하였고, 캐나다장로회 선교부도 그를 맨스필드의 후임으로 보낼 생각을 하였다(99번). 이에 대해 에비슨은 세전 쪽에서도 그를 원하는지 그리고 그가 북감리회 측과 완전히 절연하였는지를 먼저 알아야 한다고 대답하였다(99번). 파운드는 그 후 1928년 내과 교수로 부임하였다.

(다) 마틴(Stanley H. Martin) : 마틴은 캐나다장로회 의료선교사로서 용정 제창병원에서 일하면서 1919년 3.1운동과 1920년 간도참변 때 일제의 만행을 폭로했던 인물이었다. 그도 사임한 맨스필드의 교수 자리를 원하였으나, 캐나다장로회의 통합 문제로 어려움을 겪

게 되었다. 그의 고향 교회는 1925년 캐나다장로회·감리회·회중교회의 연합교회(Union Church of Canada) 수립에 반대하는 캐나다장로회 '잔류파'에 속하였고, 캐나다장로회 선교부는 연합에 가담하여 잔류파가 원한다면 마틴이 있는 만주 선교지를 잔류파에 떼어줄 생각까지 하고 있었다(69, 71번. 실현되지 않음). 그러나 정작 마틴은 잔류파가 아닌 연합교회의 후원을 받아 세전 교수가 되기를 희망하였다(61, 93번). 에비슨은 마틴이 세전의 교수회로부터 임명 요청서를 받아 그 요청서를 자기에게 보내야 한다고 대답하였다(98번). 마틴은 이런 과정을 거쳐 1927년 세전 교수가 되었다.

(라) 오웬스(Herbert T. Owens) : 오웬스는 캐나다인으로 1918년부터 북장로회 선교부의 준회원이 되어 에비슨의 비서, 세전과 연전 이사회의 서기와 회계, 세전 사무장으로 활동하다가 1924년 안식년을 맞았다. 에비슨은 그가 안식년 기간을 이용하여 토론토대학에서 공부하고 있었으므로 학업 수당을 받게 해주기 위해 서덜랜드와 상의하였다(17번). 협력 이사회의 회계였던 서덜랜드는 연전과 세전의 자금을 뒤섞어서 지출해왔는데, 에비슨의 미국 체류 기간에 두 학교의 은행 계좌를 분리하라는 지시를 받게 되자 존 언더우드가 개인적으로 제공해온 오웬스의 봉급을 어느 학교의 계좌에 넣어야 하는지를 문의하였다(34번).

3. 한국인 교수와 졸업생의 유학 · 귀국 지원

1) 세브란스의학전문학교 및 병원

(가) 이용설(李容卨, Y. S. Lee) : 이용설은 1924년 가을에 노스웨스턴의대 대학원 입학을 허가받았는데(32번), 에비슨은 이용설이 그에 앞서 입학을 신청했던 보스턴 문과대학에 그를 소개하는 역할을 하였다. 에비슨은 이용설이 1925년 여름 그 대학에서 의사 시험을 통과하고 뉴욕 럽처드 앤 크리플드(Hospital for Ruptured and Crippled) 병원에서 인턴으로 있으면서 정형외과를 전공하고 소아마비에 걸린 어린이의 손발 기능을 회복하는 수술을 하고 있다고 설명하였다(65번).

(나) 오한영(吳漢泳, H. Y. Oh) : 오긍선 세전 학감의 아들인 오한영은 세전을 졸업하고 조지아주 에모리대학에서 수학하고 있었는데, 에비슨은 자신이 모금하여 받은 기부금 가운데 1천 불을 그의 장학금으로 쓰게 하였다(20번). 그는 오한영이 에모리대학에서 내과학의 어느 분야를 공부하고 있다고 설명하였다(32번).

(다) 김창세(金昌世, Kim Chang Sei) : 김창세는 존스 홉킨스 대학에서 1925년 2월 보건학 박사학위를 받고 에비슨에 의해 세전의 세균학, 위생학, 공중보건학 교수로 영입되었다. 에비슨은 그의 3, 4월분 봉급과 귀국 여비를 모금 운동 기부금으로 지급해주었다(39, 40, 88번).

(라) 최동(崔棟, Paul D. Choi) : 최동은 에비슨이 모금한 기부금의 장학금 계정에서 학비를 지원받고 토론토대학 대학원에서 공부하기 시작하였다(125번). 그는 매달 50불을 받았고, 캐나다연합교회 선교부의 도움으로 녹스 컬리지에서 그곳의 신학생들과 똑같이 주당 6불의 할인된 가격으로 방을 얻었다(131번).

(마) 정일사(鄭一史, L. K. Jung) : 정일사는 미국에서 에비슨에 의해 세전 교수로 영입되어 세전에서 사임한 홉커크(C. C. Hopkirk) 뢴트겐선 의사를 1924년 11월부터 승계하였다(32번). 에비슨은 미육군 의대를 졸업하고 프랑스에 있는 미국 육군과 퇴역군인 병원에서 오랜 경험을 쌓은 정일사의 대학 학업 기록이 우수하다고 소개하였다(32번). 정일사의 봉급은 존 세브란스가 지급하면서 매년 3천 불까지 책임지기로 하였다(9번).

(바) 스프렁거(Mary Ann Sprunger) : 에비슨은 북감리회 해외여선교회로부터 스프렁거라는 간호사 후보를 추천받고 적격성 여부에 대해 관계자와 의논하기도 하였다(77, 85, 91, 92번).

2) 연희전문학교

(가) 노준탁(盧俊鐸, Arthur C. Noh) : 노준탁은 1919년 연전 문과를 제1회로 졸업하고 일

리노이주 노스웨스턴대학 교육학과에서 수학하면서 에비슨에게 유학비의 지원을 요청하였다. 에비슨은 그가 감리교인이었기 때문에 북감리회 선교부에 외국인 학생 지원신청 방법을 문의하였다(48, 50번). 노준탁은 에비슨에게 신분증을 보내면서 그것을 가지고 자기를 대신해서 북감리회 선교부 사무실을 다시 한번 방문해달라고 부탁하였다(52번).

(나) 송기주(宋基柱, K. C. Song) : 에비슨은 연전 학생들에게 화학 공부의 필요성을 역설한 적이 있었는데, 노준탁이 에비슨에게 미국에 유학 온 연전 졸업생 송기주가 화학을 공부하도록 그를 권유해달라고 요청하였다(52번). 송기주는 1921년 연전 농과를 제3회로 졸업하고 당시에 시카고대학에서 고고학을 전공하고 있었다. 그는 졸업 후 뉴욕에서 사업을 하다가 1929년 횡서(橫書) 한글 타자기를 발명하고 미국에서 특허를 받았다. 이 한글 타자기는 1933년 언더우드 타자기회사에서 생산되었고, 이 타자기의 발명과 생산은 한국의 신문들에서 역사적인 업적이라고 보도되었다.

4. 물품 구입, 건축 설계 의뢰, 사무실 정리

1) 세전의 물품 구입, 건축 설계 의뢰

존 세브란스가 매년 주는 세전 적자 보전금은 미국과 유럽에서 사 오는 의료용품의 결제대금으로 활용되면서 아예 회전기금으로 불리게 되었다(9번). 이 기금은 세브란스로부터 비정기적으로 받다가 1920년부터 연 1만 불로 인상되면서 세전의 고정수입이 되어 구매대금으로 활용되었다. 그런 와중에 세전의 결제대금이 연전에 보내지고 선결제에 활용되어 에비슨이 이의를 제기하였고(1923년 2월 21일, 『연·세전 교장 에비슨 자료집 (VI)』, 356·358쪽), 결국 1925년 협력이사회의 의결로 두 학교 공동의 은행 계좌가 분리되었다(28, 33, 34번). 존 세브란스는 그 조치에 앞서 별도로 5천 불을 보내 초과금액을 결제하게 하면서 6개월마다 정산하여 그 금액을 세전에서 갚게 하였고, 그 돈마저 모자라게 되면 그가 그 금액을 추가하기로 하였다(9번).

세전은 의료용품을 주로 스클라 제조회사(J. Sklar Manufacturing Co.)에서 구입하였는데

(64, 76, 89번), 에비슨이 미국에서 그 일을 도왔다. 세전은 또한 그 회사의 제품을 취급하는 리드 형제(Reid Bros.)로부터 10% 할인된 제품의 목록을 받아 그들을 통해 주문해오다가 스클라 회사와 직접 거래하면 50%를 싸게 살 수 있다는 말을 듣고 그 회사 측과 면담하여 대리인을 두는 방안을 모색하며 에비슨과 상의하였다(64번). 에비슨은 제이콥스 앤 컴퍼니(Jacobs & Company) 사로부터 저울을 사는 일을 위해서도 세전과 협력이사회 회계 사이에서 연락하고, 저울도 대리인의 취급 품목으로 만들 생각을 하였다(116, 120번).

2) 세전 신병실 건축 설계 의뢰와 설계비 지급

1922년부터 새 병동의 건축을 추진한 세전은 에비슨이 미국에 온 후 존 세브란스와 그의 자매 프렌티스 부인으로부터 10만 불의 건축비를 받고 1926년 본격적으로 공사를 시작하여 1927년 '신병실'(新病室)을 완공하였다. 1924년 에비슨은 토론토에 있는 고든(H. B. Gordon)에게 신병실의 건축 설계도의 작성을 의뢰할 생각을 하였다(7번). 고든은 1904년 개원한 세브란스병원을 무료로 설계했던 사람이었다. 이듬해에 에비슨은 고든에게 보낼 1천 불짜리 수표를 발행해달라고 서덜랜드에게 부탁하였다(45, 47번).

3) 연전의 자동차 구입

연전과 서울을 오가는 셔틀 자동차는 1920년 이사회 정기회 때 미국에서 구입하기로 의결된(『연·세전 교장 에비슨 자료집 (V) – 교육·선교 서한집(3): 1920~1921 –』, 170·177쪽) 후, 어느 때부터 운행되었다. 1926년 6월 부교장 베커가 이사회에 제출한 보고서에서 새 자동차를 구입할 것을 주장하였고, 그 한 달 전인 5월 에비슨은 서덜랜드에게 클리블랜드에서 자동차를 사기 위해 자동차 구입 지정 기부금 2천5백 불의 절반을 수표로 만들어달라고 부탁하였다(114번). 7월에는 자동차 기금의 잔액으로 자동차 운송비와 보험료를 내달라고 부탁하였다(122번).

4) 연전 기숙사 난방 설비 구입

에비슨은 연전의 기숙사 치원관이 난방이 되지 않아 문을 닫았다고 하면서 모든 부품의 조립이 완성된 온수 보일러가 필요하다고 호소한 적이 있었다(『연·세전 교장 에비슨 자료집 (VI)』, 1923년 12월 19일, 600·602쪽). 미국에서 에비슨은 온수 탱크를 구입하기 위해 사람들의 조언을 받는 한편으로 그가 받은 기부금의 비지정 항목에 기숙사 보일러 계정을 두어 그 비용을 조달하려 하였다(14, 86, 88번).

5) 뉴욕 사무실 정리

에비슨은 1926년 7월 14일 뉴욕을 떠나 밴쿠버로 가서 8월 14일 출항하여 8월 31일 서울로 돌아왔다. 그 사이에 뉴욕 5번가(Fifth Avenue) 북장로회 선교부 건물 914호실을 매월 40불에 임차하여 원한경과 함께 사무실로 사용하였다. 사무실에서는 잉글랜드(Agnes England)가 속기 타자수로 일하였는데(123번), 에비슨이 떠난 후 잉글랜드가 사무실의 각종 집기를 처분한 결과를 에비슨에게 편지로 알렸다(127번). 그 목록을 보면, 타자기와 책상을 비롯한 모든 비품과 가구가 언더우드 타자기회사, 북장로회 사무실, 북감리회 사무실에서 빌린 것이었다. 잉글랜드는 편지와 전보가 들어있는 서류함들, 지도와 사진과 책, 환등기와 녹음기, 연필 깎기 등의 사무용품들만 서울로 보내겠다고 통지하였다.

5. 의료선교정책과 세전 교수 영입 논란

에비슨은 북장로회 선교부의 의료선교정책에 관해서도 편지를 주고받았다. 북장로회 선교부가 한국에서 의료선교를 축소하기로 결정하고 통지하자 재한 선교사들이 이에 반발하면서 최소한의 축소 방안을 강구하였다(3, 4, 29, 30, 31번). 이 일로 그들이 예민해져 있는 때 세전에서 홉커크(C. C. Hopkirk) 내과 및 X선과 교수의 사임으로 생긴 공백을 메꾸기 위해 안동에 있는 버코비츠(Zacharias T. Bercovitz) 의사를 데려오려 하여 논란이 커졌다. 그 계획은 다른 선교사들의 반대로 무산되었지만(30번), X선과 교수를 찾는 문제는 정일사의 부임으로 해결되었다.

다른 한편으로 어느 한 선교부가 세전에 선교사 교수를 파견하지 않게 되면 그 대신 연 2천 불을 내기로 한 원칙이 당시에 통용되고 있는 것에 대해 남장로회 선교부 측이 불만을 나타냈다(130번). 그들은 오긍선을 그들의 대표로 세전에 보내고 있는데도 외국인 선교사를 또 보내게 하고 그렇지 않으려면 돈을 내라고 한 것이 부당하다고 생각하였다. 협력이사회 회계 서덜랜드는 이 항의에 대해 협력이사회가 한국인 의사도 선교사 교수 쿼터에 포함하는 것을 공식적으로 인정하고 한국인 의사를 보낼 때는 봉급이 더 적은 한국인 의사와 더 많은 선교사 의사 간 봉급의 차액도 보내도록 하자는 의견을 냈다. 그러면서 만일 파견한 한국인이 유능한 의사라면 세전은 유능한 의사에 봉급의 차액만큼 현금까지 더 얻는 이점을 누릴 것이라고 하였다(130번). 이 문제가 이후에 어떻게 결정되었는지는 알 수 없지만, 이 논의는 세전이 모든 선교부로부터 무한정 지원을 받아 운영되지는 않았다는 것을 다시 확인하게 해준다. 기독교 연합기관으로서 세전과 연전은 후원단체들의 성의를 힘입어 운영되었지만, 그 과정에서 부단히 지원을 호소하고 설득하는 일도 필요하였다.

(김도형, 문백란)

▌사 진▐

▲ 에비슨의 자필 개인기록 1925년

에비슨이 미국에서 체류하고 있던 1925년 9월 25일 그가 소속된 북장로회 선교부의 요구로 안식년을 맞은 선교사들이 쓰는 일종의 신고서를 작성하였다. 여기에 그의 첫 부산 도착(1893년 7월 18일 – 에비슨은 한국에서 처음 쓴 1893년 7월 26일자 편지에서 부산 도착 일자를 7월 16일이라고 기록하였다), 이후 제중원에서 세브란스의전으로 이어지는 기간의 의사 및 교장으로서 봉직 과정(1893년 11월 1일~당시), 번역과 저술, 조선과 대한제국의 시의(侍醫) 사역(1893~1907년), 훈장 수여, 연락처 등이 기입되어 있다.

(출처: Presbyterian Historical Society, Philadelphia)

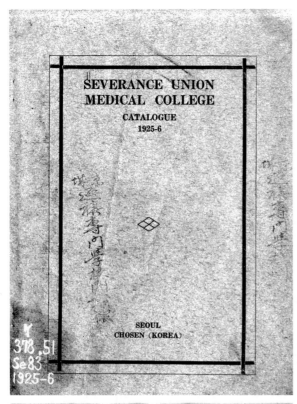

SEVERANCE UNION
MEDICAL COLLEGE
CATALOGUE
1925-6

SEOUL
CHOSEN (KOREA)

▶ 세브란스연합의학전문학교 일람 1925~26년
　표지, 학사일정

일람은 41쪽 분량이고 1926년 YMCA 인쇄소에서 출판되었다. 학사일정, 협력이사회와 학교이사회 이사진, 교수진, 학교 역사, 건물·설비, 운영조직, 입학시험, 학비. 졸업생 취득 학위와 자격, 커리큘럼, 종교교육부, 연구부, 치과부, 의용품상회, 안경부, 산파간호부양성소, 진료 통계, 재무보고서, 역대 교수, 졸업생 명단, 학생 명단이 수록되어 있다.

일람에 수록된 학사일정은 당시에 학년이 4월 4일 또는 5일에 시작되어 봄, 가을 겨울의 3학기제로 운영되었고, 이듬해 3월 23일에 졸업식이 거행되었으며, 5월 15일이 개교기념일로 지정되어 있었던 것을 알 수 있게 한다.

(출처: *Severance Union Medical College Catalogue*, 1925-6. 연세대학교 중앙도서관)

CALENDAR 1925-26

Jan.	6,	Tues.	Winter Term begins.
Feb.	11,	Wed.	School Holiday.
March	2,	Mon.	Graduation Examinations begin.
	12,	Thurs.	Annual Examinations begin.
	20,	Fri.	Last day for receiving applications for admission.
	22,	Sunday	Baccalaureate Sermon.
	23,	Mon.	15th Graduation Day.
	26,	Thurs.	
	to 28 Sat.		Entrance Examinations.
Apr.	4,	Sat.	Spring Term begins.
May	15,	Fri.	Severance Day.
July	1, to Sept. 3,		Summer Vacation.
Sept.	3,	Thurs.	Fall term begins.
Sept.	23,	Wed.	School Holiday.
Oct.	1,	Thurs.	,,　　　,,
Oct.	17,	Sat.	,,　　　,,
Oct.	31,	Sat.	,,　　　,,
Nov.	23,	Mon.	,,　　　,,
Dec.	19,	Sat.	Winter Vacation begins.

1926

Jan.	6,	Wed.	Winter term begins.
Feb.	11,	Thurs.	School Holiday.
March	1,	Mon.	Graduation Examinations begin.
	12,	Fri.	Annual　　　　,,　　　,,
	20,	Sat.	Last day for receiving applications for admission
	21,	Sunday	Baccalaureate Sermon.
	23,	Tues.	16th Graduation Day.
	25,	Thurs.	
	to 27, Sat.		Entrance Examinations.
Apr.	5,	Mon.	Spring term begins.

▲ 세브란스연합의학전문학교 일람(1925~26)에 수록된 협력이사회, 대학이사회의 임원과 이사

협력이사회는 뉴욕에 소재한 세브란스의전과 연희전문의 후원조직으로서 미국 남·북장로회, 남북·감리회, 캐나다장로회(1925년 중반 이후 캐나다연합교회), 호주장로회 교단의 해외선교부를 대표하는 정규이사들과 그 교단들에 속한 기업인, 교육가, 언론인 등의 호선(Coopted) 이사로 구성되어 있다. 임원은 이사장, 부이사장 2명, 총무 1명, 회계 1명으로 구성되어 있다. 이사장을 연희전문 초대 교장 언더우드의 형인 존 T. 언더우드가 맡았고, 이 명단에는 없지만 협력이사회의 유일한 상임위원회인 재정·자산위원회의 위원장을 존 L. 세브란스가 맡았다.

세브란스의전의 이사회는 한국에서 활동하는 6개 교단 선교회를 대표하는 선교사 이사들, 그들이 뽑은 한국인과 일본인 호선 이사들, 한국 장·감교회 대표들, 동창회 대표들로 구성되어 있었다. 3년 임기제로 매년 이사의 1/3을 교체하였다.

(출처: *Severance Union Medical College Catalogue*, 1925-6. 연세대학교 중앙도서관)

사진 | 31

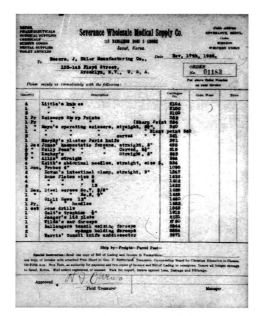
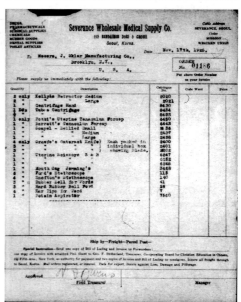

▲ 세브란스의전 의료용품상회의 주문서 1925년

세브란스의전의 사무장인 오웬스(H. T. Owens)가 미국에 있는 에비슨에게 보낸 1925년 11월 18일자 편지에 이 주문서가 들어있다(본 자료집 차례 번호 64번). 세전에서는 중개상으로부터 받은, 가격이 10% 할인된 스클라 의료용품 제조회사(J. Sklar Manufacturing Co.)의 제품 목록 안에서 주문하면서 최소 주문 개시금액인 500불 선까지만 주문하려 하였다. 또한, 직접 거래하면 50% 싸게 살 수 있다는 말을 듣고 직거래를 시도하였다. (출처: The United Methodist Archives Center, Drew University)

Korean Lepers

Severance Hospital, Seoul, Korea

Sept. 15, 1924

Dear Children of The Sunday School:—

I know that you will all be interested to hear about the work for lepers here in Korea. I am sending you some pictures but the pictures alone do not mean much so I will tell you a story about each one. Before I tell you about the pictures, however, I will tell you a little about the work we are doing for these lepers here in Korea. I suppose that you all know something about Korea, but I wonder how many of you really know where Korea is. Lots of people think that it is somewhere in China and a good many folks think that it is an island. Both are wrong as you will see if you look in your geography. It used to be called the Hermit Kingdom because they would not allow foreigners to come in. Of course that was a long time ago. There are probably a thousand of the white race in Korea now.

There are about 20,000,000 people in this country, which is thickly settled. Like all oriental countries there are many diseases here, including the terrible disease called leprosy. Many of the Koreans think that leprosy is a punishment from God for sin, but we know that it is caused by a germ which

▲ 홉커크 교수가 쓴 『한국의 나환자들』(*Korean Lepers*), 1924년

세브란스의전의 교수인 홉커크(C. C. Hopkirk, 1882~1954)가 1924년 9월 15일 발표한 세브란스의전의 한국인 나환자 실태 조사보고서이다. 그는 북장로회 의료선교사로 1921년 내한하여 세전에서 내과와 X선과 의사로 재직하고 1924년 귀국하였는데, 24쪽 분량에 5개의 환자 사진이 실려 있는 이 소책자에서 선교사들의 치료와 수용시설 보호로 인해 환자들의 삶에 큰 변화가 일어나 기독교에 많이 귀의하고 있다고 설명하고 있다. (출처: Presbyterian Historical Society, Philadelphia)

▲ 연희전문학교 캠퍼스 정경, 1925~26년

스팀슨관, 언더우드관, 아펜젤러관, 기숙사(치원관)가 당시에 완공되어 있었다. 위의 사진에서는 아펜젤러관이 숲에 가려 잘 보이지 않는다. 아래 사진의 학교 정문과 본관을 잇는 백양로는 앨범에서 아직 'Main Entrance'라고 표기되어 있다. (출처: 연희전문학교 졸업앨범 1926년 3월)

Resolutions adopted, concerning the return to the United States of the Rev. Arthur L. Becker, Ph. D., at a regular meeting of the Friendly Association of Korean Teachers of the Chosen Christian College, held at the Bright Moon on Monday, March 13th, at 7 p. m.:-

Whereas the Rev. Arthur L. Becker, Ph. D., Vice President and Acting President of our College, has rendered as an educator and a clergyman an eminent service in Korea for more than twenty years, thus being regarded as one of the most distinguished Christian educators in our land.

Whereas, in conjunction with those few men of Christian statesmanship, Dr. Becker has had a distinguished share in founding and developing our College as the Mecca of Christian culture in Korea,

Whereas, in order to succor the poor and to train the able, Dr. Becker and his family have lived the life of Christian sacrifice and Christian giving to the point where he has now nothing whatsoever even for the education of his own children, and whereas, to do parent's duty to one's children, that is, to provide means for educating his son and daughter, he will be obliged to stay in America for a period of years, and hence his return to Korea under the present circumstances is indefinite,

Whereas a man of Dr. Becker's boundless sympathy, Christian statesmanship, scholarly attainment, and administrative ability is urgently needed in this stage of our College's development,

Therefore be it Resolved that, in order to facilitate an earliest possible return of Dr. Becker, and to express our affection and esteem, we, the members of the Association, individually and collectively, undertake to provide ¥4,000 as a part of the educational expenses of Dr. Becker's son, Maxwell, and his daughter, Evelyn, the total of which being estimated at ¥12,000, with fervent prayer and ardent hope that some friends, either here or in America, will make sympathetic response to this worthy cause,

And be it further Resolved that Dr. Becker be urged to make arrangements that his stay in America may not exceed a regular furlough period,

And be it further Resolved that a copy of these Resolutions be submitted to the following persons or Agencies:-

The President of the College, now in the United States,
The Field Board of Managers of the College,
The Cooperative Board of Christian Education in Korea,
The Bishop of Methodist Episcopal Church in Korea,
The Board of Foreign Missions of Methodist Episcopal Church,
The Annual Conference of M. E. Church in Korea,
The Detroit Conference of the M. E. Church,
The President and the Secretary of Women's Foreign
  Missionary Society of Methodist Episcopal Church.

▲ 연희전문학교 우애회(友愛會) 교수들의 결의안(1925년)

한국인 교수들의 조직인 우애회가 1926년 3월 13일 회의를 열고 안식년을 가질 예정인 베커 교수가 안식년이 끝나면 곧바로 돌아올 수 있도록 그에게 필요한 자녀교육비의 일부로서 4천 원을 제공하겠다는 뜻을 밝힌 결의안을 작성하여 미국에 보냈다. 협력이사회는 그해 4월 뉴욕에서 열린 회의 때 이 결의안을 읽고 베커가 속한 북감리회 선교부에 그의 재정 문제를 해결해주기를 바란다는 의견을 제출하기로 의결하였다. 에비슨은 북감리회 선교부 총무에게 선교사가 한국인에게 경제적 도움을 받는 것이 적절하지 않다고 주장하였다. (출처: The United Methodist Archives Center, Drew University)

사진 | 35

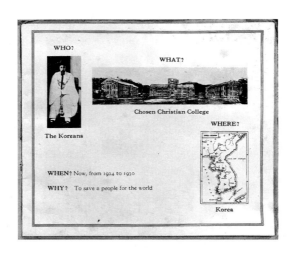

▲ 연희전문학교 홍보책자 "Korea"의 표지 및 1쪽(1924년)

이 소책자는 에비슨이 미국에 있는 동안 연희전문을 홍보함으로써 학교 운영비를 모금하기 위한 목적에서 발행되었다. 그러나 겉표지에 'KOREA'란 단어만 있어서 겉모습만으로는 연전을 소개하는 것인지 알수 없게 되어있다. 총 38쪽 분량으로 페이지 표시도 없고, 서지사항 표시도 없다. 겉표지의 지도와 1쪽은 동아시아의 중심지인 한국 서울에 있는 연희전문학교가 장차 세계를 구하는 일의 주역이 될 것을 암시하고 있다. (출처: Presbyterian Historical Society, Philadelphia. 이하 동일)

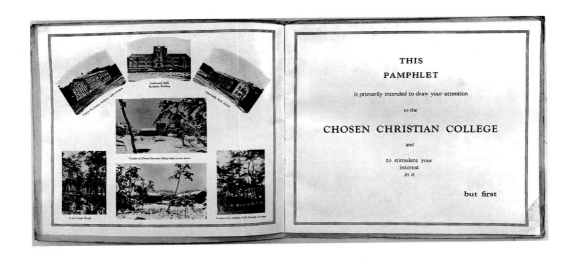

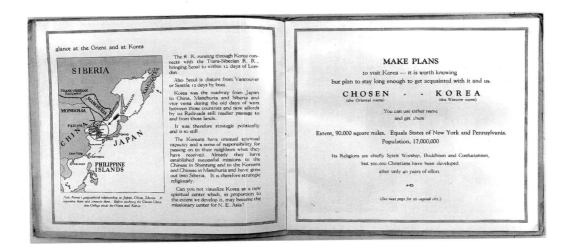

▲ "Korea"의 2~5쪽

2~3쪽에서는 이 책자가 연희전문을 소개하기 위한 것임을 밝히고 있다. 4쪽에서는 한국이 정치적, 종교적으로 전략적인 위치에 있으므로 장차 동북아의 새로운 영적 중심지가 될 것이라 설명하고 있다. 그 근거로 시베리아횡단철도로 서울에서 런던까지 12일 걸리고, 밴쿠버나 시애틀까지 배로 12일이 걸리며, 일본, 중국, 만주, 시베리아를 잇는 통로에 있고, 한국인들이 비상한 영적인 역량으로 중국 산동, 만주, 시베리아에서 성공적으로 선교하고 있는 점을 들고 있다. 5쪽에서는 한국의 명칭과 크기, 인구, 주요 종교를 소개하고 있다.

사진 | 37

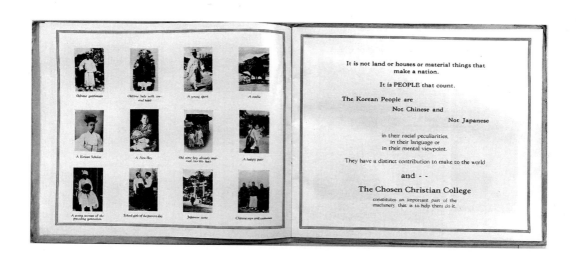

▲ "Korea"의 6~9쪽

6~7쪽에서는 궁궐 내부 모습, 동대문, 장터, 산성 등의 사진을 싣고, 수도 서울은 산들로 둘러싸인 매우 아름다운 곳에 있고 인구는 30만 명가량이라고 설명하고 있다. 8~9쪽에서는 민족(Nation)을 이루는 것은 가옥이나 사물이 아니라 사람(People)으로, 한국인은 중국인도 아니고 일본인도 아니며, 고유한 인종적 특징과 언어와 관점을 지니고 세상을 만드는 일에 기여하고 있으며, 연희전문학교가 그들의 한 기관으로서 그 일을 돕는 중요한 역할을 하고 있다고 주장하고 있다.

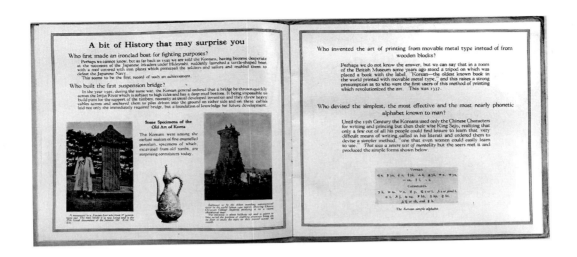

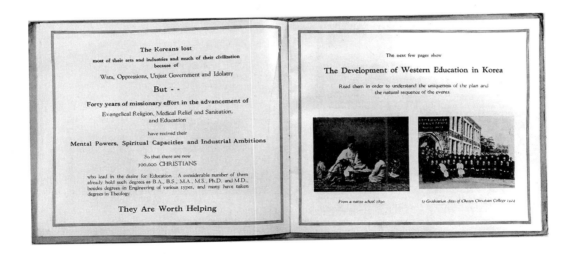

▲ "Korea"의 10~13쪽

10~11쪽에서는 한국의 역사를 약간만 알아도 놀랄 것이라고 하며, 세계 최초의 철갑선과 부교와 금속활자, 가장 간단하고 효율적인 표음문자가 만들어졌다고 설명하고, 도자기와 첨성대도 소개하고 있다. 12쪽에서는 한국인들이 전쟁, 압제, 악정, 우상숭배로 고유의 예술, 산업, 문명을 대부분 잃었지만, 선교사들의 복음 전도와 의료 봉사와 교육으로 역량과 의욕을 되찾고 있고, 현재 30만 명의 기독교인들 사이에서이미 박사학위 등의 각종 학위 취득자가 배출된 것을 보면, 도울 가치가 있다고 주장하고 있다. 13쪽에서는 한국 근대 교육의 발전과정을 설명하기 시작하고 있다.

사진 | 39

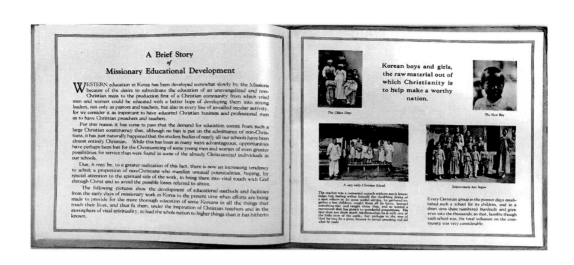

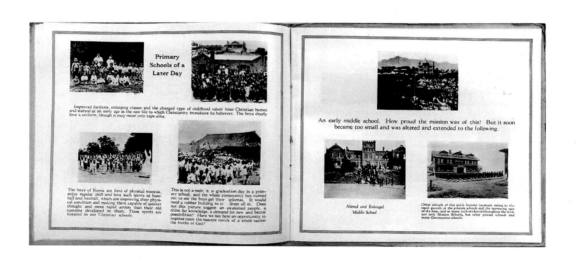

▲ "Korea"의 14~17쪽

14쪽에서는 선교사들에 의한 서구 근대 교육이 한국에서는 다소 느리게 발전되어왔는데, 그 이유는 교육을 기독교인들에게만 실시하는 것을 우선시하였기 때문이었고, 그 결과 학교가 기독교인 학생들로 거의 다 채워져 있지만, 이제는 비기독교인의 비율이 늘어나는 추세를 보인다고 설명하고 있다. 15~17쪽에서는 선교사역의 초기부터 당시까지 초등교육과 중등교육이 어떻게 발전해왔는지를 사진을 통해 설명하고 있다. 17쪽에서 상단의 사진은 초기의 경신학당, 하단의 왼편 사진은 다시 지은 경신학당, 오른편 사진은 배재학당을 보여준다.

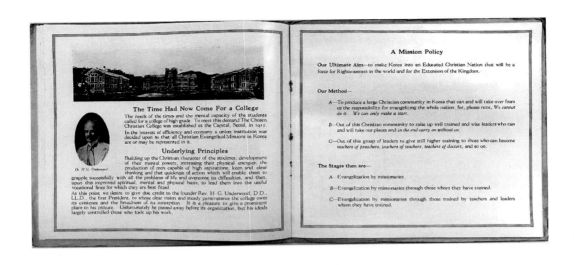

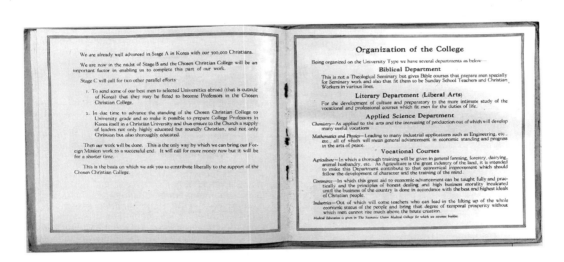

▲ "Korea"의 18~21쪽

18쪽에서부터 연희전문학교를 소개하고 있다. 18쪽에서는 1915년 재한 선교단체들의 연합으로 서울에 설립되어 학생들의 기독교 품성과 영지체 고양으로 유용한 직업인의 소양을 기르려 하며, 설립자이자 초대 교장인 언더우드(H. G. Underwood)의 비전과 인내로 대학이 존립과 폭넓은 개념을 갖게 되었다고 설명하고 있다. 19~20쪽에서는 대학에서 A. 한국 복음화, B. 기독교인 지도자 교육, C. 목사, 교사, 의사들을 가르칠 지도자 교육 심화를 꾀하여, 선발된 학생들을 해외에 보내 본교 교수로 육성하며, 본교를 종합대학으로 승격시킬 계획이라고 설명하고 있다. 21쪽에서는 대학에 신과, 문과, 수물과, 직업교육을 위한 농업, 상업, 산업(수공부) 교육과정이 있다고 설명하고 있다.

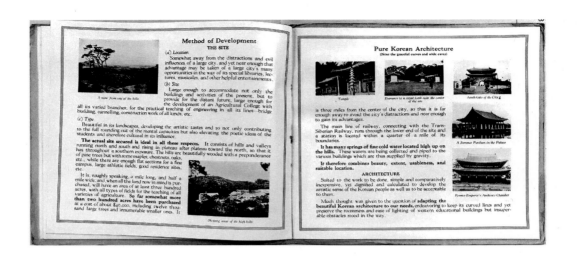

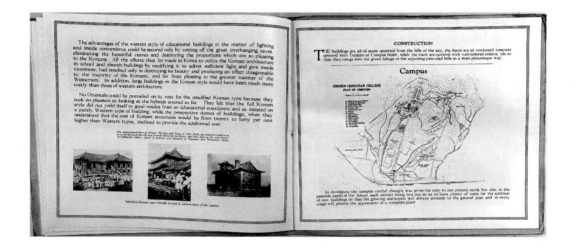

▲ "Korea"의 22~25쪽

22쪽에서는 학교 부지에 대해 서울 중심지에서 3마일 떨어져 있어 대도시의 퇴폐적인 영향력에서 벗어날 수 있고, 현재 200에이커 이상 확보하여 각종 교육 활동이 가능할 만큼 넉넉하며, 아름답고 이상적이어서 정신적 역량과 문화적 영향력을 높일 수 있고, 경계에 철도가 놓여 있다고 설명하고 있다. 23~25쪽에서는 한옥의 아름다운 건축양식을 채용하기 위해 많이 숙고하였지만, 채광과 넉넉한 공간을 보장하는 서구식 건축양식과 조화를 이루기 어렵고, 비용이 한옥 양식에 20~40%가 더 많이 들며, 그런 절충 양식을 찬성하는 동양인이 없다고 설명하고 있다.

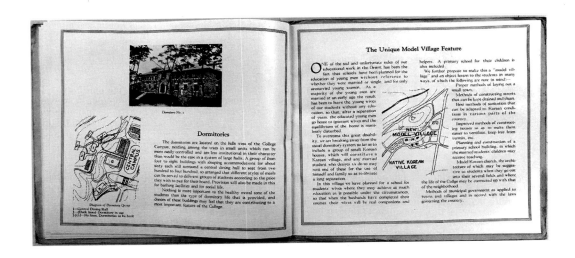

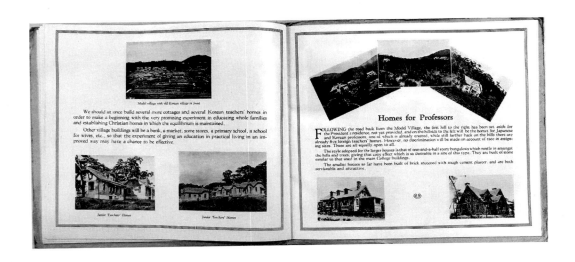

▲ "Korea"의 26~29쪽

26~27쪽에서는 캠퍼스 서쪽에 60명가량을 입주시킬 기숙사 4~8개 동을 200~400석 규모의 중앙 식당 주위에 짓고, 모범촌도 만들어서 기혼 학생들이 재학 중 아내와 별거하지 않게 하고 아내들도 교육하여 가정의 결렬을 막고자 한다고 설명하고 있다. 28~29쪽에서는 기독교 가정을 세우는 이 실험을 시작하기 위해 한국인 교원들의 사택, 은행, 시장, 상점, 초등학교, 부인 학교를 세울 계획이라고 설명하고, 교장 사택, 일본인과 한국인 교수 사택도 지을 계획이며, 외국인 교수 사택은 이미 5채를 지었다고 설명하고 있다.

사진 | 43

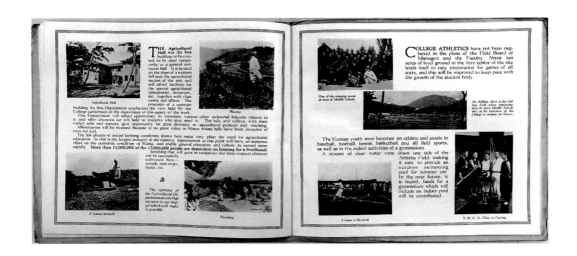

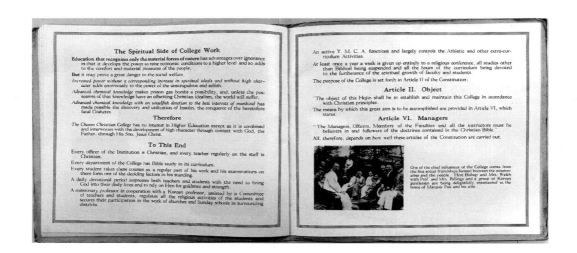

▲ "Korea"의 30~33쪽

30쪽에서는 농업교육에 대해 대학의 첫 건물인 농업관(치원관, 임시교육관) 외에 농과 건물들을 지어 농업 관련 산업 발전과 삼림조성에 역점을 두겠다고 설명하고 있다. 31쪽에서는 체육에 대해 한국인 청년들이 각종 경기 종목에서 뛰어난 실력을 보이는데, 교지 중앙에 10에이커 규모의 운동장이 있지만, 야외 수영장과 체육관도 짓기를 원한다고 설명하고 있다. 32~33쪽에서는 종교교육을 통한 인격 개발을 도모하며, 이런 목적은 재단법인 정관 Ⅱ조(법인의 설립과 유지는 기독교주의에 따른다)와 Ⅵ조(모든 이사, 임원, 교수, 강사는 성경에 담긴 교리 신봉자여야 한다)에서 규정되어 있다고 설명하고 있다.

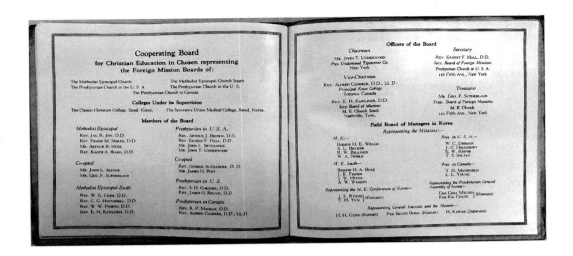

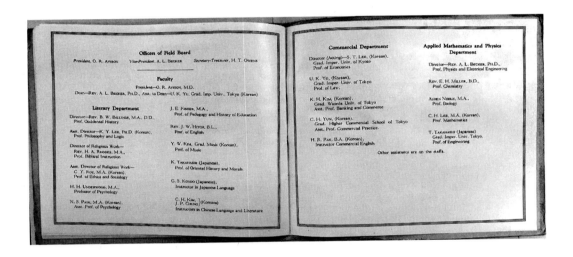

▲ "Korea"의 34~37쪽

34~35쪽에서는 연·세전의 재미 후원조직인 협력이사회(Cooperating Board for Christian Education in Chosen)를 소개하고 있다. 협력이사회는 미국과 캐나다의 5개 선교부를 대표하는 이사 20명으로 구성되고, 임원에 이사장 존 T. 언더우드 이하 부이사장 2명, 총무, 회계가 있다. 35~37쪽에서는 대학이사회와 교수진을 소개하고 있다. 이사회는 4개 선교부 선교사 14명, 한국 장로회와 감리회 대표 4명, 이사회와 동문회 대표 3명으로 구성되고, 임원에 회장, 부회장, 회계 겸 서기가 있다. 학교 임원에 교장, 학감, 부학감이 있고, 교수진에 문과 12명, 상과 5명, 수물과 5명의 교수, 조교수, 전임강사가 있다.

사진 | 45

▲ "Korea"의 마지막 쪽과 후면 겉표지
'Printed in U.S.A.'란 문구와 연전 언더우드관 그림 외에 아무 표시도 없다.

교육·선교 서한집
1924~1926년

1. 루카스가 에비슨에게

1924년 3월 23일

친애하는 에비슨 박사님:

요코하마에서 저에게 편지를 보내주셔서* 감사합니다.** 연희전문학교 교수들에게 보내신 박사님의 편지도 제가 읽었습니다. 박사님께서 자신의 건강에 대해 편지에서 별다른 말씀을 하지 않았지만, 우리는 박사님이 완전히 쾌차하시기만을 바라고 있습니다. 제 아내가 박사님에 뒤이어 독감에 걸렸는데, 꽤 심하여 아직 완쾌되지 못하였습니다. 그녀의 증세가 박사님의 증세와 무척 비슷하여 고열에 온몸의 관절과 근육의 통증이 매우 심합니다. 4일가량 심하게 앓은 후에는 심장이 약해져서 조용히 정양해야 하였습니다.

우리 학교 졸업식은 아주 잘 진행되었지만, 박사님이 그 자리에 함께 계셨더라면 모두가 더 좋아했을 것입니다. 졸업생들의 사진은 아직 받지 못하였지만, 받으면 한 부를 보내드리겠습니다.

나머지 청사진들은 하루나 이틀 안으로 박사님께 발송하겠습니다. 우리는 그 건물들[언더우드관과 아펜젤러관]에 입실할 준비를 하고 청사진 준비가 늦어진 가구들의 제작을 충분할 만큼 끝내기 위해 매우 바쁩니다.

편지에 관해 박사님께 드릴 말씀이 있습니다. 그 안의 모든 내용에 동의할 수 있지만 단 한 가지가 걸립니다. 박사님은 제 고향이 캘리포니아가 아니라 제 형제가 사는 오시닝 (Ossining)***으로 등록 되어있는 것을 잊으신 것이 틀림없습니다. 우리[루카스 부부를 가리키는 듯]가 학교를 떠난 후에 첫해를 캘리포니아에서 보낸다고 할지도 이는 결코 정착해서 살기 위한 것이 아닙니다. 저는 서부에서 학사 학위를 받으면 곧바로 동부로 가서 석

---

* 에비슨이 연희전문과 세브란스의전을 위한 후원금을 모금하기 위해 미국에 가는 도중 요코하마에서 루카스에게 편지를 써서 부쳤던 것으로 보인다.
** 이 편지의 발신인 루카스(Adolf E. Lucas, 1885~1948)는 1916년 YMCA 선교사로 내한한 후, 1920년 1~6월과 1921년 9월~1924년 연희전문 건축감독으로 활동하였다. 한국에 없었던 기간(1920. 7~1921. 8)에는 컬럼비아대학에서 건축을 공부하였다. 연희전문 재직 기간의 봉급은 존 T. 언더우드가 개인적으로 부담하였다. 그가 연전의 교직원 신분으로 교장에게 쓴 편지이므로 이 편지에서는 원문의 'you'를 '박사님'으로 번역하였다.
*** 오시닝(Ossining)은 뉴욕 주 웨스트체스터 카운티에 있는 허드슨 강변의 마을이다.

사과정을 밝기를 바라고 있습니다. 그래서 만일 가능하다면 여비의 나머지 금액을 사용할 수 있도록 [존 T. 언더우드의] 허락을 받으면 좋겠습니다. 언더우드 씨가 그런 일에 신경 쓰고 싶어 하지 않으실지도 모르겠습니다. 그러면 그 금액을 서덜랜드(Sutherland) 씨에게 맡겨서 필요할 때 찾아 쓰게 해주셔도 될 것입니다. 그렇게 하는 것이 동부로 곧장 가게 하는 가장 좋은 방법이 될 것입니다. 이 모든 일은 제가 어느 학교에 가장 유리한 조건으로 입학할 수 있는가에 달려있습니다. 제가 샌프란시스코에서 뉴욕으로 가지 않고 북경으로 가겠다는 제안을 하려 하였다고 언더우드 씨가 생각하지 않으셨으면 좋겠습니다. 미국에서 쓸 여비 수당이 삭감되지 않도록 혹시 필요하다면 우리가 북경과 상해로 가는 여비를 낼 수도 있습니다. 루카스 부인의 친척이 오클랜드*에서 살고 있지만, 제 주소는 얼마 동안 제 형제의 집에 둘 것입니다. 박사님은 이 일을 우리 마음처럼 이해해주시리라고 믿습니다.

시내에는 별다른 소식이 없습니다. 라이너(Reiner)**의 아기가 지금 아주 빠르게 회복되고 있습니다. 디캠프(DeCamp)***의 부인이 지난 금요일에 소식을 들었을 때는 별로 차도가 없었지만, 우리는 그녀를 위해 기도회를 열었고, 주님께서 그녀를 붙들어 빨리 낫게 해주시기를 바라고 있습니다.

이제는 편지를 끝내야 하겠습니다. 박사님과 에비슨 부인의 행운을 빌고, 소중한 사람들을 다 만나서 모두 건강하고 잘 지내는 것을 보게 되시기를 바랍니다. 편지를 마치면서 루카스 부인이 함께 인사를 드립니다.

안녕히 계십시오.

A. E. 루카스

출처: UMAC

---

* 오클랜드(Oakland)는 샌프란시스코만의 동안에서 샌프란시스코시와 마주하고 있는 도시이다.
** 라이너(Ralph O. Reiner, 1882~1967)는 북장로회 선교사로 1908년 내한하여 서울 경신학교 교장, 대구 계성학교 교장, 평양 숭실학교와 숭실대학 교장, 평양 외국인학교 교장을 역임하고, 1942년 미국으로 강제 송환되었다.
*** 디캠프(Allen F. DeCamp, 1848~1928)는 독립선교사로 1910년 내한하여 The Korea Mission Field 편집인, 서울 유니온교회 담임목사로 일하다가 북장로회 선교회 준회원이 되었고, 1927년 귀국하였다.

Seoul, Korea.
March 23rd, 192?.

My Dear Dr. Avison,-

Thank you for your letter that you wrote at Yokohama. I have also read the letter that you sent to the Faculty of the C.C.C. You dont say much about your health so we hope that you have recovered completely. Mrs Lucas seems to have taken the Flue from you and had rather a severe attack from which she has not yet fully recovered. Her attack came on much the same as yours did with high fever and much pain in all the joints and muscles. She was quite sick for about 4 days and then because her weakened heart has had to keep rather quiet the rest of the time.

Our graduating exercises went off very well but we would all have been glad had you been able to be present. The picture of the graduates has not yet come out but when it does I shall send you one.

The remaining blue prints will be going forward to you in a day or two. We have been so busy working to get the buildings ready to go into and to finish enough of the furniture that the blue prints have been delayed.

Now as to your letter. Everything in it is agreeable to me except one thing. No doubt you have forgotten that California is not my home and also that I registered as from Ossining where my brother lives. Even if we stay in California for the first year, and this is not at all settled, I shall want to go east to get my masters Degree as soon as I get my Bachelors degree in the west. Then if possible I should be like to be allowed to use the rest of the trave money. Mr. Underwood might not want to be bothered with it then and so can make the deposit of that amount with Mr. Sutherland to be drawn upon when needed. It might be best to go East at once . This all hangs on what school I can enter to best advantage. I should not like to have Mr. Underwood feel that I was sugesting the trip to Peking as a substitute for the trave from SanFrancisco to New York. If necessary we will finance our own trip to Peking and Shanghai rather than have the travel allowance in America cut short. While Mrs. Lucas folks live in Oakland still my home address has been for some time with my Brother. I am sure that you will see this as we do.

There isnt much news in town. The Reiner baby is getting better now quite rapidly. Mrs DeCamp was not much better when I heard last on Friday but we had a prayer service for her and are expecting the Lord to undertake for her and deliver her speedily.

Well for this time I will have to close. With kindest wishes to yourself and Mrs Avison and hoping that you found all your dear ones well and prospering I close, Mrs. Lucas joins in best wishes -

Yours sincerely
A R Lucas

2. 협력이사회 회의록 (에비슨 참석)

조선 기독교교육을 위한 협력이사회

정기회 회의록, 1924년 4월 8일, 뉴욕시 처치 스트리트 30번지

조선 기독교교육을 위한 협력이사회의 정기회가 1924년 4월 8일 오후 1시 뉴욕시 처치 스트리트 30번지의 철도클럽에서 이사장 존 T. 언더우드(John T. Underwood)*의 호의[점심 초대]로 열렸다.

기도로 회의를 개회하였다.

출석: 존 언더우드, 브라운(Arthur J. Brown) 박사,** 와드(Ralph A. Ward) 박사,***

서덜랜드(George F. Sutherland),**** 맥래(J. D. MacRae) 목사,

홀(Ernest F. Hall) 박사,***** 원한경(Horace Underwood),******

---

* 언더우드(John T. Underwood, 1957~1937)는 연전의 설립자 겸 초대 교장인 언더우드(H. G. Underwood)의 형이자 그가 1915년 설립한 언더우드 타자기회사(Underwood Typewriter Company)의 사장으로서 연전을 위해 대학 캠퍼스의 구입비, 언더우드관 건축비, 스팀슨관 건축 착수금, 에비슨의 교장직 수행을 위한 비서 임금·자동차 구입비·운전사 임금, 그 밖의 여러 명목의 기부금을 제공하였다. 1918년 1월 8일 협력이사회가 조직된 이후부터 1934년 초까지 이사장으로서 협력이사회를 이끌었다.

** 브라운(Arthur J. Brown, 1856~1963)은 북장로회 선교부의 시니어 총무로서 북장로회의 세계선교를 지휘하는 한편, 1903년부터 한국선교를 직접 지휘하였고, 서울에 대학을 세우는 것에 반대하는 평양 측을 지지하였다가 남·북감리회 측이 적극적으로 서울 측을 지지하자 입장을 바꾸었다. 재한 선교사들의 고등교육 사업을 관장하기 위해 1912년 조직된 합동위원회(Joint Committee)의 위원장으로서 합동위원회가 1914년 서울에 대학을 세우고 평양 숭실대를 예과 수준으로 격하하는 결정을 내리도록 이끌었고, 합동위원회가 1918년 협력이사회로 확대 개편된 후에도 협력이사회의 이사와 북장로회 총무로서 연전을 후원하였다.

*** 와드(Ralph A. Ward, 1882~1958)는 북감리회 선교사로 중국에서 활동하였고, 이 회의가 열린 시기에는 북감리회 선교부의 부총무로서 중국 선교를 관장하고 있었다. 그 후 중국 복주(Foochow)의 Anglo-Chinese College 교장을 역임하였다.

**** 서덜랜드(George F. Sutherland)는 북감리회 선교부의 회계로 있으면서 1922년부터 일제 말까지 협력이사회 회계를 맡았다.

***** 이 회의 때 협력이사회 총무로 선임되어 일제 말까지 활동하였다. 홀(1868~1955)은 북장로회 선교사로 1903년 내한하여 1908년까지 부산, 선천, 서울에서 선교하다 귀국하였고, 이후 뉴욕 북장로회 선교부에서 지역 총무로 활동하던 중 협력이사회 총무가 되었다.

****** 원한경(Horace H. Underwood, 1890~1951)은 연전 초대 교장 언더우드의 아들로 태어나 서울에서 성장하고, 16세에 한국을 떠났다가 북장로회 선교사의 신분으로 1912년 다시 내한하였다. 1915년부터 연전에서 교육학, 영어, 심리학을 가르쳤고, 1925년 뉴욕대학에서 박사학위를 받았다. 1927년 연전 부

에비슨(O. R. Avison) 박사, 윌러(Reginald Wheeler) 목사.*

안건

1. 1924년 1월 16일 열린 지난 회의 회의록을 본 이사회 이사들에게 우편으로 보냈던 그대로 승인하였다.

2. 1923년 4월 1일부터 1924년 3월 31일까지 명세서 사본들이 첨부된 회계보고서와 회계사들이자 회계감사들인 라이브랜드, 로스 브라더스 앤 몽고메리(Lybrand, Ross Bros. & Montgomery)**의 회계 조사보고서와 함께 제출받았다.

   동의에 따라 회계보고서를 접수하고, 감사보고서들도 함께 파일에 넣어 보관하였다.

3. 토의 후에 각 협력 선교부에 본 이사회와 연계된 학교들[연전·세전]에 각자 내기로 보증한 경상비 지급금을, 선교사 봉급과 수당은 제외하고, 뉴욕에 있는 협력이사회 회계에게 보내주도록 요청하기로 의결하였다. 각 선교부에서 현재의 지급방법이 옳다고 인정됨에 따라 다음에 지급할 때도 이 방법이 유효한 것을 인정하기로 의결하였다.

4. 연희전문학교 교수 지원자 노블(Alden Noble)의 지위에 대해 토의하고, 본 이사회가 대학이사회의 결정과 에비슨 박사의 판단을 좇아 북감리회 선교부가 전에 지급했던 앤드루(Andrew)의 봉급을 대신하여 그냥 현금을 1925년 4월 1일까지 대학에 계속 지급하고, 노블의 임용을 긍정적으로 검토하여 1925년 4월 1일부터 그 금액을 봉급으로 주기 시작하도록 그 선교부에 요청하기로 의결하였다.

5. 에비슨 교장이 서울의 상황과 연희전문학교 및 세브란스연합의학전문학교의 발전과정에 관해 보고하고, 두 학교에 필요한 것들을 개관하였다. 이러한 것들이 그가 협력이사회에 지원을 요청했던 모금 운동을 통해 채워질 수 있기를 희망하였다.

6. 모금 운동과 관련하여, 본 이사회는 후원을 호소해야 할 곳으로 승인받은 대상의 목

교장이 되고 1934년 교장이 되었으며, 1941년 일제의 강요로 교장직을 사임하고 1942년 강제추방되었다. 1945년 다시 내한하여 학교의 재건을 위해 노력하다 한국전쟁 중 부산에서 심장마비로 사망하였다. 이 기간에는 에비슨과 함께 모금 운동을 벌이기 위해 미국에서 체류하고 있었다.

* 윌러(Reginald Wheeler, 1889~1963)는 1923부터 1932년까지 북장로회 선교부에서 총무로 활동하였고, 1923년부터 1924년 4월 이 회의 때까지 협력이사회의 임시 총무직을 맡았다.

** 1898년부터 1972년까지 운영된, 미국에서 가장 큰 회계법인이었다. 필라델피아에 본사를 두고 1902년 뉴욕에, 1908년 피츠버그에 지사를 두었다.

록을 작성하는 일을 재정위원회에 일임하였다. 모금 운동의 경비는 모금된 비지정 후원금으로 지급하게 하고 에비슨 박사가 모금할 때 사용할 신임장과 소개서를 준비할 권한을 교장과 본 이사회 회계에 주기로 의결하였다.

7. 에비슨 박사가 30년간 한국 사역을 방금 마친 사실을 브라운 박사가 협력이사회에 공지하여 본 이사회가 이런 경사스러운 일을 맞은 것을 진심으로 축하하였다.

8. 본 이사회 총무가 1924년에 임기가 끝나는 이사들에 대해 본 이사회가 주의를 기울이게 하였다.

    알콕(John L. Alcock)과 포스트(James H. Post)가 호선 이사로 선임되어 새로 임기를 맡았다.* 홀(Ernest F. Hall) 목사·명예신학박사가 북장로회 선교부에서 그들의 대표로 임명되어 이번에 임기가 끝나는 윌러(W. Reginald Wheeler) 목사를 대신하게 되었다는 사실을 기록하였다.

    여러 선교부가 각자 새 대표를 뽑아 임기가 끝나는 본 이사회 이사직을 대신하게 할 필요가 있는 사실에 주의를 기울이도록 선교부들에 편지를 쓰라고 본 이사회의 총무에게 지시하였다.

9. 본 이사회의 총무를 재정·자산위원회의 당연직 위원으로 하기로 의결하였다.

10. 다음의 협력이사회 임원들과 위원회 위원들을 향후 사역을 위해 선임하였다.

    임원:

이사장	존 언더우드(John T. Underwood)
부이사장	갠디어(Alfred Gandier) 교장**
	롤링스(E. H. Rawlings) 박사***
총무	홀(Ernest F. Hall) 박사
회계	서덜랜드(George F. Sutherland)

---

* 알콕(1868~?)은 영국에서 태어나 1884년 미국에 이민 온 후 볼티모어에 거주하면서 존 L. 알콕 회사 (John L. Alcock & Company)를 운영한 목재 사업가였다. 포스트(James H. Post, ?~1938)는 브루클린의 금융가이자 설탕 정제업 사업가로 많은 자선활동을 하였다.

** 갠디어(Alfred Gandier, 1861~1932)는 캐나다장로회 목사로서 토론토대학 녹스컬리지 교장과 빅토리아 대학 임마누엘 컬리지 교장을 역임하였다.

*** 롤링스(E. H. Rawlings)는 남감리회 선교부 총무로 활동하고 있었다.

집행위원회:

   존 언더우드 위원장, 노스(Frank Mason North) 박사,*

   브라운(Arthur J. Brown) 박사, 총무 (당연직), 회계 (당연직),

   시내와 가까운 교외에 거주하면서 본 위원회 회의에 참석하는 본 이사회 이사

재정·자산위원회:

   존 세브란스(John L. Severance) 위원장,** 존 언더우드,

   워드(Ralph A. Ward) 박사, 서덜랜드, 총무 (당연직)

11. 본 이사회가 철도클럽에서 점심 식사를 대접한 이사장께 진심으로 감사하기로 의결하고, 회의를 마쳤다.

W. 레지널드 윌러

임시 총무

출처: UMAC

---

* 노스(Frank M. North, 1850~1925)는 1892년부터 미국 북감리회 선교부의 총무가 되어 북감리회의 세계 선교를 지휘하였다. 1914년 브라운의 합동위원회 위원장직을 승계하여 연전의 설립 과정과 재단법인 정관작성 과정을 지원하고 감독하였으며, 이후에도 협력이사회 이사와 북감리회 총무로서 연전을 지속적으로 후원하였다. 1934년 4월 26일 협력이사회 이사장으로 선출되었다가 1935년 12월 17일 사망하였다.

** 존 세브란스(John L. Severance, 1863~1936)는 1900년 세브란스병원의 건축비를 기부했던 클리블랜드 오하이오의 사업가 루이 세브란스(Louis H. Severance, 1838~1913)의 아들로서 자매 프렌티스(Prentiss) 부인과 함께 세전을 위해 연구부 연구비, 적자보전금, 신병실 건축비, 그 밖의 여러 명목으로 많은 기부를 하였다. 협력이사회의 출범 때부터 1936년 사망할 때까지 재정위원회 위원장을 맡아 세전과 연전의 재정을 후원하였다.

4-8-24

801a

COOPERATING BOARD FOR CHRISTIAN EDUCATION IN CHOSEN

Minutes of Annual Meeting, April 8, 1924, 30 Church Street, New York City

The Annual Meeting of the Cooperating Board for Christian Education in Chosen was held at 1 p.m., April 8, 1924, by courtesy of Mr. John T. Underwood, President of the Board, at the Railroad Club, 30 Church Street, New York City.

The Meeting was opened with Prayer.

PRESENT: Mr. John T. Underwood, Dr. Arthur J. Brown, Dr. Ralph A. Ward, Mr. George F. Sutherland, Rev. J.D. MacRae, Dr. Ernest F. Hall, Mr. Horace Underwood, Dr. O.R. Avison, Rev. W. Reginald Wheeler.

EXCUSES FOR ABSENCE were presented by letter from Dr. Alfred Gandier, Rev. A.E. Armstrong, Mr. John L. Severance, Dr. S.H. Chester, Mr. James H. Post, and by wire from Mr. John L. Alcock.

A hearty welcome was extended to President Avison, who had just arrived from Chosen, and to Mr. Horace Underwood, member of the Faculty of Chosen Christian College.

ITEMS OF BUSINESS

1. The Minutes of the last meeting held January 16, 1924, were approved in the form in which they had been mailed to the various members of the Board.

2. The Report of the Treasurer was presented for the fiscal year April 1, 1923, to March 31, 1924, together with copies of statements attached and the report on examination of accounts by Lybrand, Ross Bros. & Montgomery, Accountants and Auditors.

Upon motion the Treasurer's Report was accepted, and together with the report of the auditors was placed on file.

3. After discussion, the Board voted to request each Cooperating Mission Board to pay the guaranteed grants for current expenses of the institutions related to the Board, exclusive of missionaries' salaries and allowances, to the Treasurer of the Board in New York, this method of payment to take effect by the respective Boards when their next payment, according to their present practice becomes due.

4. The status of Mr. Alden Noble, a candidate for the faculty of Chosen Christian College, was discussed, and the Board voted that in harmony with the action of the Field Board of Managers and the judgment of Dr. Avison, the Board of Foreign Missions of the Methodist Episcopal Church be requested to continue until April 1, 1925, cash payment to the college in lieu of the salary

Cooperating Board for Christian Education in Chosen
-2-

previously paid to Mr. Andrew, and that favorable consideration be given to the appointment of Mr. Alden Noble on that salary basis, beginning April 1,1925.

5. President Avison reported concerning conditions in Seoul, and in regard to the progress of Chosen Christian College and Severance Union Medical College, and outlined some of the needs of the two institutions, which he hoped could be met in the campaign for which he asked the support of the Cooperating Board.

6. With reference to the Campaign the Board authorized the Finance Committee to draw up an approved list of objects for which appeal should be made; voted that the expenses of the Campaign should be paid from undesignated funds received in this connection, and empowered the President and Secretary of the Board to prepare credentials and letters of introduction for the use of Dr. Avison in the Campaign.

7. Dr. Brown called the attention of the Board to the fact that Dr. Avison had just completed thirty years of service in Korea, and the Board extended to him its heartiest congratulations with reference to this felicitous event.

8. The Secretary of the Board called attention to the members of the Board whose terms of service expire in 1924.

Mr. John L. Alcock and Mr. James H. Post were coopted for new terms of service, and record was made of the fact that the Rev. Ernest F. Hall, D.D., had been appointed by the Presbyterian Board as its representative to take the place of the Rev. W. Reginald Wheeler, whose term expires at this time.

The Secretary of the Board was instructed to write to the various Boards calling their attention to the necessity of electing new representatives to take the places of the members of the Board whose terms of service had expired.

9. It was voted that the Secretary of the Board should be a member, ex-officio, of the Finance & Property Committee.

10. The following officers and members of committees of the Cooperating Board were elected for the ensuing year:

Officers: President, Mr. John T. Underwood;
Vice-Presidents, Principal Alfred Gandier, and Dr. E.H. Rawlings.
Secretary, Dr. Ernest F. Hall;
Treasurer, Mr. George F. Sutherland

_4-8-24._

<u>Cooperating Board for Christian Education in Chosen</u>
-3-

<u>Executive Committee</u>:
      Chairman, Mr. John T. Underwood; Dr. Frank Mason North;
      Dr. Arthur J. Brown; the Secretary ex-officio, the
      Treasurer ex-officio, and any out of town members of
      the Board present at a meeting of this Committee.

<u>Finance & Property Committee</u>:
      Mr. John L. Severance, Chairman; Mr. John T. Underwood;
      Dr. Ralph A. Ward; Mr. George F. Sutherland; the Secre-
      tary ex-officio.

    11. The Board passed a hearty vote of thanks to the President
for the luncheon served at the Railroad Club, and the meeting
adjourned.

                          W. Reginald Wheeler,
                          Secretary pro tem.

3. 더글라스 에비슨이 아버지 에비슨에게

더글라스 B. 에비슨(Douglas B. Avison) 의사*가
에비슨(O. R. Avison) 박사에게 보낸 1924년 5월 30일자 편지의 인용문

한국 내 의료 사역에 대해 의견을 제시한
[미북장로회 본국] 선교부의 편지**와 관련하여
한국에서 사역하는 의사들이 회의하고 내린 결정에 관해

*****

팁톤(Tipton) 의사***가 우리 [북장로회 조선] 선교회 소속 의사들을 불러 최근에 선교부
에서 보낸 편지를 함께 검토하며 의료문제에 관해 대화할 좋은 기회가 왔다는 의견을 냈
습니다. 이곳 세브란스병원에 있는 의사들 외에 팁톤 의사, 치솜(Chisholm) 의사,**** 스미스
(Smith) 의사,***** 말콤슨(Malcolmson) 의사,****** 호이트(Hoyt) 의사*******가 더 참석하였습니

---

* 더글라스 에비슨(Douglas B. Avison, 1893~1952)은 에비슨 교장의 넷째 아들로 부산에서 태어나 한국
에서 자랐고, 토론토대학 의대를 졸업하고 결혼한 후 1920년 북장로회 의료선교사가 되어 돌아왔다.
먼저 선천에 배치되었다가 1923년 세브란스로 전임되어 소아과학 주임교수, 부교장, 병원장을 역임하
였다. 1939년 캐나다로 돌아가서 1952년 뱅쿠버에서 사망한 후 본인의 유지에 따라 한국 양화진으로
이장되었다.
** 이 편지는 이 번역집의 29번 문서, 브라운이 에비슨에게 보낸 1925년 2월 19일자 편지에서 '1923년 12월
16일자로 선교부가 보낸 655호 편지'라고 설명되어있다. 의료 사역의 축소를 결정한 것이지만, 자세한
내용은 소개되어있지 않다.
*** 팁톤(Samuel P. Tipton, 1888~1971)은 1914년 북장로회 선교사로 내한하여 청주와 선천에서 활동하다
1924년 10월 귀국하였다.
**** 치솜(William H. Chisholm, 1885~1951)은 북장로회 의료선교사로 1923년 내한하여 선천에서 활동하
고 1940년 귀국하였다가 해방 후 독립장로회 소속 선교사로 다시 내한하여 부산에서 활동하였다.
***** 스미스(Roy K. Smith, 1885~1957)는 북장로회 의료선교사로 1911년 내한하여 세브란스병원, 대구, 재
령, 평양, 선천에서 활동하고 1941년 귀국하였다가 1945년 다시 내한하여 대구 동산병원에서 활동하
고 1950년 귀국하였다,
****** 말콤슨(Oliver K. Malcolmson, 1897~?)은 북장로회 의료선교사로 1921년 내한하여 세브란스병원, 청
주, 평양에서 활동하고 1925년 귀국하였다.
******* 호이트(H. Spencer Hoyt, 1896~?)는 북장로회 의료선교사로 1922년 내한하여 대구에서 활동하다
1927년 귀국하였다.

다. 우리는 충분히 의논하여 다음의 건의안을 채택하였고, 이를 의료위원회에 보내 그들을 통해 약식 정기회에 제출하려 합니다. 그 내용을 간단히 설명하면 이와 같습니다.

우리는 바이람(Byram) 의사*가 어떤 이유에서 강계 지방 사역을 중단하게 되면, 이후에는 외국인 의사를 그곳에 보내 거주시키지 않는다. 우리는 그곳의 의료 사역과 관련된 시설이나 자산을 늘릴 생각이 조금도 없다.

선천에서는 한국인들에게 그곳을 넘기는 것이 바람직하다고 생각될 때까지 지금처럼 계속하지만, 지금은 그럴 때가 아니다.

평양에서는 우리가 연합사역을 계속하면서 약속한 것을 그곳에서 아주 속히 완수할 수 있기를 바란다.

서울에서는 [현재 사역을] 계속한다.

청주에는 그곳에서 거주할 외국인 의사를 보내지 않고, 그곳의 병원은 그곳의 예산 안에서 지내고 선교 목적을 이행할 수 있는 한은 지금처럼 한국인 의사 밑에서 계속 운영한다.

대구에서는 사역을 계속하고, 그 대의를 실현할 사역 형태를 갖추게 한다.

안동의 의료 사역은 중단하고 병원 시설을 원 기념 성경학교(Roger Winn Memorial Bible Institute)**의 시설로 전환하며, 그 일을 위해 지금까지 모은 기금을 그 건물에 투입하여 시설을 개조하거나 보완하여 그 목적에 부합하게 만든다.

재령에서는 지금처럼 계속하지만, 스미스 의사가 그만두게 되더라도 다른 외국인 의사를 그곳에 보내지 않는다. 그러는 가운데 한국인 의사가 운영하게 하는 것이 최선이라고 생각되면 계속 운영한다.

이 인용문은 그때 나왔던 말을 그대로 옮긴 것이 아닙니다. 회의록을 받으면 사본 한 부를 아버지***께 보내겠습니다. 아버지는 우리가 매우 과감하게 결정한 것을 보실 것입니다. 우리는 그와 동시에 지금 하는 어떤 사역을 당장 끝내자는 이야기도 하지 않았습니다.

---

* 바이람(Roy M. Byram, 1893~1974)은 북장로회 의료선교사로 1921년 내한하여 강계에서 활동하다 1936년 독립장로회로 소속을 옮겨 하얼빈에서 활동하며 신사참배 반대 운동을 지원하다 체포되어 1940년 추방되었다.
** 1909년 북장로회 선교사로 내한하여 1914년부터 안동에서 활동한 원(Roger Earl Winn, 1882~1922)이 1920년 세운 남녀 성경학교이다. 그가 남자 성경학교 교장으로 일하던 중 1922년 이질에 걸려 사망하자 그를 추모하기 위해 모금한 돈으로 성경학교 건물이 마련되었다.
*** 발신인이 수신인의 아들인 점을 감안하여 원문의 대명사 'you'를 '아버지'라고 번역하였다.

그렇지만 의료 자산 명부에서 거의 20만 원을 삭감하기로 하여, 모든 사역의 확장을 포기하였다고 생각합니다. 내가 이런 말을 하지만, 이 모든 건의를 한 사람들이 물론 공식적인 지위에 있지는 않은 사실을 잘 알고 있고, 선교회 전체가 당분간은 어쨌든 모든 것을 축소하리라는 사실도 잘 알고 있습니다. 그런 경우 우리는 미국 선교부에 우리 회의록 사본을 제시할 생각인데, 그들은 그 회의록에서 [한국에 있는] 의사들이 필요하다면 최소한의 긴축 정도는 기꺼이 받아들일 생각을 하고 있다는 것을 보게 될 것입니다. 우리는 물론 모든 사역의 만족스러운 수행이 가능하다면 그렇게 하는 편이 지혜로우리라고 생각합니다. 선교부의 조치로 인해 일본에서 그러하였듯이 한국에서도 의료 사역이 소멸되지 않기를 희망합니다.

출처: PHS

O. R. Avison *medical policy* [NEW HEALTH DEPT.]

Quotation from letter of Dr. Douglas B. Avison to O. R. Avison, May 30, 1924.
O. R. Avison, May 30, 1924.

Re. action taken at a meeting of doctors working in Korea concerning the Board's letter making suggestions with regard to the medical work in Korea.

"Dr. Tipton thought it a good time to call the doctors of our Mission together to talk over medical matters in view of the Board's last letter. In addition to the doctors here at Severance, there were present Drs. Tipton, Chisholm, Smith, Malcolmson and Hoyt. We had a good meeting and made the following recommendations which are to be sent to the medical committee to present to the little Annual Meeting. In brief:

"That we do not send any foreign doctor to reside in Kangkei if and when the Drs. Byram should for any reason cease to work in that station, and that we do not look forward to any increase in plant or property in connection with the medical work there.
That Syen Chun be continued as at present till such a time as it seems advisable to turn it over to the Koreans, which time is not now.
That we continue the union work in Pyeng Yang and hope that we can very soon fulfill our pledges there.
That Seoul be continued.
That no foreign doctor be sent to reside in Chungju and that the hospital be continued under a Korean doctor as at present as long as it can live within its budget and serves its missionary purpose.
That Taiku be continued and that it be put in shape to do work that will be a credit to the cause.
That Andong medical work be discontinued, the hospital plant being turned over for the Roger Winn Memorial Bible Institute and that any funds so far collected for that purpose be used to put the building in shape for that purpose by alterations or equipment, and
That Chairyung be continued as at present, but that when Dr. Smith should quit, no other foreign doctor be sent there, it being then continued if thought best under a native doctor.'

This is not word for word. I'll send you a copy of the minutes when I get one. You will note that we have acted very radically. At the same time there is no talk of immediately closing any work now in operation. However, it cuts down the medical property docket by nearly 200,000 Yen, I think, as all extension work is to be abandoned. I say this, though, of course, I recognize that the body recommending all this has no official status and also that the Mission as a whole will for the present at least turn it all down. We, in that case, will furnish the Board with a copy of our minutes, which will show them that the doctors at least are willing to retrench, if it is necessary. Of course, we feel that if it were possible to carry on all of the work in a satisfactory way, it would be wise to do so. We hope that medical work in Korea will not go by the board as it did in Japan."

4. 오웬스[연·세전 회계]가 에비슨에게

오웬스(H. T. Owens)가 에비슨(O. R. Avison) 박사에게 보낸
1924년 6월 3일자 편지의 인용문

한국 내 의료 사역에 의견을 제시한 [미북장로회 본국] 선교부의 편지와 관련하여
한국에서 사역하는 의사들이 회의하고 내린 결정에 관해

―――――――――

더글라스가 아마도 박사님께 대다수의 북장로회 의사들이 며칠 전 회의한 사실을 말씀드렸거나 말씀드릴 것입니다. 그들은 그 자리에서 선교부의 의료 사역 관련 정책을 뒷받침하는 건의안을 통과시켰습니다. 그들은 견적서에서 선교지회들의 사역 확장을 위해 편성된 모든 예산 항목을 삭제하여 의료 사역을 현재 상태로 유지하거나 현재 어느 선교지회에 있는 의사가 어떤 이유에서든지 후임자가 파송되지 않은 상태에서 떠나게 되면 그곳을 포기하기로 하였습니다. 예컨대 그들은 안동에 있는 병원[기독병원]을 폐원하고 그건물을 원 기념성경학교의 건물로 사용하자고 건의합니다. 선교회가 이 건의안에 찬성하지 않을 것으로 예상하지만, 가장 깊은 관계에 있는 의사들은 축소를 지지하는 모습을 보이고 있습니다. 바이람(Byram)과 플레처(Fletcher)*는 참석하지 않았지만, 팁톤(Tipton)과 호이트(Hoyt)가 그들의 의견을 전해주었습니다. 스미스 의사는 그 정책이 재령의 사역에 영향을 주는 까닭에 찬성하였습니다.

출처: PHS

―――――――――――――

* 플레처(Archibald G. Fletcher, 1882~1970)는 1909년 북장로회 의료선교사로 내한하여 원주와 안동을 거쳐 대구로 전임하여 오랫동안 활동하다 1942년 추방되었다. 1946년 다시 내한하여 세브란스병원 이사로서 병원복구를 돕고 피난민 구호 활동을 하다 1952년 은퇴하였다.

Quotation from letter of Mr. H. T. Owens to Dr.
O. R. Avison June 3, 1924.

Re. action taken at a meeting of doctors working
in Korea concerning the Board's letter making
suggestions with regard to the medical work in
Korea.

DR. BROWN, REC'D

JUl 1 1 1924

Ans'd_____   _____

          "Douglas probably has or will tell you that most of
the doctors of the N P Mission held a conference a few days ago
in which they passed recommendations backing up the Board's
policy as to medical work. They have cut out of the estimates
all items for extensions at the stations where medical work is
to be held in status quo or abandoned, stipulating that when the
doctor now on such a station leaves for any reason no successor
be sent. For example, they recommend the dismantling of the
hospital at Andong and using the building as the Roger Winn
Memorial Bible Institute. It is expected that the Mission will
not act favorably on these recommendations, yet they show that
the doctors who are most vitally concerned favor the curtail-
ment. Byram and Fletcher were not present, but Tipton and Hoyt
conveyed the views of each. Dr. Smith favored the policy as
affecting Chairyung."

5. 에비슨이 암스트롱에게

5번가 156번지, 뉴욕시
1924년 7월 2일

A. E. 암스트롱 목사,
컨페더레이션 라이프 챔버스 439호
토론토, 온타리오주, 캐나다.

친애하는 암스트롱 씨:

어제 오후 뉴욕에 도착하여 오늘 오전 당신이 홀(Ernest F. Hall) 박사[협력이사회 총무]에게 보낸 편지를 보았는데,* 그가 아직 캘리포니아에서 돌아오지는 않았지만, 그의 요청에 따라 내가 그 편지를 읽었습니다.

사역으로 진 빚을 없애고 연간 수입을 늘리기 위해 당신들이 벌이는 모금 운동을 위해 내가 어떻게 하면 가을에 당신들을 도울 수 있을까를 생각하던 중에 "올해는 캐나다에서 그런 모금 운동을 벌이는 것이 현명하지 않을 것"이라고 당신이 말했던 것이 생각났습니다. 나는 이 말을 내가 서울에 있는 두 대학을 위해 특별 기금을 모금할 목적으로 교회들을 찾아가는 것을 당신이 승인할 수 없는 일로 생각하고 있다는 뜻으로 받아들이고 있습니다. 이 말이 정확히 무슨 뜻이었는지 당신의 분명한 설명을 듣고 싶습니다. 당신의 [캐나다장로회 한국] 선교회는 내가 대학들에 필요한 기금을 얻기 위해 미국에 가는 것을 승인하면서, 선교회에 대한 당신의 정규적인 일반 선교비 지급을 이 일이 방해하지 않는다면, 내가 두 대학을 위해 기금을 얻는 것을 허가해주도록 당신의 [캐나다장로회] 선교부에 특별히 요청하였습니다. 그리고 특별히 연희전문학교에 지급하지 않은 자본금 2만 5천 불을 내가 받을 수 있게 해달라고 당신에게 요청하였습니다.

당신의 선교부가 이 문제를 어떻게 처리할 생각인지 당신의 어떤 설명을 듣고 싶습니

---

* 에비슨은 원한경과 더불어 협력이사회 총무이자 북장로회 총무단의 일원인 홀의 사무실이 있는 뉴욕 북장로회 선교부 건물 914호에 두 사람의 공동 사무실을 두고 업무를 보았다. 그곳에서 북장로회 선교부의 책상과 집기를 빌려 쓰고 협력이사회의 편지지를 사용하였다.

5. 에비슨이 암스트롱에게 (1924년 7월 2일) | 65

다. 당신의 선교회가 요청한 대로 기금을 얻기 위해 노력하는 것에 방해되는 모금 운동에는 물론 내가 시간을 낼 수 없습니다. 그래도 첫째로 앞서 언급된 2만 5천 불을 당신의 선교부가 [우리에게] 지급하고, 둘째로 두 학교의 경상 예산을 위해 당신이 주기로 약속했던 돈을 지급하며, 셋째로 당신의 선교부에 즐거이 기부하고 신용 거래도 할 만한 특별한 인사들과 협력관계를 높여서 당신의 선교부가 활용할 수 있는 돈을 얻게 하려고 내가 힘을 합하여 노력할 수 있다면, 대학들과는 별도로 당신들의 정규 사역 기금 확보를 돕는 일이 내게 큰 즐거움이 될 것입니다.

내가 무슨 일을 하려고 애쓰는지를 당신이 이해하리라고 믿으면서, 당신에게서 설명을 듣게 되기를 바랍니다. 내가 우리 대학들을 위해 [기부금을] 얻으려고 애쓰는 데만 관심 갖지 않고 당신들의 사역을 위해서도 내가 얻을 만한 것과 거의 똑같은 어떤 도움을 얻고자 애쓰는 데도 관심을 갖고 있는 사실을 당신이 알고 있으리라고 생각합니다.

안녕히 계십시오.

O. R. 에비슨

출처: PCC & UCC

COOPERATING BOARD FOR CHRISTIAN EDUCATION IN CHOSEN

CHOSEN CHRISTIAN COLLEGE   SEVERANCE UNION MEDICAL COLLEGE

SEOUL, KOREA

O. R. AVISON, M. D.
PRESIDENT

H. T. OWENS.
SECRETARY & TREASURER

156 Fifth Avenue, New York City
July 2nd, 1924

Rev. A. E. Armstrong
439 Confederation Life Chambers
Toronto, Ontario, Canada

Dear Mr. Armstrong:

I reached New York yesterday afternoon, and this morning I saw your letter to Dr. Ernest F. Hall which was shown me at his request although he is not yet back from California.

Referring to any help that I may give you in the fall, in regard to the campaign for removing the debt on your work and raising your revenue for the year, I note that you say that "it would not be wise to launch such a campaign in Canada this year," and I take it that this means that you do not feel you could sanction my going into the churches with the idea of raising special funds for the two colleges in Seoul. I would like to have from you a clear statement of just what this would involve. Your Mission, in approving my return to America to secure funds for the colleges, made a special request to your Board to give me permission to secure funds for the colleges provided these did not interfere with the regular giving to your general funds, and especially did they ask you to make it possible for me to get the $25,000 which had not been paid in to the capital fund of the Chosen Christian College.

I would like to have some statement from you regarding your Board's attitude towards these matters. Of course I cannot give time to a campaign which would shut me out from any effort to secure funds in accordance with the request of your Mission, although I would be very happy to help in securing funds for your regular work outside of the colleges if that could be combined with my efforts to secure money which your Board could apply, first, to the payment of the $25,000 referred to; second, to the securing of your commitments to the current budgets of the institutions; and third, for any increased cooperation which special people might be willing to give and have credited to your Board.

I think you will see the point I am trying to make, and I shall be glad to hear from you. I think that you realise that my interest will be not only in what I am trying to get for our colleges, but almost equally as much in getting any other help for your work that I can possibly secure.

Yours very sincerely,

O. R. Avison

ORA-ELR

6. 에비슨이 암스트롱에게

5번가 156번지,

뉴욕시.

1924년 7월 10일

A. E. 암스트롱 목사,

해외선교부,

캐나다장로회,

컨페더레이션 라이프 빌딩,

토론토, 온타리오주, 캐나다.

친애하는 암스트롱 씨:

토론토대학에서 내가 명예의학박사 학위를 받은 일을 따뜻하게 축하해준 당신의 선교부에 나의 진심 어린 감사의 표시를 전해주겠습니까? 당신과 맥케이 박사가 이 일을 주도하여 두 분께 내가 빚을 졌다는 결론에 조금씩 도달해가고 있습니다. 내 추측이 맞다면, 두 분의 친절한 배려에 대한 나의 감사를 받아주기 바랍니다. 내가 그런 것을 받을 만한 가치가 있든 없든 간에, 한국에서의 나의 사역에 이 일이 매우 유용하기 때문에 당신들께 아주 진심으로 감사합니다.

놀턴 대회(Knowlton Conference)*에 관한 소식을 제 때에 받지 못한 까닭에 당신의 친절한 초대에 응할 생각을 하지 못하여 유감입니다.

푸트(Foote) 박사**를 위한 트루로(Truro)***의 후원자에게 소개할 한국 관련 서적들에 관해서는 입문용으로 적합한 것으로서 게일(Gale)이 쓴 "전환기의 한국"(*Korea in Transition*)

---

* 놀턴 대회(Knowlton Conference)는 캐나다 퀘벡 주의 놀턴 마을에서 열린 선교대회를 가리키는 것으로 추정된다.
** 푸트(William R. Foote, 1869~1930)는 1889년 캐나다장로회 선교사로 내한하여 원산과 용정에서 선교활동을 하였고, 1920년 명예신학박사 학위를 받았으며, 1925부터 평양 장로회신학교 교수로 활동하다 1928년 귀국하였다.
*** 트루로(Truro)는 캐나다 노바스코시아주에 있는 마을이다.

과 언더우드가 쓴 "와서 우릴 도우라"(*The Call of Korea*)을 읽으라고 제안하려 합니다.*
그가 더 흥미를 갖게 되면 헐버트(Hulbert)가 쓴 "대한제국 멸망사"(*The Passing of Korea*)**
를 읽으라고 제안합니다. 그 책은 부피가 다소 크지만, 가독성이 매우 좋고 그 책이 집필
될 때까지의 정확한 정보가 가득 들어있습니다.

　가을 모임에 관해서는 당신이 언제 어디에서 어떻게 나를 가장 잘 활용할 수 있는지를
내게 알려주기 바랍니다.

안녕히 계십시오.

O. R. 에비슨

출처: PCC & UCC

---

* 　James S. Gale, *Korea in Transition* (New York : Educational Dept., the Board of Foreign Missions of the Presbyterian Church in the U.S.A., c1909); Horace G. Underwood, *The call of Korea: political-social-religious* (New York: Fleming H. Revell Company, c1908); Homer B. Hulbert의 *The Passing of Korea* (Garden City, N.Y.: Doubleday, Page & Company, c1906)는 모두 구한말의 한국 사회를 소개하고 선교사 활동을 설명한 책이다. '전환기의 한국', '와서 우릴 도우라'와 '대한제국 멸망사'는 한글 번역서의 제목이다. 게일(1863~1937)은 토론토대학 YMCA 파송 선교사로 1888년 내한한 후 1891년 북장로회로 옮겨 원산과 서울에서 활동하였다. 서울 연동교회 담임목사와 연희전문 이사로 활동하는 한편으로 문서선교와 한국학 연구에 힘써 많은 저서를 남겼다. 언더우드(1859~1916)는 북장로회 선교사로 1885년 내한한 후 새문안교회를 세우고 여러 분야에서 선교사업을 이끌다가 연희전문학교의 설립자와 초대 교장이 되었다.

** 　Homer B. Hulbert, *The Passing of Korea* (Garden City, N.Y.: Doubleday, Page & Company, c1906). 헐버트(1863~1949)는 1886년 육영공원 교사로 내한하였다가 5년 후에 귀국하였고, 1893년 북감리회 선교사로 다시 와서 서울에서 활동하며 한국학 연구에 힘써 여러 저서를 남겼고, 을사조약 후 고종의 헤이그 말사 파견을 도왔다.

COOPERATING BOARD FOR CHRISTIAN EDUCATION IN CHOSEN

CHOSEN CHRISTIAN COLLEGE   SEVERANCE UNION MEDICAL COLLEGE

SEOUL, KOREA

156 Fifth Avenue,
New York City

July 10, 1924.

RECEIVED
JUL 14
ANS'D
Presbyterian Foreign Mission Bus.

Rev. A. E. Armstrong,
Board of Foreign Missions,
Canadian Presbyterian Church,
Confederation Life Bldg.,
Toronto, Ont., Canada.

Dear Mr. Armstrong:

Will you please convey to your Board an expression of my
sincere appreciation of their kind congratulations on the confer-
ring on me by the University of Toronto of the honorary degree of
Doctor of Medicine? Bit by bit I have come to the conclusion that
I am indebted to you and Dr. McKay as the initiators of the move-
ment. If my surmise is correct, please accept my thanks, both of
you, for the kind thought. Whether I am worthy or not, it will
be very helpful to me in my work in Korea, and I thank you, there-
fore, most cordially.

I regret that the information about the Knowlton Con-
ference did not reach me in time to consider your kind invitation.

As for books on Korea for the Truro supporter of Dr.
Foote, I would suggest Gale's "Korea in Transition" and Under-
wood's "The Call of Korea", as good to begin with. When he gets
a taste for more, I would suggest Hulbert's "The Passing of Korea",
which is somewhat large but very readable and full of accurate
information up to the time when it was written.

As for autumn dates, please let me know when you could
best use me in September, where and how.

Very sincerely,

O. R. Avison

ORA:NV

7. 에비슨이 암스트롱에게

5번가 156번지,

뉴욕시.

1924년 7월 11일

A. E. 암스트롱 목사,

컨페더레이션 빌딩 439호,

토론토, 온타리오, 캐나다.

친애하는 암스트롱 씨:

사진들이 들어있는 당신의 편지를 방금 받았는데, (사진들이 아주 잘 나와서 스냅 사진이라는 생각이 들지 않습니다) 내게 40년간의 한국선교 사역에 관한 글을 써달라고 요청하는 내용의 편지였습니다. 예쁜 사진들로 인해 감사하며 당신이 원하는 글을 작성하도록 최선을 다해보겠습니다.

부탁을 좀 드려도 될까요? 사진이 너무 좋아서 특별한 우인들에게 보내기 위해 사진들을 좀 많이 얻고 싶습니다. 카메라가 나의 좋은 점은 부각하고 불유쾌한 점은 가려주는 경우는 드뭅니다. 사진들을 각각 40장씩 뽑아서 토론토에 있는 고든(H. B. Gordon)*의 집으로 보내 그곳에서 나를 대신하여 보관하게 해줄 수 있겠습니까? 그것들의 청구서는 내게 보내주기 바랍니다. 그렇지 않고 혹시 그 필름들을 가지고 있기를 별로 원치 않는다면 필름들을 내게 보내 내가 필요한 대로 그것들을 인화할 수 있게 해주기 바랍니다. 내 생각에는 당신이 사진을 인화해서 보내는 것보다 그렇게 하는 편이 더 나을 것 같습니다. 내가 머지않아 우리의 새 병원을 짓기 위해 고든의 설계도를 살피러 토론토에 갈 작정입니다.

나의 부인이 나와 함께 당신과 암스트롱 부인께 충심으로 안부 인사를 드립니다.

---

* 고든(Henry B. Gordon, 1855~1951)은 캐나다 토론토의 건축가로 1904년 개원한 세브란스병원을 설계하였고, 이후에도 세브란스의전의 여러 건물을 설계하였다.

안녕히 계십시오.

O. R. 에비슨

출처: PCC & UCC

COOPERATING BOARD FOR CHRISTIAN EDUCATION IN CHOSEN

CHOSEN CHRISTIAN COLLEGE   SEVERANCE UNION MEDICAL COLLEGE

SEOUL, KOREA

O. R. AVISON, M. D.
PRESIDENT

H. T. OWENS.
SECRETARY & TREASURER

156 Fifth Avenue,
New York City.

RECEIVED
JUL 14
ANS'D
Presbyterian Foreign Mission Board

July 11, 1924.

Rev. A. E. Armstrong,
439 Confederation Bldg.,
Toronto, Ont., Canada.

Dear Mr. Armstrong:

I have just received your letter enclosing copies of
the photos (they are so good we will not think of them as snapshots)
and asking me to write an article on 40 years of Mission work in
Korea. I thank you for the beautiful photos and will do my best
to get up such an article as you want.

May I ask a favor? The photos are so good I would like
to get a goodly supply of them to send to special friends - it is
not often a camera brings out my few good points and suppresses
my many unpleasant ones. Can you have 40 copies of each made and
sent to the home of Mr. H. B. Gordon, Toronto, to be held there
for me? Please let me have bill for them. Or, if you do not
particularly want to keep the films, kindly let me have them and
I can then have prints made as I need them. From my standpoint,
that would be better than having you make and send the prints. I
expect to go to Toronto in the near future to go over Mr. Gordon's
plans for our proposed new hospital.

Mrs. Avison joins me in most cordial greetings to your-
self and Mrs. Armstrong.

Very sincerely,

O. R. Avison

ORA:NV

8. 에비슨이 북감리회 선교부 총무에게

5번가 156번지,

뉴욕시.

1924년 7월 11일

북감리회 해외선교부 총무,

5번가 150번지,

뉴욕시.

친애하는 귀하께:

노블(Alden Noble)을 연희전문학교에서 근무하도록 임명하는 문제에 관하여.

연희전문학교 이사회가 노블(W. A. Noble) 목사·박사의 아들 알든 노블을 교수직을 사임한 앤드루(Andrew)*를 대신하여 한국으로 임명해달라고 1922년과 1923년에 당신의 선교부에 요청하였습니다. 그가 당신의 교수 쿼터로 대학에서 1925년 4월 1일부터나 1925년 가을부터 근무할 수 있게 하기 위해서입니다.

특별히 이 시기를 지정한 이유는 당신의 선교부가 앤드루의 후임자를 임명할 때까지 그가 근무하지 못하는 대신 연 2천 불을 대학에 주기로 하였으므로, 대학 측이 적어도 1925년 4월 1일까지는 그 금액을 받을 것으로 믿고, 1925년 3월 31일에 학년이 끝나는 연례 예산에 그 금액을 책정하였기 때문입니다.

이 요청이 노블의 부친과 웰치 감독의 찬성을 받고 이런 식으로 가결되었는데, 두 사람은 이사회의 이사로서 그 회의에 참석하였습니다.

노블을 임명하는 문제가 현재 어떤 상태에 있는지 나에게 알려주겠습니까? 내가 이번 주 금요일이나 토요일에 당신의 사무실을 방문하여 그 일에 대해 듣게 되면 좋겠습니다. 그렇게 된다면 당신에게 편리한 시간에 만나도록 하겠습니다.

---

* 앤드루(Thurman Andrew)는 북감리회 선교사로 1921년 내한하여 상동교회와 연전에서 활동하다 1923년 귀국하였다.

안녕히 계십시오.

O. R. 에비슨

출처: UMAC

COOPERATING BOARD FOR CHRISTIAN EDUCATION IN CHOSEN

CHOSEN CHRISTIAN COLLEGE   SEVERANCE UNION MEDICAL COLLEGE

SEOUL, KOREA

156 Fifth Avenue,
New York City.

July 24, 1924.

To the Secretary of the
M. E. Board of Foreign Missions,
150 Fifth Avenue,
New York City.

Dear Sir:

Re. appointment of Mr. Alden Noble to Korea for
work at the Chosen Christian College.

The Board of Managers of the Chosen Christian College
asked your Board in 1922 or 1923 for the appointment of Mr. Alden
Noble, son of Rev. Dr. W. A. Noble of Seoul, to Korea for work in
the College to take the place in your quota of teachers of Mr.
Andrew, resigned, the appointment to go into effect either April
1, 1925, or in the Fall of 1925.

The reason for these special dates being named was that
in lieu of Mr. Andrew's services your Board was giving the College
the sum of $2,000. per year until the appointment of his succes-
sor, and the College had counted on receiving that amount at
least until April 1, 1925, and had put it into the annual budget
for the School year ending March 31, 1925.

This request was passed in this form with the concur-
rence of Mr. Noble's father and Bishop Welch, both members of the
Board of Managers and present at that meeting.

Will you please let me know the present status of
Mr. Alden Noble's appointment? I will be glad to call at your
office on Friday or Saturday of this week to hear about it, if
that would meet with your convenience.

Very sincerely,

O.R. Avison

ORA:NV

9. 에비슨이 서덜랜드에게

클리블랜드, 오하이오, 1924년 8월 1일

친애하는 서덜랜드 씨,

존 세브란스 씨로부터 다음과 같은 내용의 설명서를 이미 받았는지 모르겠습니다.

1. 당신이 가지고 있는 회전기금에 보태어 다음과 같은 곳에 사용하도록 그가 5천 불을 당신에게 보낼 것입니다.[*]

(a) 우리가 구매한 물품의 대금을 지급하고 서울에서 송금한 돈으로 그 돈을 채우기.

(b) 지금까지 지켜온 정산 기간인 6개월이 끝나기 전에 그 금액이 부족해지면 필요한 경우에 통장에서 선불로 우리를 위해 지급하고, 6개월 기간이 끝날 때마다 당신이 [그에게] 알려서 그가 당신에게 갚게 하기.

2. 세브란스의전의 회계에게 순이익의 절반을 보관하여 그 돈으로 약국과 안경부를 위한 자본금을 만들게 하였습니다. 이 일은 2만 원을 모을 때까지 하고, 그때가 되면 그 문제를 더 검토할 것입니다.

3. 우리가 이 나라[미국]에 있는 한국인 X선 기술자 정일사(Jung)를 그의 비용 부담으로 고용하는 것을 그가 승인하였습니다. 그는 이 일을 위해 연 3천 원까지 책임을 질 것입니다.

안녕히 계십시오.

O. R. 에비슨

출처: UMAC

---

* 세브란스가 매년 1만 불씩 보내는 세전의 적자보전금이 의료용품 구입대금으로 활동되면서 회전 기금으로 불리게 되었는데, 그 돈에서 5천 불은 세전에 보내고 나머지 5천 불은 협력이사회 회계에게 보내 결제대금을 치르게 하였다. 그런데 세전의 의료용품 주문 금액이 협력이사회 회계에게 있는 5천 불을 초과하여 회계가 연전의 자금으로 초과 금액을 결제하고 그 후에 세전에서 세브란스로부터 받은 5천 불로 그 돈을 갚는 일이 자주 벌어졌다. 그러므로 이 편지에서 그 해결책이 제시되었는데, 에비슨의 설명에 따르면, 세브란스가 회계에게 5천 불을 더 보내 연전의 자금이 아닌 그 돈으로 초과 금액을 결제하게 하고 6개월마다 정산하면서 그 돈도 부족해지면 다른 돈으로 선불한 후에 세브란스에게 알려서 더 보내게 하는 방안을 제시하였다.

Cleveland, Ohio, Aug 7, 1923

Dear Mr Sutherland,

You may already have received a statement from Mr Severance to the following effect —

1. He will send you $5000⁰⁰ to be added to your revolving fund to be used in

   (a) making payments for purchases by us, to be kept intact by remittances from Seoul

   (b) making advance payments to us or Up of deficits when necessary before the end of the 6 month period heretofore observed, to be repaid to you by him when you make your report at the end of each period of 6 months.

2. The S.U.M.C. Treasurer will be authorized to retain ½ of the net profits and with that money create a capital fund for the Drug & Optical departments, this to go on until $2000 has been accumulated when further consideration shall be given the matter.

3. He authorized us to employ, at his expense, Mr Jung, a Korean X Ray technician in this country, he being responsible for this up to the amount of Yen 3000 per year.

Yours very sincerely

O. R. Avison

10. 북감리회 선교부에서 에비슨에게

1924년 8월 1일

O. R. 에비슨 박사, 교장,

조선 기독교 교육을 위한 협력이사회,

5번가 156번지, 뉴욕시.

알던 노블(Alden Noble) 씨

친애하는 에비슨 박사님:

북감리회 해외선교부의 총무에게 편지를 써서 노블의 자격에 대해 질의한 당신의 7월 24일자 편지에 대해 답장을 씁니다.

노블은 우리 선교부에 허입된 선교사입니다. 대학에서 내린 결정이 참작되어 그가 올해 한국에 가기로 한 것이 연기되었습니다. 그는 지금 오하이오에서 가르치고 있습니다. 우리는 물론 선교부가 그의 연희전문학교 사역을 위해 내년에 그를 내보낼 수 있을 것이라는 분명한 확언도 해줄 수 없습니다. 그래도 우리는 그렇게 하기를 분명히 바라고 있고, 노블도 그곳에 갈 계획을 세우고 있다고 믿습니다.

당신이 편지에서 제안한 대로 사무실을 방문하여 노스 박사나 다른 어떤 사람으로부터 이 일이 어떻게 진행되고 있는지를 물어보는 것은 가능합니다. 만일 그렇게 한다면, 당신이 같은 말을 거듭 듣게 되는 것을 양해하리라고 믿습니다.

안녕히 계십시오.

RAW - F*

출처: UMAC

---

* 그 당시 북감리회 선교부의 총무단에는 그 이름의 이니셜이 'RAW'인 사람이 없었다. 노스(Frank Mason North) 총무 아래 디펜돌퍼(Ralph E. Diffendorfer)와 에드워즈(John R. Edwards) 통신총무들이 총무단에서 활동하고 있었다. 그러므로 'RAW'는 총무는 아닌 북감리회 선교부의 한 관계자였을 것으로 생각된다.

8037

August 1st, 1924

Dr. O. R. Avison, President
Cooperating Board for Christian
    Education in Chosen,
156 Fifth Avenue, New York City.

Mr. Alden Noble

My dear Dr. Avison:-

I write in response to
your letter of July 24th addressed to the Secretary
of the M.E.Board of Foreign Missions, and making
inquiry as to the status of Mr. Alden Noble.

Mr. Noble is an accepted
missionary of our Board. In view of the action taken
by the College, his going to Korea was delayed for this
year. He is now teaching in Ohio. We cannot, of course,
give any definite assurance that the Board will be able
to send him out next year for work in the Chosen Christian
College. That, however, is definitely our hope and Mr.
Noble is, I believe, making his plans toward that end.

It is possible that you have
called at the Office and received this information from
Dr. North or someone else, as you suggested in your letter. -
If so, I am sure you will pardon the duplication.

Cordially yours,

RAW-F
HKW

11. 에비슨이 서덜랜드에게

조지 F. 서덜랜드 씨, 협력이사회 회계,
　5번가 150번지, 뉴욕시.

친애하는 서덜랜드 씨 -

서울에서 이 나라로 오는 나의 부인과 나의 여비를 미리 지급하기 위해 당신이 6월 20일 여기 [북장로회] 선교부에 1,076.77불을 보냈다는 것을 이곳 회계 사무실에 물어보고 알게 되었습니다.

위의 금액은 내가 프렌티스(F. F. Prentiss) 부인[루이스 세브란스의 딸]으로부터 받은 기부금 1천5백 불의 잔액인데, 전에 두 번 기부한 금액 110불을 더하여 모금 운동 경비로 쓰도록 특별히 제공된 총 533.23불을 당신이 가지고 있으리라고 생각됩니다.

내가 다른 기금을 썼기 때문에 그 돈을 갚으려는데, 당신이 그 금액을 이 계좌에서 수표로 만들어 내게 보내주겠습니까?

　　　　　　안녕히 계십시오.

　　　　　　O. R. 에비슨

　　　　　　　　　　　　　　출처: UMAC

CABLE ADDRESS: "INCULCATE NEW YORK"   TELEPHONE WATKINS 9191

THE BOARD OF FOREIGN MISSIONS
OF THE PRESBYTERIAN CHURCH IN THE U.S.A.
156 FIFTH AVENUE
NEW YORK

803-1

NEW YORK OFFICE
DISTRICT SECRETARIES
ERNEST F. HALL
MRS. JAMES DUGUID, Jr.

Aug 18/24

Mr Geo J Sutherland, Treas. Coop. Board,
150 Fifth Ave. N.Y.C.

Dear Mr Sutherland –

I learned on enquiry at the Treas.'s office here that you had paid on June 20th the sum of $1076.77 to this Board to cover their advance for the travel of Mrs Avison and myself from Seoul to this country.

The above sum is what I received and the balance of the $1500.00 contribution of Mr F.J.Prentiss, together with two previous contributions amounting to $110.00, I believe, will total a sum still in your hands of $533.23 specially provided for Campaign Expenses. Will you kindly send me a check on this A/c for that amount as I have been using from other funds which I would like to reimburse?

Very sincerely
O.R.Avison

O.K.
4.F.A.

AUG 19 1924

AUG 28 1924 Filled

12. 서덜랜드가 에비슨에게

1924년 8월 21일

O. R. 에비슨 박사,

5번가 156번지,

뉴욕시.

친애하는 에비슨 박사님:

당신이 8월 18일에 요청했던 것에 답하여 당신이 지금 수행하고 있는 모금 사역의 경비로 쓰도록 533.23불짜리 수표를 보냅니다.

회계 감사를 위해 당신의 경비 문제에 내가 신경을 써야 한다는 말을 들은 적은 없는 것 같지만, 당신이 내게 상세한 보고서를 보내서 시간이 너무 많이 지나기 전에 그것을 내 서류철에 보관하게 해야 할 것으로 생각합니다.

우리 선교부에서 경비를 미리 지급하는 계획을 세운 적이 있는데, 매우 잘 이행되고 있으므로, 이 계획이 이런 종류의 일을 하는 당신에게 유용할 것입니다. 우리는 사역의 형태에 따라 정해진 기간에 계속 여행해야 하는 사람에게 영구적인 선지급을 하거나 2백 불이나 3백 불을 미리 지급해주고 있습니다. 그래서 그 사람이 우리에게 그가 쓸 경비들의 명세서를 보내면, 우리가 그에게 그 금액을 보냅니다. 그리고 모금 운동이 끝날 때 그가 미리 받은 그 금액을 갚으면 장부가 정리됩니다. 이것이 우리가 발견한바, 계정을 적절하게 보관하고 선교지 사람들에게 일정 기간 공적 금액을 지급함으로써 그들을 돕는 최선의 방법입니다.

안녕히 계십시오.

GFS [G. F. 서덜랜드]

출처: UMAC

803-1

August 21, 1924

Dr. O. R. Avison,
156 Fifth Avenue,
New York City.

My dear Dr. Avison:

In response to your request of August 18th, I
am sending a check for $533.23 to apply on your expenses
in connection with the campaign for funds which you are now
conducting.

From the standpoint of the auditors I suppose I
do not have the information that I ought to have concerning
your expenses, but I am assuming that you will hand me your
full report so that it can be in my files before very long.

We have in connection with our Board a plan of
advances for expenses which works very well, and which might
be a helpful one to you in matters of this kind.   We make a
permanent advance to a man who is to be constantly on the road
for a stated period of time or two or three hundred dollars,
depending upon the type of work he is doing. He then sends
to us a statement of his expenses and we send that amount to
hum, and at the end of the campaign he returns the permanent
advance and the books are this straight .   This isthe best
way we have ever discovered for keeping the accounts properly
and it helps the men on the field by giving them regular
amounts at stated times.

Sincerely yours,

GFS
NGL
    Enc. ok.

13. 보건이 에비슨에게

1924년 8월 22일

O. R. 에비슨 박사,
5번가 156번지,
뉴욕시.

친애하는 에비슨 박사님:

보스턴대학교 문과대학 학장이, 여기에 동봉한 그의 편지 사본에 적힌 것처럼, 한국에 있는 중학교에서 이루어지는 학업에 관해 알기 위해 우리에게 편지를 썼습니다. 우리 선교부 사람들이나 총무들은 그들이 원하는 정보를 주지 못할 것 같아서 당신에게 넘깁니다.

이 편지에 답장을 쓰는 일이 휴가 때문에 지체되었으므로, 당신이 테일러(Ralph W. Taylor)에게 직접 편지를 써서, 이용설 의사*의 입학 신청과 관련하여, 그가 필요로 하는 모든 정보를 주기를 부탁드립니다.

그 일에 대해 미리 감사를 드립니다.

안녕히 계십시오.

JGV [J. G. Vaughan]

출처: UMAC

---

* 이용설(李容卨, 1895~1993)은 평북 희천 출생으로 숭실학교를 졸업하고 1919년 세브란스의전을 졸업하였다. 북경협화의학원에서 연수하고, 세전 외과학 조수로 활동하다 시카고 노스웨스턴의대에서 연구하고 1926년 귀국하여 세전 교수가 되고 1930년대에 학감도 맡았다. 이 편지를 보면 이용설이 보스턴대학에 먼저 입학을 신청하였던 것으로 짐작된다. 그는 1936년 수양동우회 사건으로 투옥되었고, 해방 후 보건후생부장, 국회의원, 세브란스병원장, 연세 동문회장, YMCA 이사장, 대한병원협회장 등을 역임하였다.

803-1

August 22
1 9 2 4

Dr. O. R. Avison,
156 Fifth Avenue,
New York City

Dear Doctor Avison:

The Registrar of the College of Liberal
Arts, Boston University, has written to us for
information about the work done in the Korean
Middle School as per copy of his letter enclosed
herewith. This Board or its Secretaries do not
seem to have the desired information and I have
been referred to you.

As the answer to this letter has been
delayed on account of vacations, will you please
write direct to Mr. Ralph W. Taylor, giving him
all the information he needs, in connection with
Dr. Y.S. Lee's candidacy.

Thanking you in advance,

Cordially yours,

JGV
JL

14. 에비슨이 베이커에게

멜빌 레인 221번지, 스위클리,* 펜실베이니아

1924년 8월 26일

프랭크 E. 베이커 씨,

5번가 150번지,

뉴욕시.

친애하는 베이커 씨:

물탱크 히터들을 살 때 필요한 정보를 내게 제공하면서 본인이 자동 조절기-좋은 제품으로 판명되었을 것으로 생각합니다-를 샀던 일을 설명한 당신의 8월 22일자 편지를 받았습니다.

온수 탱크에 관해서는 그 비용을 알게 되어 기쁘지만, 우리가 이미 한국에서 설치한 설비의 히터들[방열기와 보일러]을 시험해보기 전에는 사지 않을 것입니다.

안녕히 계십시오.

O. R. 에비슨

출처: UMAC

---

* 스위클리(Sewickley)는 펜실베이니아주 피츠버그의 서쪽 근교에 있다.

TRANSFERRED 803-1

221 Melville Lane, Sewickley, Penna.
August 26, 1924.

Mr. Frank E. Baker
150 Fifth Ave.,
New York City

Dear Mr. Baker:
I have received your letter of August 22
informing me of the purchase of the tank heaters and
explaining your purchase of an automatic regulator which
I think will prove to be a good thing.

Referring to the hot water ~~tank~~ I am
glad to get the information as to the cost but think we
will not purchase until we have tried the heaters in
connection with the plant which we have already in Korea.

Yours very sincerely,

O. R. Avison

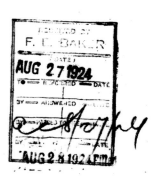

15. 에비슨이 암스트롱에게

5번가 156번지, 뉴욕, 1924년 9월 22일

친애하는 암스트롱 씨,

당신의 18일자 편지를 받았는데, 내게 선교부 회의가 열릴 날짜를 알려주어 감사합니다. 내가 그때 과연 토론토에 갈 수 있을지 아직 확신할 수는 없지만, 가게 되면 미리 알려드리겠습니다.

오웬스와 당신으로부터 그들이 매우 평온하게 정착하였다는 소식을 듣게 되어 기쁩니다. 얼마 전 당신의 사무실에서 친절하게 나를 대신하여 반버스커크 의사에게 쳐준 전보의 비용을 갚기 위해 30.27불짜리 수표를 이 편지에 동봉하고, 그 호의에 다시금 감사를 드립니다.

암스트롱 부인께 진심으로 간곡한 안부 인사를 드립니다.

O. R. 에비슨

출처: PCC & UCC

COOPERATING BOARD FOR CHRISTIAN EDUCATION IN CHOSEN

CHOSEN CHRISTIAN COLLEGE   SEVERANCE UNION MEDICAL COLLEGE

SEOUL, KOREA

COOPERATING BOARDS

BOARD OF FOREIGN MISSIONS OF THE
PRESBYTERIAN CHURCH IN THE U. S. A.
BOARD OF FOREIGN MISSIONS OF THE
METHODIST EPISCOPAL CHURCH
BOARD OF FOREIGN MISSIONS OF THE
PRESBYTERIAN CHURCH IN CANADA
BOARD OF MISSIONS OF THE
METHODIST EPISCOPAL CHURCH, SOUTH
EXECUTIVE COMMITTEE OF FOREIGN MISSIONS
OF THE PRESBYTERIAN CHURCH IN THE U. S.

O. R. AVISON, M. D.
PRESIDENT

H. T. OWENS.
SECRETARY & TREASURER

OFFICERS OF THE BOARD

JOHN T. UNDERWOOD,
CHAIRMAN
ALFRED GANDIER,
VICE-CHAIRMAN
E. H. RAWLINGS,
VICE-CHAIRMAN
ERNEST F. HALL,
SECRETARY
156 FIFTH AVE., NEW YORK
GEORGE F. SUTHERLAND,
TREASURER
150 FIFTH AVE., NEW YORK

RECEIVED
SEP 23 1924
ANS'D "24
Presbyterian Foreign Missions Board

156 Fifth Ave,
New York, Sept 22/24

Dear Mr Armstrong, —

I have yours of the 1st & thank you for letting me know the dates of your coming Board Meeting. I am not yet sure I can get to Toronto at that time but it is possible and I will let you know in advance. I am glad to know from the Owens & from you that they are so comfortably settled.

I am enclosing in this a check for $30.27 to cover cost of the cable your office kindly sent for me to Dr VanBuskirk some time ago for which courtesy I again extend my thanks.

Very sincerely & with cordial regards to Mrs Armstrong,

G. F. Owens

16. 암스트롱이 에비슨에게

1924년 9월 25일

O. R. 에비슨 박사,

북장로회 해외선교부,

5번가 156번지,

뉴욕.

친애하는 에비슨 박사님:

전보 값으로 30.27불짜리 수표가 동봉된 당신의 9월 22일자 편지를 받았습니다. 우리는 [당신 대신 전보를 쳐서] 당신이 편하게 소식을 보내게 할 수 있어서 기뻤습니다. 당신을 위해서는 우리가 무슨 일이든 늘 기쁘게 할 것이기 때문입니다.

10월 13일 월요일 저녁 8시에 [토론토대학의] 녹스 컬리지 이사회실에서 우리가 집행위원회 확대를 개회하여 목요일 저녁까지 계속하는 네 차례의 회의 동안 당신이 어느 회의에라도 참석할 수 있는지를 알게 된다면 당신을 기쁘게 환영하겠습니다.

만일 당신이 올 수 있다면 언제 참석할 것인지를 내게 알려주기 바랍니다. 우리가 그에 맞추어 계획을 짜야 하기 때문입니다.

에비슨 부인과 당신께 안부 인사를 드립니다.

안녕히 계십시오.

AEA [A. E. 암스트롱]

출처: PCC & UCC

Sept. 25, 1924.

Dr. O. R. Avison,

　　Presbyterian Foriegn Mission Board,

　　　156 Fifth Avenue,

　　　　New York.

Dear Dr. Avison:

　　I have your note of Sept. 22nd, enclosing cheque
for $30.27 concerning cost of cable, which we were
glad to facilitate your sending, as we are always
glad to do any service for you.

　　We shall be glad to welcome you, if you should
find it possible to attend, any one of the four sessions
of our enlarged Executive at Knox College Board Room,
opening Monday evening, Oct. 13th at 8 p. m. and con-
tinuing through till Tuesday evening.

　　If you can come, let me know what time you will
be present, as we shall plan accordingly.

　　With kind regards to Mrs. Avison and yourself, I
am

　　　　　Yours sincerely,

AEA/DHM

17. 에비슨이 서덜랜드에게

5번가 156번지, 뉴욕시
1924년 10월 9일

친애하는 서덜랜드 씨:

홀 박사가 내게 오웬스 씨의 학업 수당 문제를 다룬 당신의 편지를 보여주었습니다. 그 돈은 대학 이사회가 승인한 것입니다. 협력이사회가 그 문제를 취급할 필요는 없는 듯합니다. 그 문제가 사소한 것에 불과하고, 존 언더우드(John T. Underwood) 씨와 존 세브란스(J. L. Severance) 씨가 별도로 지급하는 봉급 계정에서 각자 절반씩 부담할 것이기 때문입니다.

오웬스 씨가 이번에 안식년을 처음 맞기 때문에, 이 안식년 기간에 정식으로 입학하여 8개월 이상 대학과정을 밟는다면 200불까지 받을 수 있을 것입니다. 그가 토론토대학에 들어가서 매주 16시간을 수강하고 있는 것으로 알고 있습니다. 그러므로 그가 그것을 받게 될 것이 아주 분명합니다.

이번에는 그에게 적어도 65불을 보내면서 학업에 대한 보고서를 보내라고 요청할 것을 당신께 제안합니다. 나도 그에게 편지를 쓰겠습니다. 아마도 다음 주 월요일에 토론토에서 내가 그를 만나게 될 것 같습니다.

안녕히 계십시오.
O. R. 에비슨

출처: UMAC

803-1

156 Fifth Ave., New York City
Oct. 9/24

Dear Mr Sutherland, -

Dr. Hall has referred to me your letter concerning Mr Owen's study allowance. It was approved by the Field Board of Managers. I think it would not be necessary for the Cooperating Board to handle it as it is a matter of detail only and will be charged to Salary a/c as said by Mr John T. Underwood and Mr J. L. Severance - one half each.

As this is Mr Owen's first furlough he will be entitled to a sum up to $200.00 if he regularly matriculates and pursues a college course of not less than 8 months during this furlough year. I know he has entered Toronto University and is taking 16 hours a week so he is evidently taking to it seriously. I would suggest that you send him at least $65.00 at this time and ask him for a report on his course of study. I will also write him. Probably I shall see him in Toronto next Monday.

Very sincerely
O. R. Avison

18. 에비슨이 서덜랜드에게

5번가 156번지, 뉴욕시,

1924년 10월 20일

친애하는 서덜랜드 박사님 -

연희전문학교 홍보 소책자[KOREA]를 인쇄하기 위한 O.K. 측의 청구서를 동봉합니다. 존 언더우드 씨가 당신에게 이 청구서와 내가 당신에게 보낼 다른 작은 청구서의 값을 넉넉히 치를 수표를 당신에게 보낼 것입니다. 당신은 그의 수표를 받자마자 혹은 지금 당신에게 그만한 돈이 있다면 그 전에 이 청구서의 값을 언더우드 타자기회사(Underwood Typewriter Co.)에 지불해주기 바랍니다. 두 번째 청구서는 내게 지불하도록 되어있을 것인데, 필요한 물품 목록에 등사로 기재된 것들의 값을 치를 30불 미만의 금액일 것입니다.

당신이 가지고 있는 연희전문학교 자금에서 존 언더우드 씨가 유럽 등지로 떠난 후에 현지[연희전문]로 송금한 것들을 보여주는 명세서를 그분께 보내주겠습니까?

안녕히 계십시오.

O. R. 에비슨

나는 인디애나폴리스로 갑니다.

금요일 저녁 24일.

출처: UMAC

156 Fifth Ave, New York City,
Oct 23/24

Dear Dr Sutherland -

I am enclosing an O.K.'d bill for printing Chosen Christian College Booklets. Mr Underwood will send you a check sufficient to cover this and another small bill which I will send you. As soon as you receive his check or earlier if you have the money in hand please pay this bill to the Underwood Typewriter Co. The second bill will be payable to me — something under $30.⁰⁰ for mimeographing list of needs.

Will you please send to Mr Underwood a statement of C.C.C. moneys on hand showing what you sent to the field after he left for Europe &c.?

Very sincerely

O. R. Avison

I go to Indianapolis
Friday Evg the 24th

19. 서덜랜드가 에비슨에게

1924년 11월 5일

O. R. 에비슨 박사,
5번가 156번지,
뉴욕시.

친애하는 에비슨 박사님:

얼마 전에 우리가 북장로회 선교부 회계로부터 1천 불을 받았는데, 그것은 펜실베이니아주의 티투스빌(Titusville)에 있는 제일장로교회(First Presbyterian Church of Titusville)의 샤이드(John H. Scheide) 씨가 특별 기부금으로 지정하여 당신을 통해 그곳에 보낸 것입니다. 우리가 이것을 어떤 특별 기금 항목에 넣을지 아니면 단순히 세브란스 일반 예산에 넣어야 할지를 모르겠습니다. 당신이 내게 알려주기 바랍니다.

존 언더우드(John T. Underwood) 씨로부터 인쇄 비용을 치르도록 5천 불짜리 수표를 받고 그 청구서의 금액 3,925.75불을 존 언더우드 타자기회사에 이미 지불하였습니다. 그 회사는 인쇄할 분량이 많지만, 우리에게 편리한 시간에 기꺼이 잔액을 보내겠다고 말합니다. 당신이 그 문제를 처리할 것이라고 짐작합니다.

안녕히 계십시오.

GFS [G. F. 서덜랜드]

출처: UMAC

803-1

November 5, 1924

Dr. O. R. Avison,
156 Fifth Avenue,
New York City.

My dear Dr. Avison:

        We received sometime ago from the
Treasurer of the Presbyterian Board $1,000.00 which
was designated as a special gift from John H. Scheide,
of the First Presbyterian Church of Titusville, Penna.,
which came to them through you. We do not know to what
special fund this ought to be credited, or whether it
should simply be credited to the general budget of Sever-
ance. Will you please let me know.

        I received the check from John T.
Underwood for $5,000.00 to cover the costs of printing,
etc. and have already paid the bill of John Underwood & Co.
amounting to $2,925.75. The company says that they have
the bulk of the edition in their posession, but will be
glad to forward the balance at our convenience. I assume
that you will take care of that matter.

        Sincerely yours,

GFS
JFS

20. 에비슨이 서덜랜드에게

스위클리, 펜실베이니아, 1924년 11월 10일

친애하는 서덜랜드 박사님,

당신의 5일자 편지가 지난 토요일 이곳에 있는 내게 배달되었습니다. 존 언더우드 씨가 인쇄 비용을 그처럼 넉넉하게 제공해주셨다는 말을 들으니 기쁩니다. 존 언더우드의 제안에 따라 필요한 물품들의 목록이 인쇄되어 제본되고 있는데, 그 기금으로 치를 비용의 청구서가 당신에게 갈 것입니다. [학교 홍보] 소책자들은 존 언더우드의 회사로 보내져 우리가 쓰게 될 때까지 보관될 것입니다. 당신에게 언제든지 필요한 것이 있으면 홀 박사에게 알려주십시오. 그러면 그가 당신에게 그것이 제공되었는지를 확인할 것입니다.

[펜실베이니아주] 티투스빌(Titusville)의 샤이드(John Scheide) 씨가 보낸 1천 불은 지금 이 나라에 와서 세브란스의전의 어느 전공 분야를 연마하는 그 학교 졸업생들 가운데 한 명에게 장학금으로 지급될 것입니다. 그리고 내가 필요할 때에 수시로 그 일을 독려하겠습니다. 그 사람의 이름은 오한영 의사*로, 대학 학감[오긍선]의 아들입니다. 그는 조지아주의 에모리대학에 있습니다. 만일 그에게 돈이 필요한데 내가 그를 돌볼 수 없을 때면, 당신이 홀 박사와 상의한 후에 그에게 돈을 지급해줄 수 있습니다. 아직 확실하지는 않지만, 이번 주에 내가 3일이나 4일간만이라도 뉴욕에 가는 것이 가능합니다. 만일 내가 가게 된다면 당신에게 알려서 혹시라도 필요한 일이 생기면 당신이 내게 연락할 수 있게 하겠습니다.

안녕히 계십시오.

O. R. 에비슨

출처: UMAC

---

* 오한영(吳漢泳, 1898~1952)은 당시에 세브란스의전의 학감인 오긍선 교수의 장남으로 공주에서 태어나 1923년 세전을 졸업하고 시카고대 의학부에서 1년간 수학한 후 에모리대에 편입하여 1926년 졸업하였다. 귀국하여 세전의 내과학 교수가 되었고, 1940~43년에는 병원장을 역임하였다. 해방 후 과도정부 보건위생부장, 국립경찰병원장, 보건부장관을 역임하였다.

20. 에비슨이 서덜랜드에게 (1924년 11월 10일) ❙ 99

Sewickley, Pa., Nov. 10th, 1924,

Dear Dr. Sutherland,

Your favor of the 5th reached me here on Saturday
last.   I am glad to hear that Mr. Underwood has provided so liber-
ally for the Printing R/c.   A list of needs is being printed
and bound at Mr. Underwood's suggestion and a bill will come to you
for that which will be met out of that fund.   The booklets were
taken down to the Underwood Co's place to be stored until we could use
them.   If you need any at any time please let Dr. Hall know and he
will see that you are provided with them.

As for the $1000 from Mr. John Scheide of Titusville, it is to
be used as a scholarship for one of the Severance Medical College Grad-
uates now in this country getting a special preparation for one of the
Departments of the College and I shall draw on it from time to time as
necessary.   The name of the man is Dr. H.Y.Oh, the son of the
Dean of the College.   He is at Emory University, Georgia.   If he
needs money and I am not reachable you can pay to him after consultatio
with Dr. Hall.   I am not yet certain but it is possible
that I may go to new York this week tho only for 3 or 4 days.   If I
do go I will let you know so that if there is need you can get in
touch with me.

Yours very sincerely

21. 에비슨이 서덜랜드에게

우스터, 오하이오, 1924년 11월 22일

친애하는 서덜랜드 박사님,

25일 화요일 오전에 뉴욕에 도착할 예정입니다. 당신은 그동안 존 세브란스 씨로부터 어떤 소식을 듣게 될 것입니다. 당신에게 7천5백 불을 보내겠다고 전보를 치거나 그것을 보내라고 내가 그분께 부탁하였기 때문입니다.

안녕히 계십시오.

O. R. 에비슨

출처: UMAC

Wooster, Ohio, Nov. 22/04

Dear Dr Sutherland —

I am due to reach New York
the morning of Tuesday the 25th.
You may hear from Mr Severance
in the meantime as I have asked
him to either cash $1500 to Seoul or
send it to you.

Sincerely, O.R. Avison

22. 에비슨이 서덜랜드에게

1924년 12월 8일

조지 F. 서덜랜드 목사, 명예신학박사,

회계,

5번가 150번지,

뉴욕시, 뉴욕주.

친애하는 서덜랜드 박사님:

오늘 오후 당신에게 존 언더우드의 기부금인 1천 불짜리 채권 50개, 거기에 붙은 이자 958.36불, 현금 10센트, 41.56불짜리 수표, 다 합쳐서 5만 1천 불을 보냈습니다.

이 채권들은 임시채권으로 쿠폰이 첨부되어 있지 않지만, 나중에 1949년 브루클린 에디슨 제너럴 모기지(Brooklyn Edison General Mortgage)의 5s 쿠폰 채권으로 전환됩니다.

이 금액에서 5만 불은 연희전문학교의 기본재산을 위한 기금입니다. 나머지 1천 불은 내가 모금 운동 경비로 쓰기를 존 언더우드가 원하고 있습니다. 그 채권에 붙은 이자도 내가 이 나라에서 이 사역하는 동안 모금 운동 경비로 쓰라고 지시하였습니다.

당신이 이 돈의 사용처를 이해하였음을 알리는 편지를 써서 존 언더우드에게 보내주겠습니까?

안녕히 계십시오.

O. R. 에비슨

출처: UMAC

Dec. 8, 1924.

Rev. George F. Sutherland, D.D.,
Treasurer,
150 Fifth Ave.,
New York, N.Y.

My dear Dr. Sutherland:-

I brought in to you this afternoon fifty $1000.00
bonds, with accrued interest $958.36; cash ten cents; check
$41.56, making a total of $51,000.00, contribution from Mr.
John T. Underwood.

These bonds are interim bonds and have no coupons
attached, but will be converted into coupon bonds later, of
the Brooklyn Edison General Mortage 5s of 1949.

$50,000.00 of this amount is for the Endowment Fund
of Chosen Christian College; the balance of $1000.00 Mr. Un-
derwood wishes to have applied to the expense account of my
campaign. He also directs that the interest on the bonds
shall be used as long as I am doing this work here toward my
campaign expense.

Will you be so kind as to make a note, indicating
that you understand the way in which this money is to be ap-
plied, to Mr. Underwood.

Sincerely yours,

O.R. Avison

ORA
FS

23. 에비슨이 브라운에게

에비슨 박사가 1924년 12월 26일 뉴욕시에서 브라운 박사에게 보낸 편지 사본

친애하는 브라운 박사님:

크리스마스 축하 메시지를 보내준 당신께 우리 부부가 깊이 감사하는 마음을 표하고자 합니다.

세월이 매우 빨리 지나가고 있지만, 우리는 진정한 우정의 축복을 점점 더 많이 깨닫고, 모국에 있는 동료 사역자들의 호의와 사랑을 점점 더 소중히 여기게 됩니다.

내 앞에 놓인 당신의 메시지는 우리 모두를 향한 당신의 관심을 우리가 더 강하게 깨닫게 하고, 우리가 파송 받은 그 [선교지] 사람들을 위해 우리 마음에 품은 모든 것을 때가 되면 하나님께서 이루어주시리라는 확신을 지키고 키우도록 격려해줍니다.

나의 부인이 나와 함께 당신 부부와 당신의 가족에게 진심으로 안부 인사를 드립니다.

우리는 당신과 당신의 동료 총무들이 지고 있는 무거운 짐에 대해 종종 이야기합니다. 당신이 우리를 대신하여 그들 모두에게 우리를 위한 그들의 사역이 정당하게 인정받고 있다는 말을 해주면 감사하겠습니다.

안녕히 계십시오.

O. R. 에비슨

출처: PHS

Copy of letter from Dr. O. R. Avison, *of Seoul Korea,* New York City, December 26, 1924, to Dr. Brown.

Dear Dr. Brown,

Mrs. Avison and I want to acknowledge with an expression of our deep appreciation the receipt of your Christmas message.

As the years pass around so quickly we realize more and more the blessing of real friendship and value more and more highly the sympathy and love of our fellow-workers at home.

Such a message as the one before me from you intensifies our realization of your own interest in us all, encourages us to persevere and increases our assurance that God will in due time bring to pass all that we have in our hearts for the people to whom he has sent us.

Mrs. Avison unites with me in all good greetings to you, to Mrs. Brown and to your family.

We often speak of the heavy burdens you and the other Secretaries are carrying and will be glad to have you say to them all for us that their work for us is duly appreciated.

Yours very sincerely

O. R. Avison

24. 에비슨이 서덜랜드에게

1925년 1월 6일

조지 F. 서덜랜드 박사,

협력이사회 회계,

뉴욕시, 뉴욕주.

친애하는 서덜랜드 씨:

연희전문학교의 밀러에게 다음의 기부금들을 보내 다가오는 건축 기간에 그 돈을 지출할 수 있게 해주기를 당신께 요청하고자 합니다.

기부금($)	기부자
2,500	쇼플러(Schauffler) 부인
250	포프(Henry F. Pope)
1,000	맥켄지(A. C. Mackenzie) (아직 보고받지 못함)

처음의 두 금액은 아마도 우리의 한국인 교수 한 명의 사택을 짓는 일에 사용될 것이고, 1천 불은 이학관[아펜젤러관]에 비치할 장비를 사는 일에 사용될 것입니다. 우리가 다음 회계연도에 하겠다고 총독부에 약속하였기 때문입니다.

내가 당신께 위의 금액들을 송금해주도록 요청하겠다고 베커 박사와 밀러에게 편지를 썼습니다.

안녕히 계십시오.

O. R. 에비슨

출처: UMAC

COOPERATING BOARD FOR CHRISTIAN EDUCATION IN CHOSEN

CHOSEN CHRISTIAN COLLEGE   SEVERANCE UNION MEDICAL COLLEGE

SEOUL, KOREA

TRANSFERRED

803-1

January 6, 1925.

Dr. Geo. F. Sutherland,
Treasurer, Cooperating Board,
New York, N.Y.

Dear Mr. Sutherland:

I am going to ask you to be good enough to send to Mr. Miller, at the Chosen Christian College, the following gifts, so that they can be expended during the coming building season:

$ 2,500   from Mrs. Schauffler
    250   from Mr. Henry F. Pope
  1,000   from Mr. A. C. Mackenzie (not yet reported received)

The first two amounts will probably be used to build a residence for one of our Korean professors, and the $1,000 will be expended in the purchase of equipment for the Science Building, as we are pledged to the government to do during the next fiscal year.

I have written to Dr. Becker and to Mr. Miller that I am asking you to make the above remittances.

Very sincerely,

O R Avison

25. 서덜랜드가 에비슨에게

1925년 1월 10일

O. R. 에비슨 박사,
북장로회 해외선교부,
5번가 156번지,
뉴욕시.

친애하는 에비슨 박사님:

쇼플러(Schauffler) 부인, 포프(Pope), 맥켄지(Mackenzie)의 기부금을 한국에 보내는 문제를 설명한 당신의 1월 6일자 편지를 받았습니다. 내가 이 돈을 정규적으로 [한국에] 송금하는 기금과 함께 내일 보내려 합니다. 그 기금이 어떻게 사용되어야 할지는 내가 대충 설명하였지만, 당신이 밀러에게 그 기금의 사용처에 관해 특별한 지시를 내릴 것이라고 짐작합니다.

안녕히 계십시오.

GFS [G. F. 서덜랜드]

출처: UMAC

803-1

January 10, 1925

Dr. O. R. Avison,
c/o Presbyterian Board of Foreign Missions,
156 Fifth Avenue,
New York City.

My dear Dr. Avison:

I have your letter of Jan. 6th,
regarding the remittance of the funds from Mrs. Schauffler,
Mr. Pope and Mr. MacKenzie to Korea.   I am sending this
money with my regular remittance going forward today.   I
have indicated in general how the funds are to be used, but
I am assuming that you will give Mr. Miller specific instruc-
tions, as to the expenditure of the funds.

Sincerely yours,

GFS
JFS

26. 에비슨이 서덜랜드에게

5번가 156번지,

뉴욕, 1925년 2월 4일

조지 F. 서덜랜드 목사, 명예신학박사,

협력이사회 회계,

뉴욕.

친애하는 서덜랜드 박사님:

여기에 헨쇼(A. W. Henshaw) 부인이 보낸 2불짜리 수표를 동봉하니 전에 기부받은 세브란스병원을 위한 반코트 기념기금(Van Cott Memorial Fund) 1백 30불에 더하기를 바랍니다.

이 기금이 필요해질 때까지는 이자가 쌓여서 그만큼 늘어나도록 특정 예금에 넣어두는 것이 좋지 않겠습니까?

이 돈이 몇 년 동안 소요되지 않을 수도 있으므로, 그동안 이자를 모으면 병실의 기기를 추가로 사거나 수입할 때 관세를 내는 일에 쓸 수 있을 것입니다.

이 돈은 뉴욕주 스키넥터디(Schemectady)*의 연합장로교회(Union Presbyterian Church)에서 왔습니다.

안녕히 계십시오.

O. R. 에비슨

출처: UMAC

---

* 원문에 표기된 'Schemectady'의 'm'은 'n'의 오타이다.

TRANSFERRED

156 Fifth Avenue,
New York, February 4, 1925.

Rev. Geo. F. Sutherland, D.D.,
Treasurer, Cooperating Board,
New York.

FEB 6 A.M

Dear Dr. Sutherland:

I enclose herewith cheque for $2.00 from Mrs. A. W. Henshaw to be added to the fund of $130.00 formerly contributed for the VanCott Memorial Fund in Severance Hospital, Korea

Until this fund is required, would it not be well to put it on special deposit so that the interest will accumulate and increase it to that extent ?

It may not be called for for a couple of years, and anything we could accumulate in the way of interest would enable us to use in purchasing additional equipment for this ward or in paying the duty on its importation.

The money comes from Union Presbyterian Church, Schenectady, N.Y.

Very sincerely

O. R. Avison

27. 에비슨이 서덜랜드에게

5번가 156번지

뉴욕, 1925년 2월 10일

조지 F. 서덜랜드 박사,

협력이사회 회계,

뉴욕시, 뉴욕주.

친애하는 서덜랜드 박사님:

내년 4월 1일 시작하는 연희전문학교의 1925~26년 회계연도의 예산을 살피다가 기본재산을 위한 기금에 1만 원의 [이자] 수입이 산정되어 있는 것을 보았습니다.

우리는 현재 다음과 같이 투자하고 있습니다.

투자처	투자금액($)	이율(%)	이자소득($)
언더우드 타자기회사 주식 (Underwood Typewriter)	4,000	7½	300
로이어스 타이틀 앤 개런티 (Lawyers Title & Guarantee)	50,000	5½	2,750
브루클린 에디슨 (Brookyn Edison)	50,000	5	2,500
총 수입	104,000		5,550

그런데 마지막 항목의 2천5백 불이 모금 운동 경비로 책정되어 있으므로, 만일 현지로 돈을 보낸다면 얼마나 보낼 수 있을지를 말할 수가 없습니다.

존 언더우드 씨가 추가로 6천 불을 기부한 것이 있으므로 투자를 해야 합니다. 지난해에 여기에서 약 2천 불을 적자를 메꾸기 위해 현지로 보냈으므로 아마도 당신에게 4천 불이 남았을 것입니다.

이 4천 불을 빨리 투자하면 1925~26년 회계연도가 끝나기 전에 이 돈에서 수입을 얻을 수가 있겠습니까? 이런 절차를 권해봅니다. 만일 그 돈을 5.5%의 이자로 투자한다면 220불의 추가 수입을 얻을 것이고, 위의 항목들에서 먼저 언급된 두 항목의 금액[이자소득]을 합치면 총 3,270불이 될 것입니다. 만일 환율이 40원 선을 유지한다면 이 금액으로 내년 예산 수입에 약 8천 원을 추가하게 될 것입니다.

안녕히 계십시오.

O. R. 에비슨

출처: UMAC

COOPERATING BOARD FOR CHRISTIAN EDUCATION IN CHOSEN

CHOSEN CHRISTIAN COLLEGE.   SEVERANCE UNION MEDICAL COLLEGE

SEOUL, KOREA

TRANSFERRED

156 Fifth Avenue,
New York, February 10, 1925.

Dr. Geo. F. Sutherland,
Treasurer, Cooperating Board,
New York, N.Y.

Dear Dr. Sutherland:

In reviewing the budget for 1925-26, the fiscal year of the Chosen Christian College which begins on April 1st next, I note that they are counting on Y10,000 income from endowment funds.

We have the following investments at present:

Underwood Typewriter stock	$4,000 @ 7½%	$ 300
Lawyers Title & Guarantee	50,000 @ 5½%	2750
Brooklyn Edison	50,000 @ 5%	2500
Total income	$104,000	$5550

The last $2500 is earmarked, however, for campaign expenses, and it is not possible to say how much of it, if any, will go to the field.

There is an additional $6,000 which Mr. Underwood contributed which should be invested. About $2,000 of this has been sent to the field to cover a deficit of last year, leaving $4,000 presumably in your hands.

Would it be possible to invest this $4,000 at an early date so that income from it would be received before the close of the fiscal year 1925-26 ?,   I would recommend this procedure.   If it be invested at 5½% it would yield $220 additional, which with the two sums first mentioned above would total $3270.   If the exchange keeps around 40 this amount would yield around Y8,000 to the budget next year.

Very sincerely,

O. R. Avison

28. 서덜랜드가 에비슨에게

1925년 2월 11일

O. R. 에비슨 박사,
5번가 156번지,
뉴욕시.

친애하는 에비슨 박사님:

세브란스병원을 위한 반코트 기념기금(Van Cott Memorial Fund)에 추가될 2불짜리 수표
가 들어있는 당신의 편지를 받았습니다. 우리는 이것을 전에 받았던 금액에 추가하였습니
다.

이 기금을 특별 저축 계좌에 넣자는 당신의 제안을 주목합니다. 두 학교에 대해 공동의
은행 계좌를 쓰는 우리의 은행 업무 전체를 우리 위원회가 다음에 모일 때 검토해야 할
것 같습니다. 각종 기금에 붙는 이자 문제, 세브란스의전의 초과인출로 인해 연희전문학
교의 돈이 실제로 사용되었는지의 문제 등등이 있습니다. 우리가 모든 의문을 처리할 때
까지는 이 문제를 그냥 두는 것이 좋지 않을까 합니다.

안녕히 계십시오.

GFS [G. F. 서덜랜드]

출처: UMAC

8032 1

February 11, 1925

Dr. O. R. Avison,
156 Fifth Avenue,
New York City.

My dear Dr. Avison:

I have your letter enclosing check for
$2.00 additional money for the Van Cott Memorial Fund for
Severance Hospital. We are adding this to the former amount
which was received.

I note your suggestion regarding a special
savings account for this fund. It seems to me that the
whole matter of our banking in a joint banking account for
the two Institutions, ought to be considered by our Com-
mittee the next time we meet. There isa a question of
interest on the various funds, the question of overdraft
by Severance really using the funds of Chosen Christian
College, etc. I wonder if it would not be well to let this
matter rest until we take up the whole question?

Sincerely yours,

GFS
JFS

29. 브라운이 에비슨에게

1925년 2월 19일

O. R. 에비슨 박사,
W. C. 어드만 목사,*
H. M. 브루엔 목사.**

친애하는 형제들:

2월 11일에 우리가 안동의 병원[기독병원]에 관해 버코비츠(Bercovitz) 의사***를 안동에서 서울의 세브란스연합의학전문학교로 전임시키고 새 의료선교사를 미국에서 안동 병원으로 보내야 하는가의 문제로 꽤 오랫동안 이야기를 나누었을 때, 여러분이 말했던 것을 깊이 생각해보았습니다. 그런데 편지로 설명해달라는 나의 요청에 여러분이 응답해준 덕분에 내가 옳았다는 확신을 갖고 그 문제를 제기하면서 여러분의 입장을 공정하게 다룰 수 있게 되어 여러분께 감사하고 있습니다. 그러므로 2월 12일 열린 실행위원회(Executive Council) 회의, 2월 13일 열린 실행위원회 회의, 2월 16일 열린 그 위원회와 선교부 해외분과위원회(Foreign Department Committee of the Board)의 공동회의에서 여러분이 공동으로 보낸 2월 12일자 편지를 낭독하였습니다. 마지막 회의에서는 어드만이 따로 보낸 2월 14일자 편지와 그 안에 동봉되어 있던 그가 에비슨 박사에게 보낸 동일 날짜의 편지 사본에 대해서도 언급하였습니다. 그날 저녁에 내가 버지니아주의 리치먼드로 약속이 있어서 떠나야 하였습니다. 그러므로 이제 돌아오자마자 여러분께 편지를 씁니다.

해외분과위원회와 실행위원회는 그 문제를 여러 측면에서 검토하고 여러분이 편지에서 밝힌 의견을 들은 후에 다음과 같이 판정하였습니다.

---

* 어드만(Walter C. Erdman, 1877~1948)은 북장로회 선교사로 1906년 내한하여 대구에서 사역하다 1927년부터 평양 장로회신학교에서 강의하고 1929년 귀국하였다.

** 브루엔(Henry M. Bruen, 1874~1959)은 북장로회 선교사로 1899년 내한하여 대구에서 사역하고 1941년 귀국하였다. 영어 원문에서는 중간 이름의 이니셜 'M'이 'H'로 잘못 표기되어 있다.

*** 버코비츠(Zacharias T. Bercovitz, 1895~1984)는 북장로회 의료선교사로 1924년 내한하여 안동과 평양에서 사역하고 1934년 귀국하였다.

세브란스의학전문학교와 병원에 대한 교수 파견의 중요성은 모두 인정한다. 이는 높은 의료 수준을 유지하고, 숙련된 한국인 의사와 간호사를 배출함으로써 그들이 정착한 지역사회에서 그리스도의 영향력을 나타내게 하며, 선교회의 병원들, 특별히 선교회가 "4개 지방병원"이라고 말한 그 병원들에 유능한 사람들을 공급할 수 있게 하기 위해서이다.

그러므로 버코비츠 의사의 사임으로 생긴 공백은 메꿔야 한다고 생각하면서도, 최근에 안동으로 간 버코비츠 의사가 의과대학에서 사역해도 될 만큼 훌륭한 자격을 지니고 본인도 그 일을 크게 선호하는 것이 인정되는 점을 고려하여, 이곳에서는 그의 전임을 아무도 반대하지 않는다. 그러나 이 문제는 선교회의 관할권 아래에 있고, 선교회는 선교부의 조치와 무관하게 [선교사의] 전임을 결정하는 모든 권한을 쥐고 있다.[*]

우리는 여러분이 제안한 핵심 내용을 이렇게 이해합니다. 곧 그를 대신하여 안동에서 일할 새 사람을 선교부가 미국에서 보내지 못한다면 선교회가 버코비츠 의사를 전임시키지 않으리라는 것입니다. 어드만이 에비슨 의사에게 보낸 2월 14일자 편지에서 이에 대해 의문을 제기하기는 하였지만, 여러분은 이런 생각이 우리의 면담에서도 강조되었고 여러분의 2월 12일자 공동편지에서도 주장되었던 것을 기억할 것입니다. 여하튼 여러분의 주장의 핵심적인 문제는 적어도 당분간은 안동 병원을 계속 외국인 의사 밑에 운영해야 한다는 것인 듯합니다.

이 일과 관련하여 즉시 조치할 방향에 대한 의견이 엇갈렸습니다. 몇몇은 한국인 의사를 구할 수 있을 때까지 기다려야 한다고 주장하였습니다. 이는 이 일이 선교부의 12월 16일자 편지 655호에서 통지된 의료 사역에 관한 정책을 적용하다가 제기된 첫 번째 경우이고, 안동 병원이 한국인 의사를 두기로 한 4개 지방 병원 가운데 하나이며, 몇 년 동안 문을 닫았다가 버코비츠 의사가 아주 최근에 부임하여 그곳의 사역을 재건할 시간을 갖지 못하였기 때문이라는 이유에서였습니다. 또한, 그들에게 절대적으로 필요한 의료사역자의 수요를 채우기에는 유능한 지원자가 부족하다는 점, 다른 나라 선교회들에 당장 쓸 사람이 더 긴급하게 필요하다는 점, 그 병원이 몇 년 안에 한국인에게 맡겨질 것이므로 그 선교지회에서는 외국인 의사가 앞으로 잠시만 있게 되리란 사실을 안다면, 의료선교사는 평생을 바치도록 임명되는 까닭에, 유능한 지원자들이 기꺼이 안동으로 가려 하지 않

---

[*] 해외분과위원회와 실행위원회의 공동회의 판결문이 실제로 여기까지인지 아니면 이후의 문장 전체를 포괄하는 것인지는 원문에 분명한 표시가 없어 판단하기 어렵다.

을 것이라는 점을 고려해야 한다는 주장도 제기되었습니다. 그러므로 그에게 이런 정보를 알리지 않는 것은 정직하지 않은 처사가 될 것입니다. 또한, 그가 그 선교지로 가기 전에 그런 정보를 듣지 못한다면 당연히 도착한 후에 그런 사실을 듣고 자기가 불공정한 대우를 받았다는 느낌을 받게 될 것입니다.

공동회의[2월 16일 회의]에 참석했던 다른 사람들은 그 정책을 안동에 즉시 적용하도록 선교부가 압박하면 안 된다고 주장하였습니다. 이는 선교부가 12월 16일자 편지로 알린 그 결정에 대한 답변을 선교회로부터 들을 시간이 없었고, 선교회가 그 정책을 실행할 적정시간을 가져야 하며, 선교회가 현재의 외국인 직원과 지급금으로 현재의 선교회 병원들을 유지할 수 있는 한은 선교부가 그 병원들의 운영을 방해할 의향이 없으며, 선교회가 그 정책을 당장 실행해도 자신들의 이익이 부당하게 침해받지 않을 것으로 판단하고 있는지를 선교부가 알지 못하고 있기 때문이라는 이유에서였습니다. 선교부가 전에 내린 그 정책을 재고할 의사는 없지만, 그것을 점진적으로 적용하고 지역 사정을 무시한 채 갑자기 적용하지 않으며 선교부의 추가 경비 지출이 없게 하는 편이 지혜로울 것이란 점이 강조되었습니다.

많은 토의 후에 마침내 버코비츠 의사를 안동으로 보냈던 선교회로부터 어떠한 보고를 받지 못한 상황에서 그의 안동 사역의 지속 여부에 영향을 줄 결정을 선교부가 내리기에는 그 길이 현재 분명하지 않다는 데 합의하였습니다.

홉커크(Hopkirk) 의사*의 사임으로 생긴 세브란스의전의 공백 상태에 관해서는, 버코비츠 의사와 안동 병원의 문제들이 지금 하는 것보다 더 만족스럽게 해결될 수 있을 때까지 잠시 기다려도 되지 않겠는가 하는 의문이 제기되었습니다. 그러는 한편으로 홉커크 의사의 후임이 버코비츠 의사여야 하는지 아니면 미국에서 새로운 사람이 와야 하는지의 문제에 관해서는 에비슨 박사가 여러 협력 선교부들 가운데 한 곳으로부터 그를 위해 후원금을 얻으려고 노력해야 한다는 것에 합의하였습니다. 그 가운데 어떤 곳들은 그 대학과 부속 병원과 간호학교, 모든 소중한 자산의 유지비용을 각자 맡은 몫만큼 분담하고 있지만, 경상비와 외국인 직원의 주요 부분은 우리 장로회 선교부의 후원자들이 제공하고 있습니다.

---

* 홉커크(C. C. Hopkirk, 1882~1954)는 북장로회 의료선교사로 1921년 내한하여 세전에서 내과와 X선과 의사로 재직하고 1924년 귀국하였다.

브루엔과 어드만이 이전 편지와 그 후의 면담에서 전술한 선교부 편지에서 설명된 정책에 대해 염려를 표했던 것에 깊이 감사한다는 말을 더하고 싶습니다. 그렇지만 우리가 보기에 지금까지 그것에 반대해온 선교사들은 건설적이고 실제적인 대안을 전혀 제시하지 않았고 현실의 냉혹한 여건들도 고려하지 않았다고 생각됩니다. 선교부는 주어진 인력과 지급된 선교비 안에서 최선의 사역을 수행하려 하는 선교회의 권리를 침해하지 않습니다. 그러나 선교회가 선교부의 더 큰 추가 재정 지원 없이는 현재의 기관들을 모두 유지할 수 없다고 보고한다면, 선교부는 물론 행정 책임, 가용 자원, 다른 선교지에서 필요로 하는 것과의 비례성, 조선과 여러 다른 나라의 상황 변화를 고려하여 어떻게 하는 것이 실용적인지를 결정해야 합니다. 우리의 생각에 선교부가 검토하여 이전 편지들에서 알린 내용이 참으로 불가피한 조정안을 제시하고 있는 것은 아주 분명합니다. 선교부는 서두르지도 않았고 선교회와 마땅한 협의 없이 하지도 않았습니다. 그 문제는 거의 2년 전 선교부의 1923년 6월 26일자 629호 편지에서 제기되었습니다. 1924년 4월 22일자 541호 편지에서는 선교부가 특정 제안에 대한 선교회의 요청에 따랐습니다. 이 제안들(선교부의 1924년 12월 16일자 655호 편지)은 선교회의 답변을 들은 후에야 의료 사역에 적용되었습니다. 그리고 선교회 중등학교들의 문제는 선교부가 그 학교들에 관해 제안한 것들에 대한 선교회의 답변을 듣지 못하였기 때문에 지금 결정을 미루고 있습니다.

선교부가 제안한 그 계획이 만일 실행할 만하지 않다면 실행할 수 있는 다른 계획이 있습니까?. 현재 여건에서 선교회가 사역을 지속할 수 없는 어떤 상황에 직면하고 있다는 판단이 드는 때에 그 지속을 저해하는 것이 선교회에만 아니라 선교부에도 통제권 밖에 있다는 사실을 고려하면, 사역을 지속하도록 단순히 돈만 더 많이 보내라고 요청하는 것은 우리에게 도움을 주지 않습니다.

이 문제는 극히 어렵습니다. 이 일이 우리 마음을 무겁게 누릅니다. 우리는 이 문제를 위해 선교사들이 쉽게 생각할 수 있는 것보다 더 많은 시간을 쓰고 있고 기도하고 있습니다. 우리 모두에게는 정녕 인내심과 상대방의 견해에 대한 우정어린 고려와 그리고 무엇보다 이 문제를 해결하기 위해 서로 노력하는 가운데 역사하는 하나님의 인도하심이 필요합니다.

안녕히 계십시오.

AJB [A. J. 브라운]

추신. 이 편지가 선교회의 사역과 관련된 문제들을 다루고 있으므로, 이 편지의 사본을
선교회의 실행위원회 위원장인 호프만(Hoffman)에게 보내려 합니다.

출처: PUL

TELEPHONE WATKINS 8191

THE BOARD OF FOREIGN MISSIONS
OF THE PRESBYTERIAN CHURCH IN THE U. S. A
156 FIFTH AVENUE
NEW YORK

February 19,1925.

Dr. O.R. Avison,
The Rev.W.C.Erdman,
The Rev. H.H. Bruen. ✓

Dear Brethren:

I have pondered much about what you said during our good long interview February 11 regarding the Hospital at Andong in relation to the question whether Dr. Bercovitz should be transferred from Andong to the Severance Union Medical College in Seoul and a new medical missionary sent from America for the Andong Hospital. I am grateful to you, however, for complying with my request that you put your statement in a letter so that I might be sure that I have it aright and be able to do justice to your position in presenting the matter. I therefore read your joint letter of February 12 to the Executive Council February 12 to the Executive Council February 13 and to a joint meeting of the Council and the Foreign Department Committee of the Board February 16. At the latter meeting I also referred to Mr. Erdman's separate note of February 14, enclosing a copy of his letter of the same date to Dr. Avison. I had to leave that evening for an engagement in Richmond, Virginia, and I am now writing you immediately after my return.

The judgment of the Foreign Department Committee and the Executive Council, after having considered the various phases of the question and heard your letter, appeared to be as follows:

All recognize the importance of having a faculty for the Severance Union Medical College and Hospital which will enable these institutions to maintain a high professional standing and turn out trained Korean physicians and nurses that will be an influence for Christ in the communities in which they settle and provide a supply of competent men for the hospitals of the Mission, particularly those that the Mission has spoken of as "the four country hospitals."

Assuming therefore that the vacancy caused by the resignation of Dr. Bercovitz should be filled, and in view of the understanding that Dr. Bercovitz, who has recently gone to Andong, is admirably qualified for the work of the Medical College and greatly prefers it, there is no objection here to his transfer. This, however, is a matter within the jurisdiction of the Mission, which has full power to make the transfer without action by the Board.

We understand, however, that the crux of your proposal is that the Mission will not transfer Dr. Bercovitz unless the Board can send out a new man from America to take his place at Andong. You will recall that this consideration was stressed at our interview and it is in your joint letter of February 12, although Mr. Erdman's letter of February 14 to Dr. Avison raised a question about this phase of it. At any rate, the essential point which you appear to press is that Andong Hospital must be continued, for the present at least, under a foreign physician.

On this point opinions differed as to the immediate course that should be pursued. Some urged that, since this is the first occasion that has arisen for applying the policy regarding medical work, which was reported in Board letter No. 655 of December 16, and since the Andong Hospital is one of the four country hospitals to be staffed by Korean physicians, and since it has been closed for several years anyway, and Dr. Bercovits has so recently gone there that he has not had time to re-establish its work, it should wait until a Korean staff is available. The considerations were also urged that the supply of competent medical candidates is insufficient to meet the imperative calls for them; that there are more urgent needs in other Missions for the available men; that, since medical missionaries are appointed for life service, a competent candidate would not be willing to go to Andong if he knew that the Hospital is to be placed in charge of Koreans in a few years, so that there is only a temporary future for a foreign doctor at that station; that it would not be honest to withhold this information from him; that if he were not informed before going to the field, he would of course hear about it after his arrival, and would have just ground for feeling that he had been dealt with unfairly.

Others in the joint meeting urged that there has not been time to hear from the Mission in response to the action in the Board letter of December 16; that the Mission should have reasonable time to put the policy into effect; that it was not the intention of the Board to interfere with the present Hospitals of the Mission as long as the Mission can maintain them on its present foreign staff and appropriations, and that the Board should not force the immediate application of the policy to Andong without knowing the Mission's judgment as to whether it can be done at once without undue injury to the interests of the Mission. There was no disposition to reconsider the policy that was set forth in the former action of the Board, but emphasis was laid upon the wisdom of gradually working toward it and not applying it abruptly irrespective of local conditions and without additional expense to the Board.

After considerable discussion it was finally agreed that the way was not clear at present for the Board to take action affecting the continuance of Dr. Bercovits at Andong pending report from the Mission which had stationed him there.

As for the vacancy in Severance College, caused by the resignation of Dr. Hopkirk, the question was raised whether this cannot wait for a while until the questions regarding Dr. Bercovits and Andong Hospital can be worked out more satisfactorily than is possible at this time. Meantime, it was agreed that, whether Dr. Hopkirk's successor shall prove to be Dr. Bercovitz, or a new man from America, Dr. Avison should endeavor to secure his support from one of the other cooperating Boards, none of which has done anything like their proportionate share of the cost of maintaining the College and its affiliated Hospital and Nurses' Training School, all of the valuable property and the major part of the current expenses and foreign staff having been provided by supporters of our Presbyterian Board.

-3-

May I add that I deeply appreciate the concern which Mr.Bruen, and Mr. Erdman in a former letter and a following interview, expressed regarding the policy which was stated in the Board letter referred to. It seems to us, however, that the missionaries who have thus far indicated opposition to it have not suggested any constructive, practicable alternative, and that they have not taken into account the inexorable facts of the situation. The Board has not invaded the right of the Mission to conduct its work as best it can within its staff and appropriations. When, however, the Mission reports that it cannot maintain all of its present institutions without large additional financial support from the Board, of course the Board must determine, in the light of its administrative responsibilities, its available resources, the relative needs of other fields, and the changed conditions in Chosen and other lands, what it is practicable to do. It seems to us all perfectly clear that the considerations that were stated in former Board letters render some readjustments absolutely imperative. The Board did not act hastily nor without due consultation with the Mission. It raised the question nearly two years ago in Board letter No. 629 of June 26,1923. In Board letter No. 541 of April 22, 1924 it complied with the request of the Mission for specific suggestions. It did not act on the medical work until after it had the Mission's reply to these suggestions (Board Letter 655, December 16,1924) and it is now deferring action on the academies of the Mission because it has not received the Mission's reply to the Board's suggestions regarding them.

If the plan suggested by the Board is not feasible, what other feasible plan is there? When we are facing a situation which on its present basis is, according to the Mission itself, impossible of continuance, it does not help us simply to ask for more money to continue it when considerations affecting its continuance are beyond the control of the Board as well as of the Mission. We must deal with the facts.

These problems are exceedingly difficult. They lie heavily upon our hearts. We are giving more time and prayer to them than it may be easy for the missionaries to realize. Surely we all need patience, brotherly consideration for one another's views, and, above all, Divine guidance in our mutual efforts to solve them.

Cordially yours,

AJB-F

P.S. As this correspondence deals with matters which concern the work of the Mission, I am sending a copy of this letter to the Chairman of the Executive Committee of the Mission (Mr.Hoffman)

30. 어드만이 에비슨에게

뉴저지주 프린스턴, 알렉산더 스트리트 44번지의 어드만(Walter C. Erdman) 목사가
에비슨에게 보낸 1925년 2월 21일자 편지의 사본

친애하는 에비슨 박사님:

며칠 동안 집을 떠나 있다가 돌아오니 당신과 브라운 박사가 보낸 편지들이 나를 기다
리고 있었습니다.

그 편지의 가장 중요한 문장에서 그가 표현하고자 했던 것을 제대로 이해하지 못했을
까 걱정됩니다. "…… 버코비츠 의사를 안동으로 보냈던 선교회로부터 어떠한 보고를 받
지 못한 상황에서 그의 안동 사역의 지속 여부에 영향을 줄 결정을 선교부가 내리기에는
그 길이 현재 분명하지 않다는 데 마침내 합의하였습니다."

이 말은 버코비츠 의사를 전임시킬 첫 번째 움직임은 반드시 [한국에 있는] 선교회에서
먼저 시작되어야 한다는 의미입니까? 그렇다면 당신은 미국에 있는 동안에는 그를 전임
시켜도 되게 할 [새] 사람을 얻으려고 노력하지 않아도 되는 것입니까?

선교회는 결코 그런 일을 자발적으로 하지 않을 것입니다. 버코비츠 의사가 먼저 나서
야 할까요? 만일 그가 여하튼 그렇게 하기기를 기대한다면 당장 전임시켜달라고 요청하
는 편이 나을 것입니다.

당신이 내 입장을 이해해주어서 기쁩니다. 평균적인 의학교 졸업생들보다 버코비츠처
럼 특별한 훈련을 받은 사람이 세브란스의전의 교수로 있는 것이 더 알맞다는 의견과 세
브란스의전에서 그를 필요로 하고 그도 그곳의 사역을 원하기 때문에 그곳에 가는 편이
더 낫다는 의견에는 내가 아주 동의하지만, 안동 측이 그의 전임과 버코비츠 의사를 대신
할 사람을 받는 것에 동의하지 않는 한은 그 일에 찬성하는 투표를 하지 않으려 합니다.
그가 2년 동안은 언어를 배우는 단계에 있어서 병원을 효과적으로 운영할 수 없을 것이
고, 그를 대신할 의사가 오기를 기다린다고 하더라도 그 사람 역시 언어공부를 해야 하는
까닭에, 이는 안동의 의료 사역을 여전히 더 미루어야 한다는 것을 뜻합니다. 그러나 그곳
의[안동] 선교사들이 만일 오래 일하게 될 사람을 기다리면서 그때까지 상주하는 의사 한
명을 두는 것으로 만족한다면 나는 그 전임에 분명히 반대하지 않을 것이고, 버코비츠 의

사가 당신에게 전임을 요청할 작정이라고 한다면 당신이 [안동에] 필요한 사람을 구할 수 있기를 바랄 것입니다.

그 일이 어쨌든 해야 할 일이라면 의료정책의 채택에 관해 브라운 박사에게 제기한 일부 주장들과 그와 맞물린 안동의 상황이 아직 뜨거운 관심을 받는 동안 그 일을 빨리 완결지어야 합니다.

안녕히 계십시오.

월터 C. 어드만

출처: PHS

Copy of letter from the Rev. Walter C. Erdman, 44 Alexander, SECRETARIES
Princeton, New Jersey, to Dr. O. R. Avison, February 21, 1920.

re - medical policy

Dear Dr. Avison:

I have been away from home for a few days and find a letter from you and one from Dr. Brown awaiting my return.

I am afraid that I do not understand the phraseology of his letter in its most important sentence. "......it was finally agreed that the way was not clear at present for the Board to take action affecting the continuance of Dr. Bercovitz at Andong pending report from the Mission which had stationed him there".

Does this mean that the first move for a transfer of Dr. Bercovitz must come from the mission? And that you are not free to try to secure a man for the shift while you are in America?

The Mission will certainly not make any such move of its own accord. Will Dr. Bercovitz take the initiative. If he expects to do so at all it would be better for him to make the request for transfer at once.

I am glad you understand my position. I quite agree that a man of Dr. Bercovitz special training is better fitted for a teaching position at Severance than the average medical graduate and that since Severance needs him and he wants to do that work he had better go but I am not willing to vote for it unless Andong agrees to the transfer, and a substitute for Dr. Bercovitz. With language school work he will not be able to open the hospital effectively for two years yet and waiting for a doctor to take his place who would also have to take language study means still further postponing of Andong's medical work, but if the station is satisfied with a resident physician pending the arrival of a permanent man I certainly would not object to the transfer and I hope that you will be able to secure the man needed if Dr. Bercovitz expects to ask for the transfer.

If it is to be done at all it ought to be done soon while some of the arguments presented to Dr. Brown regarding the adoption of the medical policy and its coincidence with the Andong situation are still hot.

Sincerely yours,

Walter C. Erdman.

31. 쿤스가 에비슨에게

쿤스(E. W. Koons) 목사가 에비슨 박사에게 보낸 1925년 2월 22일자 편지의 발췌문

선교부가 655호 편지로 공지하였던 그런 결정을 내리게 된 데에는 당신의 책임이 있다는 인상을 이곳에 있는 우리 선교회의 일부 선교사들이 받고 있습니다. 만일 이것이 사실이 아니라면, 나는 그렇지 않다고 말하는 편에 서고 싶습니다. 당신은 틀림없이 내 편지에 대해 당신의 생각을 충분히 설명하고 보충 설명도 해줄 것입니다. 나는 선교회가 사실상 나의 제안에 따라 조치해주기를 원하고, 선교회가 이런 견해를 강력히 고집한다면 선교부가 655호 편지의 결정을 곧이곧대로 이행하려고 고집부리지 않을 것이라고 믿습니다. 655호 편지에 있는 그 '정책'은, 만일 그것이 실행될 경우를 논리적으로 따져보면, 우리의 모든 사역에 큰 해를 끼칩니다. 지금은 당신께 이만큼 쓰는 것으로 충분할 것 같습니다.

출처: PHS

Dr Brown

Note on Rev E W Koons Medical Policy

**Extract from letter from Rev. E. W. Koons, February 22, 1925, -
to Dr. Avison.**

"There is an impression here, among some members of our
Mission, that you are responsible for the Board's action in letter
655. If this is not true, I would like to be put in a position
where I could say so. Doubtless I will hear from you at length
your opinion on my letter, and the supplement. I hope to see the
Mission acting along substantially the lines of my suggestion
and trust the Board will not insist, should be Mission be strongly
of this opinion, on having 655 carried out literally. I think
that the 'Policy' in 655 would, if logically carried out, do all
our work great harm. Enough of that for now.

32. 협력이사회에 제출한 교장 보고서

조선 기독교 교육을 위한 협력이사회의 정기회에 제출하는
세브란스연합의학전문학교와 연희전문학교의 교장 보고서, 1925년 4월 10일

나는 지난 3월에 한국을 떠나고 4월에 미국에 도착하여 그때부터 두 대학의 발전을 위해 필요한 기금을 얻는 일에 헌신하였습니다. 1월부터 [안식년 중인] 오웬스가 나를 돕고 있습니다. 나는 최근 몇 개월간 몇몇 재단에 접근하였습니다. 웰치 감독과 내가 록펠러재단(Rockefeller Foundation)과 인터뷰를 하였고, 빈센트(Vincent) 박사가 그 문제를 조사하여 나중에 그들의 결정을 알려주기로 약속하였습니다. 카네기 법인과 카네기 기금(the Carnegie Corporation and the Carnegie Fund)의 케펠(Keppel) 박사는 내게 그 기금들은 동양에서의 사역을 위해 사용할 수 없다고 알려주었습니다. 록펠러(John D. Rockefeller)의 기부금 담당 비서인 리차드슨(Richardson) 씨와 인터뷰를 하고 난 후에는 다음과 같은 답변을 받았습니다.

그 문제는 우리의 정책에 비추어 볼 때 유감스럽게도 록펠러 주니어 씨가 재정적으로 이해관계를 맺을 수 없는 일인 것 같습니다. 우리는 신중하게 숙고한 후에 적어도 지금은 록펠러 씨가 선교사에 의해 외국에 세워진 다른 대학들을 도울 수 없다는 분명한 결정을 지혜롭게 내리게 되었습니다. 우리가 이런 일에서 예외를 둘 수 없으므로, 나는 록펠러 씨가 당신이 모으는 그 기금에 아무 기부도 할 수 없게 된 것에 유감을 표합니다.

커먼웰스 기금(Commonwealth Fund)의 보조 감독과도 사전 인터뷰를 하였는데, 나중에 그들에게 제안서를 내려 합니다. 하크니스(Edward S. Harkness) 씨에게도 우리의 문제를 설명하였습니다.

홀 재단(Estate of Charles M. Hall)으로부터는 연희전문학교 기본재산을 위해 5만 불의 기부금을 받았고, 같은 목적으로 우리 협력이사회의 이사장인 존 언더우드(John T. Underwood) 씨로부터 6만 불을 기부받았습니다. 프렌티스(F. F. Prentiss) 부인과 존 세브란스(John L. Severance) 씨는 병원의 새 병동을 짓도록 10만 불을 주었고, 그와 동시에 그

학교의 경상 예산 지출을 위해 5년 동안 1만 불을 주기로 약속하였습니다. 두 분은 또한 땅을 사도록 7천5백 불도 기부하였습니다.

두 학교에 필요한 것들의 목록에 따르면 약 250만 불, 각 학교에 125만 불이 필요합니다. 이것은 엄청나게 많이 모아야 할 금액이지만, 시간과 노력을 들이면 이룰 수 있습니다. 원한경이 6월에 대학원 공부를 끝낸 후 모금 운동을 돕기 위해 이곳에 더 오래 머물도록 허가해달라고 요청하는 것에 대해 현지의 학교 운영자들이 투표를 진행하고 있습니다. 그래서 그 요청에 동의해주실 것을 우리 협력이사회에 건의합니다. 나도 1년의 선교지 부재 기간이 끝났기 때문에 떠나 있는 기간의 연장을 허가받아야 합니다. 협력이사회가 뉴욕의 유명한 사업가를 몇 명 더 호선함으로써 협력이사회의 인력을 강화하는 것도 권장할 만할 것입니다. 캐나다에서 교회 연합이 6월에 실현되면 새로운 교회 사람들이 대학들과 새로운 관계를 맺을 것이고, 몇몇 캐나다 사업가들을 우리 [협력이사회] 이사로 추가하는 이점을 얻을 수도 있으며, 남부의 두 교회[남장로회와 남감리회]에 속한 대표적인 사업가들 가운데에서도 몇 명을 이사로 선출해야 합니다. 더 나아가 관심을 넓히기 위해 지역이나 지방의 위원회들도 구성해야 합니다.

한국이 지난가을의 흉작으로 기근에 가까운 상황을 겪어 재정 여건이 어렵기는 했지만, 두 대학은 대체로 성공적인 한 해를 보냈습니다. 그 나라의 북부 지방은 홍수로 황폐해졌고, 남부 지방은 가뭄으로 작황이 좋지 않았습니다. 두 학교에 대한 보고를 분리해서 하겠습니다.

세브란스연합의학전문학교

66명의 입학생이 등록한 가운데 비기독교인 입학생은 3명뿐이었습니다. 간호부양성소에는 27명의 간호 학생들이 있습니다. 조선총독부는 간호부양성소에도 1년 전 의학교에 준 것과 똑같은 인가를 주었습니다. 그래서 우리 졸업간호사들이 총독부의 시험을 치지 않고 그들의 졸업장을 제출하면 간호 면허를 받습니다. 한 해 동안 커리큘럼에서 (채플 예배에 더하여) 성경공부 과목을 혁신하여 필수 과목으로 만들었습니다. 학비를 1년에 60원에서 100원으로 인상하는 것이 지난번 대학이사회에서 승인되었습니다. 이 이사회의 지시를 따라 학교 시설에 12만 5천 원의 보험금을 들였습니다.

　한 해 동안 우리 학생들이 특별히 많이 졸업 후 교육과정을 시작하였습니다. 심호섭(H. S. Shim) 의사*는 동경제국대학에서 공부하고 있고 올해 3월 학위를 받고 졸업할 예정인데, 그 학위로 내과학의 정교수 자격을 인정받을 것입니다.

　고명우(M. U. Koh) 의사**는 북경협화의학원(Peking Union Medical College)에서 단기 외과 과정을 밟았고, 최동(Paul Choi) 의사***는 같은 학교에서 기생충학 과정을 밟았습니다. 이수원(S. W. Rhee) 의사****도 맥라렌(McLaren) 의사*****의 안식년을 앞두고 그 과의 업무를 수행하기에 적합하도록 신경학 세미나 과정을 밟았습니다.

　외과의 이용설(Y. S. Lee) 의사는 지난가을 노스웨스턴의과대학에서 대학원 입학을 허가받았습니다. 그는 한국에 돌아가면 외과 교수의 자격을 얻게 될 것입니다. [우리 학교] 졸업생인 최영욱(Y. O. Choi) 의사******는 지금 에모리대학에서 생리학을 전공하고 있고, 또 다른 졸업생인 우리 학감의 아들[오한영]은 모교의 교수가 될 수 있도록 같은 대학에서 내과학의 어떤 분야를 공부하고 있습니다. 한 해 동안 선교 인력에서 두 명-스타이츠(Frank M. Stites, Jr.) 내과 의사*******와 홉커크(Hopkirk) 뢴트겐과 의사가 사임하였습니다.

---

* 심호섭(沈浩燮, 1890~1973)은 서울 출생으로 총독부 의학교를 졸업하고 경성의전에서 가르치다 1918년부터 세브란스의전에서 가르쳤다. 1925년 동경제대 의학부 내과에서 의학박사 학위를 취득하고, 1927년 세전 교수로 복귀하였다. 1935년 서울에서 개업하였고, 해방 후 서울대 의대 초대학장, 조선의학협회 초대회장을 지냈다.

** 고명우(高明宇, 1883~1950?)는 황해도 장연군 송천에서 태어나 소래교회를 다니며 성장하였다. 1913년 세브란스의전을 졸업하고 1919년 모교 외과학 교수가 되었으며, 1926년 도미하여 롱아일랜드 의대에서 의학박사 학위를 받았고, 1937년 개업하였다. 6.25 전쟁 때 납북되었다.

*** 최동(崔棟, 1896~1973)은 서울 출생으로 중학교를 일본에서, 고등학교를 미국에서 졸업한 후, 주립대학 재학 중에 에비슨의 강연을 듣고 1917년 귀국하여 세브란스의전에 입학하였다. 1919년 3·1운동으로 옥고를 치르고 1921년 졸업하였다. 1923년부터 1년간 북경협화의학원에서 유학하고, 1926~28년 토론토 의대에서 유학하였으며, 세전에서 해부학과 병리학을 강의하였다. 1933~35년 일본 동북제국대학에서 법의학으로 의학박사 학위를 받아 한국 최초의 법의학자가 되었다. 해방 후 제4대 교장이 되어 세전을 의과대학으로 승격시켰고, 1953~73년 재단법인 동은학원 이사장을 역임하였다.

**** 이수원(李壽源)은 1919년 세브란스의전을 졸업하고 모교에서 신경과 교수로 근무하였다.

***** 맥라렌(Charles I. McLaren, 1882~1957)은 호주장로회 의료선교사로 1911년 내한하여 진주에서 활동하면서 1913년부터 세브란스의전에 출강하였다. 1923년부터 정신과학과 신경학 교수로 일하다 1938년 사임하고 진주에서 활동하다 1942년 강제 송환되었다.

****** 최영욱(崔泳旭, 1891~1950)은 전남 광주 출생으로 1912년 세브란스의전을 졸업하고, 1921년 도미하여 켄터키주립대학을 졸업한 후, 1926년 에모리대학에서 의학박사 학위를 받았다. 1927년 귀국하여 광주 제중병원장을 지냈고, 해방 후 전남도지사와 호남신문 사장을 역임하였다.

******* 스타이츠(Frank M. Stites, 1892~1988)는 남감리회 의료선교사로 1917년 내한하여 세브란스의전 내과 의사로 근무하다가 1925년 귀국하였다.

이 두 사람은 유능하게 봉사하였습니다. 홉커크를 승계하기 위해 젊은 한국인 정일사(L. K. Jung)가 지난 11월 파송되어왔는데, 그는 미국 육군 의학대학에서 그 분야를 공부하고 졸업한 X-레이 기사이고, 프랑스에 있는 미국 육군에서 오랜 경험을 쌓았고, 퇴역군인 병원에 있을 때부터 그러하였습니다. 그의 추천서들은 훌륭하고 그의 학업에 관한 그 대학의 보고서들은 우수합니다.

우리 졸업생들 가운데 한 명인 김창세(Kim Chang Sei)는 2월에 존스 홉킨스대학의 위생 및 보건대학원에서 보건학 박사학위를 받았습니다. 그는 우리 의학교에서 세균학, 위생학, 공중보건학 교수가 되기 위해 한 달 내로 떠나 유럽을 거쳐 한국으로 갈 것이고, 그렇게 하여 지난 몇 년 동안 시간강사들이 이끌어야 했던 과를 고정적으로 맡을 것입니다.

뉴저지 주 패터슨에 있는 세인트 조셉스 병원(St. Joseph's Hospital)의 새 병리학자 김계봉(Kim Gay Bong) 의사도 1년 정도 이내에 병리학을 맡으러 [한국으로] 나오기를 바라고 있습니다.

우리는 지금 콜로라도대학(University of Colorado)의 실험실 기사 정(M. O. Jung) 씨와 협상을 하고 있습니다. 그는 그곳에서 미국 육군 의료국(American Army Medical Bureau)을 위해 훈련을 받았는데, 그런 역량을 가지고 나가서 병리학과 세균학 실험을 감독하게 하기 위해서입니다. 우리는 그의 능력과 근면함과 좋은 성격에 관해 그 대학의 교수로부터 아주 훌륭한 추천서를 받았습니다.

우리의 현재 발전 단계에서 가장 고무적인 장면의 하나는 교수진에 유능한 한국인 교원들이 더 많아지고 있는 것입니다. 그러나 이 일은 봉급, 여비, 각 과의 지출비로 1인당 2천 원가량의 많은 금액을 우리 예산에 추가하는 것이 요청됩니다.

한국인들이 격리병사 건축기금 1만 2천 원을 병원에 양도하면서 건축 공사가 시작되고 그것을 완공시킬 기금을 구하게 되면 그 금액을 더 보충하겠다고 약속하였다는 사실은 당신이 이미 알고 있습니다. 지난 3월 기공식을 박영효의 주재로 거행하였지만, 장소의 적절성에 관한 우리 건축가의 문제 제기로 건축공사가 연기되었습니다. 이 문제는 이제 해결되어 공사가 처음 선정한 장소에서 진행되고 있습니다. 지금은 그 건물의 ⅜ 정도만 설계한 대로 지을 것인데, 거기에서 ⅜ 정도까지만 기금을 공급할 수 있습니다. 예컨대 만일 1층이나 2층을 끝낼 때 그 돈이 소진되면 더 많은 기금을 얻을 때까지 건축이 중단될 것입니다. 2층을 짓는 데에 드는 공사비는 18,700원(약 9천 불)이고, 3층까지 지으려면

6천8백 원 또는 3천2백 불이 더 듭니다. 그 공사계약에는 난방, 전선 가설, 조명이나 배관이나 기기들이 포함되지 않습니다. 이런 것도 한국인의 기부금으로 값을 치를 것입니다.

땅을 더 사서 우리 부지를 추가하도록 존 세브란스 씨가 기부금을 준 것으로 인해 감사합니다. 지도에 표시된 대로 그 땅을 확보하였습니다.

새 병실의 건축을 위한 청사진이 준비되어 지금 교수들의 평가를 받고 있습니다. 그 일이 승인되어 우리가 올봄에 이 건축을 시작하도록 계약을 맺을 수 있기를 바라고 있습니다.

3월 31일에 끝나는 회계연도의 보고서들을 받을 때는 아직 되지 않았지만, 반버스커크(VanBuskirk) 의사가 편지에서 전술한 기근 때문에 우리 수입이 줄고 무료치료 사역이 크게 늘며 우리에게 보장된 재원을 초과하는 적자가 발생할 것을 우려하고 있다고 썼습니다. 만일 그렇다면 이는 그런 일이 발생한 첫 번째 시기가 될 것입니다. 더 나아가 의용품 상회도 올해는 이익을 내지 못할 조짐을 보이고 있습니다. 학교에 필요한 것들이 매우 많아서 지난 몇 달 동안 서덜랜드 박사가 가지고 있는 회전기금을 초과하여 지출하였지만, 현지에 그 돈을 송금할 여력이 없어 [세전에서 초과 금액을] 아직 갚지 못하고 있습니다. 세브란스 씨가 초기 회전기금 5천 불에 5천 불을 더하여 학교가 이곳[미국]에서 구매 대금을 치를 능력을 높였습니다.

현지에서 부교장 반버스커크 의사를 통해 갱신된 요구사항들을 보내 우리의 서남쪽 변두리 땅을 임대하여 도시의 대로변에 있고 기차역의 맞은편에 있는 이 빈 땅에서 어떤 수입을 얻을 수 있도록 허가해달라고 요청하고 있습니다. 물론 대학이사회가 판단하여 만족할 만한 임대 조건을 찾을 수 있을 것이라는 전제 위에서 하는 요청입니다.

우리 한국인 교수진의 성장으로 인해 연간 봉급의 총액이 크게 달라지고 있으므로 경상 예산 기금을 위한 기본재산 기부금이 우리에게 가장 크게 필요합니다. 기본재산을 위한 기부금을 50불로부터 시작하게 하고 있는데, 모금 운동이 끝나기 전에 이 목적을 위해 많은 결과를 얻기를 희망하고 있습니다. 사실 예산집행에 쓸 자금이 더 많아지지 않으면 세브란스 씨와 프렌티스 부인이 매우 관대하게 자금을 제공해준 새 병실을 운영하는 것이 불가능해집니다. 그래서 우리가 당분간은 2층까지만 짓고 그 기부금의 나머지 금액을 추가 사역의 수행이 가능해지도록 임시 기본재산 기금으로 사용하려 합니다.

이제 의료 사역을 위해 받은 기부금들의 명세를 다음과 같이 보고합니다.

용처	기부자	기부금($)
새 병실	프렌티스(F. F. Prentiss) 부인 세브란스(John L. Severance)	100,000
경상 예산	위와 같음 (5년간 매년 $10,000 기부)	50,000
토지 구매	위와 같음	7,000
장학금	샤이드(Scheide), 타이터스빌[플로리다]	1,000
안쪽 병실 기기	유니온교회(Union Church) 스키넥터디[뉴욕주]	132
새 병실 기기	글렌데일 선교단(Glendale Mission Band)	500
기본재산	우드(Charles S. Wood), 워싱턴	50
모금 운동 경비	프렌티스 부인	1,500
C. S Kim 여비	여러 곳에서 준 소액 기부금	46
기본재산	그레이 부인(A. S. Gray)	100
기본재산	스투처(E. W. Stutzer) 양	100
계		160,928

연희전문학교

연희전문학교에 대해서는, 역사상 가장 많은 학생, 곧 193명이 등록하였다는 사실을 보고하게 되어 기쁩니다. 그 가운데 46명은 비기독교인입니다. 베커 박사가 최근에 보낸 편지에서 이들의 대다수가 어떤 교회에 소속되어 있다고 썼습니다. 지난달에 30여 명이 졸업할 예정이었으므로 졸업생은 모두 114명가량이 되었습니다. 이들 가운데 4명이 죽었고, 17명이 사업에, 21명이 미션계 학교 교사와 조수로, 10명이 다른 학교 교사로 종사하고 있으며, 20명이 미국에서 유학하고, 10명이 동양의 대학들에서 유학하고, 1명이 행방불명입니다. 이번 달에는 세 과에 250명이 등록할 것으로 예상하고 있습니다.

지난 4월에는 언더우드관과 아펜젤러관이 완공되지는 않았어도 교실로 사용해도 될 만큼 충분히 준비되었습니다. 지난여름에 난방설비를 [미국에서 한국으로] 운송 받아 설치하였는데, 언더우드관에서 그 공사를 하는 동안 수업을 다시 스팀슨관으로 옮겨서 하였습니다.

남감리회 선교부가 자본금으로 주기로 약정한 4만 불을 완불하여, 이제 캐나다교회로부터 받을 2만 5천 불만 남았습니다. 캐나다에서 교회들이 연합한 후에는 [선교부의] 재조직 작업이 언젠가 이루어질 터인데, 우리가 그곳의 재원에서 많은 것을 받으려면 그러기까지 그 일의 진행 과정을 기다려야 하겠지만, 그 결과 그들로부터 더 많은 후원을 받기를 기대하고 있습니다.

그러는 동안 교수 사택들의 건축과 설비들을 위한 어떤 기부금들을 받았고, 우리 한국인 교수 한 명을 위한 첫 번째 사택의 건축이 지금 진행되고 있습니다. 교장이 지금처럼 세브란스 부지에서 계속 거주할 것인지 연희전문학교 교지로 옮겨갈 것인지에 대해 연희전문 교수회가 질의하였습니다. 교장은 그 일을 결정할 책임을 대학 당국에 맡겼습니다. 만일 두 학교의 교수회들과 이사회들이 이렇게 해야 한다고 생각한다면, 그 일이 여러 면에서 쉽지는 않겠지만 교장은 기꺼이 옮길 것입니다. 만일 옮기기로 결정이 난다면 외국인 교수 사택을 대학 교지에 짓기 위한 케네디 부인의 기부금 7천 불을 교장의 사택을 짓는 데에 사용할 것인지 아니면 밀러(E. H. Miller) 교수에게 그의 집을 교장에게 넘겨주고 밀러를 위해 더 작은 다른 집을 지으라고 요청할 것인지 의문이 제기됩니다. 밀러는 만일 그런 요청을 받으면 그렇게 하겠노라고 매우 친절하게 말하였습니다. 만일 교장이 옮기지 않으면, 그 7천 불을 외국인 교수 한 명을 위한 또 다른 집이나 매우 필요한 한국인 교수 2명의 집을 짓는 일에 사용할 수 있게 됩니다. 물론 케네디 부인이 그녀의 기부금을 그렇게 쓰는 것을 좋게 여긴다는 조건에서 그러합니다.

자본금을 위해 많은 기금이 긴급히 필요합니다. 그 수가 빠르게 늘어나고 있는 학생들을 위해 채플과 식당을 공급해야 하고, 또 다른 기숙사도 지어야 하며, 무엇보다 설비와 경상 예산을 위한 기금을 마련해야 합니다.

수입을 늘리기 위해 현지에서 이미 지난해에 학비를 연 75원($37.50)으로 인상하였습니다. 그것은 1918년보다 3배 이상 올린 것이지만, 할 수 있다면 빠르게 더 인상할 것입니다. 지난해에 우애회(Association of College Teachers)[한국인 교수회]가 500원을 기부하였습니다. 그렇게 하여 한국인들이 학교에 대한 책임감을 점점 더 깊이 느껴가고 있습니다.

북감리회 선교부가 선교사 2세인 노블(Alden Noble)을 대학교수로 임명하면서 그들의 교수 쿼터를 3명으로 늘렸습니다. 그는 생물학을 맡을 것이고, 올가을 현지에 도착할 것입니다. 한국인 2명이 Ph.D. 취득을 위한 학업을 마치고 올여름 대학교수 자리를 맡기 위해 돌아갈 채비를 하고 있습니다. 이원철(D. W. Lee) 박사가 미시간대학에서 수학과 천문학을 전공하여 Ph.D.를 받았고, 조병옥(P. Oakman Chough)이 컬럼비아대학에서 경제학을 전공하여 비슷한 학위를 받았습니다. 대학이사회가 캐나다선교회에 스코트(William Scott, M.A.) 목사를 교수로 배정하도록 요청하였습니다. 그러나 그 선교회가 최근에 보낸 통신문에서 지금은 그를 보낼 수 없다고 통지하였습니다.

그러므로 우리는 1924년 4월 회의를 연 후에 다음의 분야에서 한국인들을 두 대학의 교수로 임명하였거나 올여름에 임명하려 하고 있습니다. 지난해 교장이 선교사 교수보다 한국인 교수를 쓰는 정책을 대학이 가능한 한 빨리 추진하라고 힘주어 역설하였던 것을 이루고 있습니다.

세브란스연합의학전문학교 교수

세균학 교수, 위생학과 보건학 교수

X-레이 기사

실험실 기사

우리는 내년에 병리학 교수를 임명하려고 염두에 두고 있습니다.

연희전문학교 교수

수학과 천문학 교수

경제학 교수

우리는 또한 프린스턴 석사과정을 졸업하고 프린스턴신학교에서도 공부하고 있는 한국인[백낙준]이 성경교육과 종교 사역 교수로 올해나 내년에 나오도록 그와 협상하고 있습니다.

이제 연희전문학교를 위한 모금 운동 과정에서 받은 기부금들의 명세를 다음과 같이 보고합니다.

용처	기부자	기부금($)
기본재산	존 언더우드(John T. Underwood)	60,000
기본재산	홀 재단(Estate of Charles M. Hall)	50,000
교수 사택	케네디(Kennedy) 부인	7,000
교수 사택	쇼플러(A. F. Schauffler) 부인	2,500
비지정(교수 사택)	포프(Henry F. Pope)	250
설비	맥켄지(A. C. McKenzie) 약정금 (매년 $1,000 지급, $1,000 잔액)	5,000
모금 운동 인쇄비	존 언더우드	5,000
모금 운동 경비	존 언더우드	1,291
계		131,041

두 학교를 위해 받은 기부금의 총액은 $291,969입니다.

개요:

앞으로 다섯 달 동안 많은 건축공사를 진행해야 하므로 믿을만한 사람을 보내어 이 공사를 감독하게 해야 합니다. 협력이사회가 그렇게 하기를 허가한다면 우리가 그 일을 할 사람과 그에게 재정을 댈 방법을 찾도록 하겠습니다. 이 일과 관련해서 몇 년간 한국에서 스탠다드 오일회사(Standard Oil Company)를 위해 건축가로 일하였고 어느 선교사의 딸과 결혼했던 윌슨(C. P. Wilson)으로부터 한 편지를 받았는데, 그가 1년이나 2년 또는 3년 동안 연 3천6백 불의 봉급을 받고, 추가로 주택과 선교사들이 통상적으로 받는 수당들과 그와 그의 아내가 보스턴에서 서울까지 왕복하는 여비를 받으면 나올 수 있다고 합니다. 적절한 사람을 선정하는 일은 본 협력이사회 자산위원회와 교장의 판단에 맡겨야 할 것입니다.

건축이나 기기를 위한 어떤 기금들은 본 협력이사회 회계가 받게 되는데, 그 돈들은 즉시 필요하지 않습니다. 그런 지정 기부금들은 이곳 아니면 현지의 별도 예금 계좌에 넣을 것을 건의합니다. 그러면 거기에 이자소득이 더해져서 그 돈이 필요해질 때 그 용처에 더 많은 수익을 투입하게 될 것입니다.

건의안:

1. 원한경이 재정 모금 운동을 도울 수 있도록 그의 안식년을 연장할 필요가 있으니 이를 승인할 것.

2. 에비슨 박사의 성공적인 임무 완수를 위해 필요하다고 생각되면 그가 1년 더 선교지를 떠나 있는 것을 승인할 것.

3. 본 협력이사회가 모든 협력 단체들로부터 더 많은 대표를 얻도록 이사를 추가하는 조치를 할 것.

4. 교장이 이사회[대학이사회] 자산위원회의 조언을 받아 건축공사를 감독할 건축가를 고용하는 것을 승인할 것.

5. 용처가 정해진 기금을 사용할 필요가 생길 때까지 별도의 예금 계좌에 넣어 그 특정 용처의 기금으로 이자소득을 얻게 하는 정책의 수립을 승인할 것.

6. 협력이사회 재정위원회로부터 상세한 임대 조건들을 승인받는다는 조건 아래 세브란스의전의 서남쪽 변두리 땅을 임대하는 것을 허가해달라고 하는 학교 측의 요청을 승인할 것.

O. R. 에비슨

교장

출처: UMAC

REPORT OF DR. O. R. AVISON, PRESIDENT OF SEVERANCE UNION
MEDICAL COLLEGE AND CHOSEN CHRISTIAN COLLEGE, TO ANNUAL
MEETING OF COOPERATING BOARD FOR CHRISTIAN EDUCATION IN
CHOSEN, APRIL 10, 1925.

- - - - - - - - - - - - - - -

I left Korea last March arriving in the United States in
April and have been devoting myself since that time to the securing
of funds needed for the development of the two Colleges.   Since
January, Mr. Owens has been assisting me.   I have approached sever-
al of the Foundations in recent months.   Bishop Welch and I inter-
viewed the Rockefeller Foundation and Dr. Vincent promised to go
into the matter and advise me later of their decision.   Dr. Keppel
of the Carnegie Corporation and the Carnegie Fund informed me that
these funds were not available for work in the Orient.   I interview-
ed Mr. Richardson -- Mr. John D. Rockefeller's secretary in charge
of gifts -- and received later a reply as follows:

> ...in the light of our policies in such matters it regretfully
> seems impossible for Mr. Rockefeller, Jr., to take financial
> interest.   After careful thought we came to a clear decision
> that, for the present at least, Mr. Rockefeller could not
> wisely assist missionary and other colleges established in
> foreign lands.   We cannot make exception in this instance,
> and I am, therefore, expressing our regret that Mr. Rockefeller
> cannot make any contribution to the funds which you are rais-
> ing.

I have also had a preliminary interview with the assistant Director
of the Commonwealth Fund and will later put up a proposition to
them; and I have laid our case before Mr. Edward S. Harkness.

From the Estate of Charles M. Hall, a donation of $50,000
for the Endowment of the Chosen Christian College was received, and
$60,000 for the same purpose was contributed by Mr. John T. Under-
wood, the Chairman of this Board.   Mrs. F. F. Prentiss and Mr.
John L. Severance have given $100,000 for the erection of a new wing
to the Hospital, as well as pledging $10,000 a year for five years
towards the current budget expenses of the institution: they have
also contributed $7500 towards the purchase of land.

The lists of needs of the two institutions call for about
two and a half million dollars, a million and a quarter for each.
This is a stupendous sum to raise, but with time and effort it can
be done.   A request is now being voted on by the field authorities
to permit Mr. H. H. Underwood to remain on this side for a further
period, after he completes his post-graduate work in June, in order
to assist in the campaign; and I recommend that this Board concur
in the request.   As I have also completed one year's absence
from the field, a further extension of leave should be authorized.
It would also seem advisable to strengthen the personnel of the
Board itself by coopting several more business men, well known in
New York.   The coming into effect of church union in Canada in
June will bring a new constituency into relationship with the Col-
leges, and some Canadian business men might with advantage be added
to our membership, and some representative business men of the two
Southern churches should be coopted.   Furthermore, local or region-
al committees should be formed in order to diffuse interest.

2.

   The two Colleges have had a successful year on the whole
although financial conditions have been difficult owing to semi-
faming conditions in Korea due to the failure of the harvest last
autumn.   The northern part of the country was devastated by floods
and in the southern part there was failure of crops from drought.
I shall report on each institution separately.

SEVERANCE UNION MEDICAL COLLEGE

There is a student registration of 66 of whom only three were non-
Christians on admission.   There are 27 nurses in the Training
School.   The Government has extended the same recognition to the
Nursing School that it had given to the Medical School the year
before, so that our graduate nurses also receive licenses to prac-
tice on presentation of their diplomas without taking any govern-
ment examination.   An innovation during the year was the putting
of Bible classes (in addition to the chapel service) in the curri-
culum as part of the required studies.   Authority to raise tui-
tion fees from 60 yen to 100 yen per annum was given by the last
meeting of the Field Board of Managers.   Following the instruc-
tions of this Board, insurance to the amount of ¥125,000 has been
put on the plant.

An unusual number of our men took postgraduate work during the
year.   Dr. H. S. Shim has been studying at the Imperial Univer-
sity and was expected to graduate in March of this year with a
degree that will entitle him to be recognized as a full professor
in the Department of Internal Medicine.
Dr. M. U. Koh took a short course in Surgery at the Peking Union
Medical College, and Dr. Paul Choi took a course in Parasitology
in the same institution.   Dr. S. W. Rhee also took a seminar in
Neurology to fit him for carrying the work of that department
during the approaching furlough of Dr. McLaren.
Dr. Y. S. Lee of the Surgical staff came to Northwestern University
Medical School last fall and was admitted to the senior class.   He
will on his return to Korea be qualified as a professor in the
Department of Surgery.   Dr. Y. O. Choi, a graduate, is now study-
ing in Emory University specializing in Physiology, and the son of
our Dean, another graduate, is at the same University taking some
branches of Internal Medicine in order to fit himself for a pro-
fessorship in his alma mater.   Two resignations occurred in the
missionary personnel during the year -- Dr. Frank M. Stites, Jr.,
of the Department of Internal Medicine, and Dr. Hopkirk of the
Department of Roentgenology.   Both of these men had rendered able
service.   A young Korean was sent out last November to succeed
Dr. Hopkirk, a Mr. L. K. Jung, who is an X-ray technician gradu-
ated as such from the American Army Medical College, and with a
long experience with the American army in France and since in a
Veterans' Bureau hospital.   His recommendations were excellent
and reports from the College of his work have been good.
One of our graduates, Dr. Kim Chang Sei, in February secured the
degree of Doctor of Public Health from Johns Hopkins University
in the School of Hygiene and Public Health, and he will leave for
Korea in about a month via Europe to become Professor of Bacter-
iology, Hygiene and Public Health in our Medical College, thus
giving us a permanent head to a department that has had to be car-
ried by time teachers for several years past.

3.

I am also hopeful that Dr. Kim Gay Bong, now Pathologist at St. Joseph's Hospital, Paterson, N.J., will go out in about one year's time to take charge of the Department of Pathology.
We are now negotiating with Mr. M. O. Jung, a laboratory technician in the University of Colorado, trained there for the American Army Medical Bureau to go out in that capacity and supervise laboratory work in Pathology and Bacteriology. We have the finest kind of recommendations from the Professor of that University as to his ability, industry and good character.
One of the most encouraging features at this stage of our growth is the number of capable Korean teachers being added to the staff but it calls for a considerable addition to our budget , each one adding about $2,000 a year for salary, travel and depart-mental expenses.

It is already within your knowledge that the Koreans turned over to the Hospital a fund of ¥12,000 with which to build an Isolation Hospital, promising to supplement it when building opera-tions actually commenced and to find funds for its completion. The first sod was turned by Marquis Pak last March, but the work of construction was deferred as a question arose in our architect's mind as to the proper location. This has now been settled and work is going ahead on the site first selected. Only two-thirds of the building as planned will be erected now, and of that two-thirds only so much as the funds provided will allow. For instance if the money runs out when the first or second storey is completed then the building will be stopped until more funds come in. The contract price for two storeys is ¥18,700 (about $9,000) and the third storey will cost ¥6800 more or $3200. The contract does not cover, heating, wiring, lighting or plumbing or equipment, and the will also be a charge on the Korean contribution.

Thanks to a gift from Mr. Severance for the purchase of land a further addition to our site has been secured as indicated on the map.

Plans for the new hospital wing have been prepared and are now receiving the criticism of the staff. When approved, it is hoped that we may be able to let the contract this spring for the begin-ning of this building.

I have not yet had time to receive reports for the fiscal year which closed March 31st, but Dr. VanBuskirk has written that he fears that, owing to the famine conditions already alluded to hav-ing cut down our earnings and greatly increased our free work, there is likely to be a deficit exceeding our guaranteed resources. If so, this will be the first time that that has occurred. Further-more, preliminary indications are that the Wholesale Department may not yield a profit this year. The demands of the institution were so great that for some months past the revolving fund in the hands of Dr. Sutherland have been overdrawn and the field has been un-able to make remittances as yet to restore it. Mr. Severance added to the original revolving fund of $5,000 a further $5,000 thus improving the ability of the institution to finance its purchases on this side.

4

Renewed requests have come from the field through Dr. Van Buskirk, vice president, asking for permission to lease our south-western frontage so that this vacant lot on the main street of the city, opposite the railway station, may produce some revenue, provided of course that in the judgment of the Field Board a satisfactory lessee can be found.

The growth of our Korean staff is bound to make a big difference in our annual payroll and endowment for current budget funds is our greatest need. A contribution of $50 has been applied to the beginning of an endowment, and I am hoping that the campaign ere it closes will yield considerably more for this purpose. In fact, without more budget funds it will not be possible to operate the new wing which Dr. Severance and Mrs. Prentiss have so generously provided, and for the present we will erect only two storeys and use the balance of the contribution as a temporary endowment to enable us to carry on the added work.

I now report the contributions which have been received for the medical work as follows:

New Hospital wing, from Mrs. B. F. Prentiss and Mr. John L. Severance	$100,000
Current Budget, from above, $10,000 for five years	50,000
Land purchase fund, from Mrs. Prentiss and Mr. Severance	7,500
Scholarship fund, from Mr. Scheide, Titusville	1,000
For Equippin a ward innew wing, from Union Church, Schenectady	132
For Equippin a ward in new wing from Glendale Mission Band	500
For Endowment, from Dr. Charles S. Wood, Washington	50
For Campaign expenses from Mrs. Prentiss	1,500
Various small contributions applied to travel of Dr.C.S.Kim	46
For Endowment from Mrs. A. S. Gray	100
For Endowment from Miss E. W. Stutzer	100
Total - - - - - - - - - -	$160,928

CHOSEN CHRISTIAN COLLEGE

Coming to the Chosen Christian College it is a pleasure to report the largest student enrolment we have yet had, namely 193, of whom 46 were non-christians. Dr. Becker writes recently that most of these men have since connected themselves with some church About thirty men were to be graduated last month, bringing our total roll of graduates to about 114. Of these, 4 have died, 17 are in business, 21 are teachers and assistants in Mission schools; 10 are teachers in other schools; 20 are taking post-graduate studies in the United States; 10 are in post-graduate courses in Oriental colleges; and one is unspecified. This mont we expect to enrol 250 in the three departments.

In April last, Underwood Hall and Appenzeller Hall were sufficiently advanced to be occupied for class-room purposes, though not entirely completed. The heating equipment went out last summer and has been installed, the class rooms being removed from Underwood Hall back to Stimson Hall while the work was being done in that building.

5.

The Southern Methodist Board completed the payment of its pledge of $40,000 to capital funds, leaving now only $25,000 due from the Canadian Church. As the work of reorganization following the church union in Canada will take some time it is likely that we shall have to await progress in that before we receive much from that source but in the end we expect greater support from that body.

Meanwhile some gifts for residences and equipment have been made and the construction of the first house for one of our Korean professors is now going on. The question of whether the President shall contine to reside at Severance as now or move out to the Chosen Christian College site has been raised by the C C C Faculty. The President has put the responsibility for a decision on the authorities on the field. If the two Faculties and the two Field Boards think this should be done the President is willing to make the move although it would not be easy in many regards. If the decision is for the move it would be a question as to whether to apply Mrs. Kennedy's gift of $7,000 for a foreign residence at the College to the erection of a President's home, or to ask Prof. E. H. Miller to turn his home over to the President and erect another but smaller house for Mr. Miller. Mr. Miller has very kindly said he would accede to such a request if it were made. If the President does not move out then the $7,000 can go towards another home for a foreign professor or towards two homes for Korean professors which are very greatly needed, provided, of course, that Mrs. Kennedy would be willing to have her contribution so used.

More funds for capital purposes are urgently needed. A chapel and dining hall should be provided for the rapidly enlarging student body another dormitory should be built, and above all funds for equipment and current budget should be provided.

Towards increasing revenue the field has advanced tuition fees during the year to ¥ 75 per annum ($37.50) which is more than three times what they were in 1918, and they will be advanced further as fast as possible. A contribution of ¥500 was made during the year by the Association of College Teachers. So that Koreans are coming more and more to see their obligation towards the institution.

The Methodist Board North has appointed Mr. Alden Noble, a second generation missionary, to the College staff to bring its quota again up to three. He will occupy the chair of Biology, and will arrive on the field this autumn. Two Koreans who have completed their work for the Ph. D degree are ready to return this summer to take positions on the staff of the College. Dr. D. W. Lee gets his Ph. D. in Mathematics and Astronomy from the University of Michigan, and Mr. P. Oakman Chough receives a similar degree in Economics from Columbia. The Canadian Mission has been invited by the Field Board to assign Rev. William Scott, M.A. , to the Faculty, but recent correspondence would indicate that that Mission cannot release Mr. Scott at the present time.

Since our last meeting in April 1924 we have therefore appointed or are to appoint this summer the following Koreans to the staffs of the two Colleges, fulfilling in a marked manner the President's statement last year as to the policy of the Colleges to use Korean professors rather than missionary professors as fast as possible.

6.

S. U. M. C. Staff

Professor of Bacteriology, Hygiene & Public Health
X Ray Technician
Laboratory Technician
    and for next year we have in view the appointment of a
Professor of Pathology

C.C.C. Staff

Professor of Mathematics and Astronomy
Professor of Economics
    and we are also negotiating with a Korean graduate of Princeton,
an M.A., who is also studying in Princeton Seminary, to go out as
Professor in Bible teaching and religious work either this year or
next.

    I have now to report the following gifts received during the
campaign for the Chosen Christian College:

For Endowment, from Mr. John T. Underwood	$ 60,000
For Endowment, from Estate of Charles M. Hall	50,000
For Teacher's residence, from Mrs. Kennedy	7,000
For Teacher's residence, from Mrs. A. F. Schauffler	2,500
From Mr. Henry F. Pope (applied to teacher's home)	250
For Equipment, from Mr. A. C. McKenzie pledge of	5,000
(paid $1,000, balance $1,000 per annum)	
For Campaign printing account, from Mr. Underwood	5,000
For Campaign expense, from Mr. Underwood	1,291
Total - - - - - - - - - -	$131,041

The combined total for both Colleges is $291,969

GENERAL:

    As there ought to be much construction work going on for the
next five years, there should be a reliable man sent out to super-
vise this work and if the Board will authorize such we will try to
find a man for the purpose and a way of financing him.   In this
connection a communication has been received from Mr. C. P. Wilson
who spent several years in Korea as architect for the Standard Oil
Company and who married the daughter of one of the mission-
aries, offering to go out for one, two or three years on a salary
of $3600 per year, plus residence and other allowances usually
granted missionaries, with ordinary travel expenses for himself and
wife from Boston to Seoul and return.   The selection of a suit-
able man might be left to the discretion of the Property Committee
of this Board and the President.
    Some funds for building or equipment purposes are coming
into the hands of the Treasurer of this Board which are not bing
immediately called for.   I would recommend that such designated
funds be put on special deposit either here or on the field and
that the interest earned on them be added so that, when they are
called for, the special object may receive the increment of inter-
est.

RECOMMENDATIONS:

1. That the necessary extension of leave to Mr. H. H. Underwood to enable him to assist in the financial campaign be approved.

2. That a further absence of one year from the field of Dr. O. R. Avison be authorized if such absence be found necessary to a successful completion of the task.

3. That this Board take steps to add to its membership in order to make it more representative of the whole cooperating constituency.

4. That a supervising architect for construction work be engaged by the President under the advice of the Property Committee of this Board.

5. That the policy of placing funds for designated objects on special deposit until called for so that the special object may receive the benefit of the interest earned be approved.

6. That the request of the Severance authorities for permission to lease the souther-western frontage be approved, provided that the details of the terms of the proposed lease have been approved by the Finance Committee of the Cooperating Board.

O. R. Avison,

President.

33. 협력이사회 회의록 (에비슨 참석)

조선 기독교 교육을 위한 협력이사회
정기회 회의록, 1925년 4월 10일

조선 기독교 교육을 위한 협력이사회의 정기회가 1925년 4월 10일 12시 30분 본 이사회 이사장 존 언더우드(John T. Underwood)의 호의로 뉴욕시 처치 스트리트 30번지 철도클럽에서 열렸다.

브라운(A. J. Brown) 박사가 기도하였다.

출석: 존 언더우드(John T. Underwood), 세브란스(John L. Severance), 브라운(Arthur J. Brown) 목사, 노스(Frank Mason North) 목사, 조이(J. R. Joy) 박사, 와드(Ralph A. Ward) 목사의 대리인 게임웰(F. D. Gamewell) 목사, 서덜랜드(George F. Sutherland), 홀(Ernest F. Hall) 목사. 이상 협력이사회 이사들.

에비슨(O. R. Avison) 교장, 연희전문학교 교수 원한경(H. H. Underwood)과 로즈(Harry A. Rhodes) 목사, 연희전문학교와 세브란스연합의학전문학교 이사회 서기 겸 회계 오웬스(H. T. Owens), 북장로회 조선 선교회 회계 겐소(John F. Genso)도 참석하였다.

<u>불출석 사유서</u>를 다음의 사람들이 제출하였다. 하운젤(C. G. Hounshell) 목사, 크램(W. G. Cram) 목사, 핀슨(W. W. Pinson) 목사, 롤링스(E. H. Rawlings) 목사, 갠디어(Alfred Gandier) 목사, 맥케이(R. P. Mackay) 목사, 모스(Arthur B. Moss) 목사, 리비스(James O. Reavis) 목사, 알콕(John L. Alcock), 포스트(James H. Post), 알렉산더(George Alexander) 목사.

불참한 캐나다장로회 이사들 가운데 맥케이 박사가 그의 캐나다 교회 교인인 오웬스를 대리인으로 임명하였다.

안건

1. 1924년 4월 8일 열린 지난해 정기회 회의록을 여러 이사에게 우편으로 발송하였던 형태대로 승인하였다.

2. 본 이사회의 호선 이사 알콕의 사임서를 제출받았는데, 알콕이 "왕래가 더 편리한 지역에서 거주하여 회의 출석이 가능한 사람을 여러분은 찾을 수 있을 것입니다"라고

진술하였다. 알콕의 사임을 수락하지 않기로 표결하고, 그가 이사로 남기를 바란다는 뜻을 알리는 편지를 쓰도록 본 이사회가 총무[홀]에게 지시하였다.

3. 1924년 4월 1일부터 1925년 3월 31일까지 회계연도의 회계보고서를 제출받았다. 회계가 그의 보고서를 회계 감사들에게 보내면서 그들의 [감사] 보고서를 정기회 전에 받으리라고 기대하였으나 아직 오지 않아서 가지고 있지 않다고 설명하였다. 회계보고서를 접수하고 그것을 파일에 넣기로 의결하였다.

4. 재정위원회가 회계감사 보고서를 받으면, 그 위원회의 결정에 따르는 것을 승인하기로 의결하였다.

(라이브랜드, 로스 브라더스 앤 몽고메리<Lybrand, Ross Brothers and Montgomery>의 회계사들과 회계감사들의 보고서를 받았는데, 회계의 계산을 고친 것이 표시되어 있었다는 것을 여기에 기록한다.)

5. 회계가 앞으로 제출해야 할 보고서 양식에 관해 지시해주고 이 회의에서 제출된 것과 같은 상세한 보고서를 제출해야 하는지에 관해 지시해주기를 요청하였다. 본 이사회는 회계가 완벽하고 상세한 보고서를 제출한 것을 치하하고 앞으로는 회계가 판단하여 결정하는 바에 따라 어떤 경상지출 항목들은 빼도 된다는 지시를 그에게 내리기로 의결하였다.

6. 회계가 홀 재단(Hall Estate)으로부터 5만 불의 기부금을 받았는데, 그 돈의 수령이 지체되지 않도록 정기회의 결정을 기다리지 않고 5.5% 이자의 모기지 채권으로 받았다고 보고하였다. 그렇게 받은 것을 승인하기로 표결하였다.

7. 받을 가능성이 있는 어떤 영구 기금들을 받아내는 문제는 재정·자산위원회에 그 일을 할 권한과 함께 맡기기로 표결하였다.

8. 회계가 뉴욕시 5번가 200번지의 가필드 안전금고회사(Garfield Safe Deposit Company)에서 금고 하나를 임차하여 그곳에 유가증권을 두었다고 보고하였다.

9. 다음의 인물들, 이사장 존 언더우드(John T. Underwood), 회계 서덜랜드(George F. Sutherland), 총무 홀(Ernest F. Hall) 목사 가운데 두 명이 안전금고를 다루게 하기로 표결하였다. 가필드 안전금고회사에 이 결정사항을 통지하도록 총무에게 지시하였다.

10. 연희전문학교와 세브란스연합의학전문학교 계정들의 은행 계좌를 분리하여 지금까

지 같은 계좌에 넣었던 것처럼 하지 않게 하기로 의결하였다.

11. 회계가 자신은 협력이사회의 회계이고 연희전문이나 세브란스의전의 회계가 아니라는 사실과 그가 받은 기금은 조선에 있는 이 두 학교 모두를 위해 받은 것이라는 사실에 본 이사회가 주목해주기를 요청하였다. 협력이사회의 회계는 뉴욕시의 은행을 통해 연희전문과 세브란스의전의 업무를 보아야 한다고 의결하였다.

12. 조선에서 사용할 내화금고를 사는 일은 협력이사회 이사장에게 맡기기로 의결하였다.

13. 에비슨 교장이 타자로 친 연희전문과 세브란스의전의 지난 한 해 사역 보고서를 제출하였다. 그 보고서를 받고 보관하기로 의결하였다.

에비슨 박사가 다음의 건의안을 제출하였다.

(1) 원한경이 재정 모금 운동을 도울 수 있도록 그의 안식년을 연장할 필요가 있으니 승인해줄 것.

(2) 에비슨 박사가 1년간 더 선교지를 떠나 있는 것이 성공적인 임무 완수를 위해 필요하다고 생각되면 그렇게 하도록 허가해줄 것.

(3) 모든 협력 단체가 본 이사회에서 더 많은 대표를 두도록 이사를 추가할 것.

(4) 교장이 본 이사회 자산위원회의 조언 아래 건축공사를 감독할 건축가를 고용하게 해줄 것.

(5) 용처가 지정된 기금을 사용할 필요가 생길 때까지 별도의 예금 계좌에 넣어 그 특정 용처의 기금으로 이자 수익을 취할 수 있게 하는 정책을 세우는 것을 승인할 것.

(6) 세브란스의전의 서남쪽 변두리 땅을 임대하는 것을, 협력이사회 재정위원회로부터 상세한 임대 조건들을 승인받는다는 조건 위에서, 허가해달라고 하는 학교 측의 요청을 승인해줄 것.

이사회가 이 건의안들에 대해 다음의 결정을 내렸다.

건의안 1. 이 안건을 승인하고 [원한경이 소속된] 북장로회 선교부 측에 이 안건의 승인을 요청하기로 의결하였다.

건의안 2. 이 안건을 승인하고 [에비슨이 소속된] 북장로회 선교부 측에 이 안건의 승인을 요청하기로 의결하였다.

건의안 3. 이 안건을 승인하기로 의결하였다.

건의안 4. 이 안건을 재정·자산위원회에 넘기고 이 안건을 처리할 권한을 주기로 의결하였다.

건의안 5. 결정을 내리지 않았다. 재정자산위원회에 이 일을 할 권한을 줌으로써 이 안건이 이미 처리되었기 때문이다. (안건의 7번 항목)

건의안 6. 이 안건은 현재의 자산 임대 여건과 임차인의 퇴거가 곤란한 현행 법률 여건을 고려할 때 현명하지 않게 생각한다고 의결하였다.

14. 존 언더우드와 존 세브란스와 다른 사람들이 기부금을 많이 낸 것에 관해 보고를 받고, 총무에게 협력이사회를 대표하여 이 기부자들에게 조선의 학교들에 관심을 보인 것과 관대한 기부에 감사하는 편지를 쓰게 하기로 의결하였다.

15. 협력이사회의 총무에게 지시하여 연희전문학교 예산안에 관해 협력 선교부들과 통신하면서 각 선교부가 예산안에서 제안된 대로 각자 부담할 몫이 증액된 것을 받아들이기를 바란다는 뜻을 표명하도록 표결하였다. (연희전문 1923~24년 보고서 8~9쪽을 보라.)

16. 현재의 <u>협력이사회 임원들</u>을 다음과 같이 연임시키는 투표를 진행하도록 조이(Joy) 박사에게 지시하기로 의결하였다.

이사장: 존 언더우드(John T. Underwood)

부이사장: 갠디어(Alfred Gandier) 목사, 롤링스(E. H. Rawlings) 목사

총무: 홀(Ernest F. Hall) 목사

회계: 서덜랜드(George F. Sutherland)

조이 박사가 투표를 진행하여 현재의 임원들이 재선출되었다고 광고하였다.

17. 다음과 같은 현재의 <u>집행위원회</u> 위원들을 뽑는 투표를 진행하도록 총무에게 지시하기로 의결하였다.

존 언더우드(John T. Underwood)

노스(Frank Mason North) 목사

브라운(Arthur J. Brown) 목사

총무, 당연직

회계, 당연직

그밖에 시외 거주자로서 집행위원회 회의에 참석하는 이사들

총무가 투표를 진행하여 집행위원회 위원들이 정식으로 재선출되었다고 광고하였다.

18. 재정·자산위원회의 다음과 같은 현재의 위원들을 다시 뽑되, 포스트(James H. Post)
는 와드(Ralph A. Ward)로 교체하는 투표를 진행하도록 총무에게 지시하였다.

존 세브란스(John L. Severance) 위원장

존 언더우드(John T. Underwood)

포스트(James H. Post)

서덜랜드(George F. Sutherland)

총무, 당연직

총무가 투표를 진행하여 재정·자산위원회의 위원들이 선출되었다고 광고하였다.

19. 에비슨 박사가 미국에 있는 협력이사회가 대학을 위해 한 모든 일에 감사를 표하는
내용의 연희전문학교 한국인 교수들이 보낸 편지를 읽었다.

20. 한국인들의 재정협력, 특별히 세브란스연합의학전문학교가 감염병동을 짓게 해준
것에 대한 협력이사회의 감사를 [한국인들에게] 표명하도록 총무에게 요청하기로
의결하였다.

21. 이사회가 오늘 철도클럽에서 오찬을 접대한 존 언더우드에게 감사의 뜻을 표명하기
로 의결하였다.

폐회하였다.

어네스트 F. 홀, 총무

출처: UMAC

COOPERATING BOARD FOR CHRISTIAN EDUCATION IN CHOSEN

Minutes of Annual Meeting, April 10th, 1925

The Annual Meeting of the Cooperating Board for Christian Education in Chosen was held at 12.30 P.M., April 10th, 1925, by courtesy of Mr. John T. Underwood, Chairman of the Board, at the Railroad Club, 30 Church Street, New York City.

Prayer was offered by Dr. A.J. Brown.

PRESENT: Mr. John T. Underwood, Mr. John L. Severance, Rev. Arthur J. Brown, Rev. Frank Mason North, Dr. J.R. Joy, Rev. F.D. Gamewell as alternate for Rev. Ralph A. Ward, Mr. George F. Sutherland, Rev. Ernest F. Hall, members of the Board. There were also present President O.R. Avison, Mr. H.H. Underwood, Rev. Harry A. Rhodes, members of the faculty of the Chosen Christian College; Mr. H.T. Owens, Secretary-Treasurer of the Field Board of Managers of the Chosen Christian College and of the Severance Union Medical College, and Mr. John F. Genso, Treasurer of the Presbyterian Chosen Mission.

EXCUSES FOR ABSENCE were presented from Rev. C.G. Hounshell, Rev. A.G. Cram, Rev. W.W. Pinson, Rev. E.H. Rawlings, Rev. Alfred Candler, Rev. R.P. Mackay, Rev. Arthur B. Moss, Rev. James O. Reavis, Mr. John L. Alcock, Mr. James H. Post, Rev. George Alexander.

In the absence of members from the Canadian Presbyterian Board, Mr. H.T. Owens, a member of the Canadian Church, was appointed by Dr. Mackay as his alternate.

ITEMS OF BUSINESS

1. The Minutes of the previous Annual Meeting held April 8th, 1924, were approved in the form in which they had been mailed to the various members of the Board.

2. The resignation of Mr. John L. Alcock as a coopted member of the Board was presented, Mr. Alcock stating: "You may be able to find some one who is more conveniently located and can attend the meetings." It was voted not to accept Mr. Alcock's resignation, and the Secretary was instructed to write him expressing the desire of the Board to have him remain as a member.

3. The Report of the Treasurer was presented for the fiscal year April 1st, 1924, to March 31st, 1925.
   The Treasurer stated that his report was in the hands of the auditors and their report had been expected before the Annual Meeting, but it had not yet come into his possession. It was voted to accept the Treasurer's report and place it on file.

4. It was voted that the Auditor's Report be approved subject to the action of the Finance Committee when the report shall have been received by them.

April 10th, 1925   -2-

(Record is here made that the Report of Lybrand, Ross Brothers and Montgomery, Accountants and Auditors, has been received, showing the accounts of the Treasurer to be correct.)

5. The Treasurer asked for instructions as to the form in which the Treasurer's Report should be presented in the future, and whether as detailed a report as was presented at this meeting would be required. It was voted to commend the Treasurer for the complete and detailed report presented and to instruct him that in the future certain items in current expenses might be omitted, as the Treasurer in his judgment might decide.

6. The Treasurer having reported a gift of $50,000 from the Hall Estate which had been invested by him in 5% mortgage bonds without waiting for the Annual Meeting, in order to have the money invested without delay, it was voted to approve such investment.

7. It was voted that the investment of any permanent funds which may be received be left with the Finance and Property Committee with power.

8. The Treasurer reported that he had rented a box at the Garfield Safe Deposit Company, 200 Fifth Avenue, New York City, and had placed the securities therein.

9. It was voted that any two of the following persons shall have access to the safety deposit box: the Chairman, Mr. John T. Underwood; the Treasurer, Mr. George F. Sutherland; the Secretary, Rev. Ernest F. Hall. The Secretary was instructed to notify the Garfield Safe Deposit Company to this effect.

10. It was voted that the accounts of the Chosen Christian College and the Severance Union Medical College should be kept in separate banking accounts and not in the same account as heretofore.

11. The Treasurer having called the attention of the Board to the fact that he is Treasurer of the Cooperating Board, not the Treasurer of the Chosen Christian College or of the Severance Union Medical College, and that funds have been received by him for both of those institutions in Chosen, it was voted that the Treasurer of the Cooperating Board should act for the Chosen Christian College and the Severance Union Medical College in banking arrangements in New York City.

12. It was voted to authorize the Chairman of the Cooperating Board to purchase a fire-proof safe for use in Chosen.

13. President O.R. Avison presented typewritten reports of the Chosen Christian College and the Severance Union Medical College for the past year. It was voted that the reports be received and placed on file.

April 10th, 1925   —3—

The following <u>Recommendations were presented by Dr. Avison</u>:

(1) That the necessary <u>extension of leave to Mr. H.H. Underwood</u> to enable him to assist in the financial campaign be approved.

(2) That a <u>further absence of one year from the field of Dr. O.R. Avison</u> be authorized if such absence be found necessary to a successful completion of the task.

(3) That this <u>Board take steps to add to its membership</u> in order to make it more representative of the whole cooperating constituency.

(4) That a <u>supervising architect</u> for construction work be engaged by the President under the advice of the Property Committee of this Board.

(5) That the policy of placing funds for designated objects on special deposit until called for so that the special object may receive the benefit of the interest earned be approved.

(6) That the request of the Severance authorities for permission to lease the south-western frontage be approved, provided that the details of the terms of the proposed lease have been approved by the Finance Committee of the Cooperating Board.

The Board took the following <u>actions</u> in regard to these <u>Recommendations</u>:

<u>Recommendation 1.</u> Voted that it be approved and that the Presbyterian Board of Foreign Missions be requested to approve it.

<u>Recommendation 2.</u> Voted that it be approved and that the Presbyterian Board of Foreign Missions. be requested to approve it.

<u>Recommendation 3.</u> Voted that it be approved.

<u>Recommendation 4.</u> Voted that it be referred with power to the Finance and Property Committee.

<u>Recommendation 5.</u> No action, inasmuch as this item has already been cared for by granting authority to the Finance and Property Committee (item 7.)

<u>Recommendation 6.</u> Voted that it be deemed unwise, in view of the present conditions concerning lease of property and the difficulty of evicting tenants under the present laws.

14. Report having been made of substantial gifts by Mr. John T. Underwood, Mr. John L. Severance and others, it was voted that the Secretary, on behalf of the Cooperating Board, write a letter of thanks to these donors for their interest in and generous contributions to the institutions in Chosen.

April 10th, 1925   -4-

15. It was voted that the Secretary of the Cooperating Board be instructed to communicate the proposed budget of the Chosen Christian College to the cooperating Boards and express the hope that each Board will accept its share of the budget with increase as proposed. (See Report of Chosen Christian College 1923-24, pp. 6-9)

16. It was voted that Dr. Joy be instructed to cast the ballot for the present officers of the Cooperating Board, to succeed themselves, as follows:

Chairman   - Mr. John T. Underwood
Vice-chairman   - Rev. Alfred Gandier.
                  Rev. E.H. Rawlings.
Secretary   - Rev. Ernest F. Hall.
Treasurer   - Mr. George F. Sutherland.

Dr. Joy announced that he had cast the ballot and that the present officers were reelected.

17. It was voted that the Secretary be instructed to cast the ballot for the present members of the Executive Committee, as follows:
Mr. John T. Underwood.
Rev. Frank Mason North.
Rev. Arthur J. Brown.
The Secretary ex-officio.
The Treasurer ex-officio.
And any out-of-town members of the Board present at the meeting of the Executive Committee.

The Secretary announced that he had cast the ballot and that members of the Executive Committee were duly reelected.

18. The Secretary was instructed to cast the ballot for the present members of the Finance and Property Committee, with the exception that the name of Mr. James H. Post be substituted for the name of Rev. Ralph A. Ward, as follows:

Mr. John L. Severance, Chairman.
Mr. John T. Underwood.
Mr. James H. Post.
Mr. George F. Sutherland.
The Secretary ex-officio.

The Secretary announced that the ballot had been cast and that the members of the Finance and Property Committee had been elected.

19. Dr. Avison read a letter from the Korean Professors of the Chosen Christian College expressing appreciation for all that the Cooperating Board in America has done for the College.

20. It was voted that the Secretary be requested to express the appreciation of the Cooperating Board for the financial cooperation of the Koreans, particularly in the erection of the Contagious Building in connection with the Severance Union Medical College.

21. It was voted that the Board extend to Mr. Underwood its appreciation and thanks for his hospitality in providing the luncheon today at the Railroad Club.
Adjourned.

                              Ernest F. Hall, Secretary.

34. 서덜랜드가 에비슨에게

1925년 4월 15일

O. R. 에비슨 박사,
5번가 156번지
뉴욕시.

친애하는 에비슨 박사님:

은행 계좌를 분리하는 일과 관련하여 두 가지 논점이 제기되고 있는데, 이에 관해 당신이 조언해주면 기꺼이 받아들이겠습니다. 하나는 지난 세월 동안 쌓인 이자를 분리하는 것입니다. 나로서는 지금 가지고 있는 돈이 대부분 그 대학의 돈이기 때문에 이것을 모두 연희전문학교 계좌로 보내야 한다고 판단합니다.

[존 세브란스가 매년 세전을 위해 지급하는] 1만 불의 회전기금[물품 구매 대금]이 있을 것으로 짐작되는 것은 사실이지만, 그 돈이 자주 초과로 인출되었고, 그래서 내가 연희전문학교 기금을 그[회전기금] 용도로 사용해야 했던 때가 빈번하였던 것 같습니다. 당신은 쌓여 있는 이자를 모두 연희전문학교 은행 계좌에 넣는 것에 동의하십니까?

두 번째: 모금 운동으로 들어온 기금을 내가 어떻게 하면 좋을까요? 그것은 연희전문과 세브란스의전 모두를 위해 모금된 기금입니다. 두 개의 모금 계좌를 둘 필요는 없는 것일까요? 만일 이 돈을 은행 계좌들 가운데 어느 하나에 보관하면 완전히 만족하겠습니까?

다음으로 내가 [타자수에게] 받아쓰기를 시키는 동안 내 마음에 생각난 세 번째 문제가 있습니다. 그것은 곧 오웬스의 봉급 문제입니다. 그가 두 학교를 위해 일하고 있지만 봉급 항목을 나누는 것은 물론 바람직하지 않습니다. 모금 운동에 쓰일 경비는 연희전문학교 은행 계좌에 두는 것이 지혜로울까요? 그리고 오웬스와 테일러*의 봉급 지출은 세브란스의전 계좌에서 하는 것이 지혜로울까요? 이런 제안을 하는 것은 테일러가 전적으로

---

* 북장로회 준회원 선교사로 1922년 7월 내한한 테일러(J. K. Rex Taylor)를 가리킨다. 그는 오웬스를 돕기 위해 와서 1922년 가을학기부터 세브란스의전에서 약물학과 약리학을 가르쳤고, 약국과 의용품 판매사업을 발전시켰다. 테일러와 오웬스의 봉급은 존 언더우드와 세브란스가 제공하였다.

세브란스의전과만 연계되어 있으므로 그곳에서 그의 봉급을 주는 것이 더 논리적으로 맞을 것 같기 때문입니다. 물론 두 학교에 어떤 차이를 두는 것은 아닙니다. 봉급들이 명확하게 제공되고 있기 때문입니다. 모금 운동 계좌를 연희전문학교에 두려는 또 다른 이유는 연희전문학교에서 받는 어떤 항구적인 기금이 당분간 이런 목적으로 지정되고 있기 때문입니다. 이 문제들에 대한 당신의 판단을 내게 알려주겠습니까?

안녕히 계십시오.

GFS [G. F. 서덜랜드]

출처: UMAC

803-1

April 15, 1925

Dr. O. R. Avison
156 Fifth Avenue
New York City.

My dear Dr. Avison:

Two points have come up in connection with the
separation of the bank account, on which I would like to have
your advice. One is the matter of the division of the interest
which has been accumulating. My own judgment is that it should
all go in the Chosen Christian College account, because most of
the money which has been on hand, has been the College money.

It is true that I am supposed to have a $10,000
Revolving Fund, but that has been overdrawn much of the time, and
I think we have had to use Chosen College funds frequently for
that purpose. Will you agree that all of the interest which has
been accumulated, be credited to the Chosen Christian College bank
account?

Second: What shall I do with the Campaign Fund?
It is a campaign fund for both the College and the Severance
Institution. Is is not necessary is it, to have two campaign
accounts? Will it be perfectly satisfactory if this be kept in
either one of the bank accounts?

Then there is a third item which comes to my
mind as I have been dictating; namely, the salary of Mr. Owens.
He works for both institutions, and yet, it is not desirable of
course, to divide this salary item. Would it be wise to put the
campaign expense in the Chosen Christian College bank account;
and put the salary expense, that is, Mr. Owens' and Mr. Taylor's
in the Severance account? I suggest this because Mr. Taylor is
wholly connected with Severance, and it seems the more logical
place for his salary. It, of course, will make no difference to
either institution, because the salaries are provided for specif-
ically. Another reason for putting the Campaign account in with
connection with Chosen, is the fact that the income of some of
the Chosen Permanent Funds is designated for this purpose for the
time being. Would you kindly let me have your judgment on these
matters?

Sincerely yours,

GFS
JFS

35. 에비슨이 엔디코트에게

5번가 156번지,

뉴욕, 1925년 4월 21일

제임스 엔디코트 목사, 명예신학박사,

제시 H. 아넙 목사,

캐나다감리회 선교부,

퀸 스트리트 웨스트 299번지,

토론토, 온타리오주, 캐나다.

친애하는 우인들께:

[캐나다 교회들의] 연합이 완성되면 한국 사역과 이제까지 확실한 관계를 맺지 않았던 감리교인들과 회중교인들[조합교인들]이 그 사역에 관여하게 될 것입니다.

캐나다장로회 선교회는 큰 관할구역을 두고 있고 동북 지방에서 사역을 발전시키고 있으며, 거기에 더하여 예수교서회, 연희전문학교, 세브란스연합의학전문학교와 같은 큰 연합사업에 협력하고 있습니다.

여러분께 연희전문학교의 사역을 보여주는 소책자를 따로 봉투에 담아 보내려 합니다. 그리고 세브란스연합의학전문학교에 관한 비슷한 소책자도 지금 준비하고 있습니다. 이 책자와 여기에 동봉된 다른 것들이 보여주는 우리의 문제점들과 발전과정에 흥미를 느끼게 되기를 바랍니다.

현재 협력이사회에는 캐나다 출신 이사가 맥케이(R. P. Mackay)와 갠디어(Gandier) 2명 밖에 없습니다. 그래서 지난주에 열린 최근의 정기회에서 우리 협력이사회에 몇 명을 더하는 것이 승인되었습니다. 선교부들이 공식적으로 대표할 사람을 지명하면 협력이사회가 그 대표자들을 뽑을 수 있습니다. 그[장·감 교회의] 연합이 성사된 후에 협력이사회에서 캐나다 사람들을 대표할 분들을 우리가 확보할 수 있게 되기를 바랍니다.

협력이사회의 이사 자격이 반드시 제한되어야 하므로 캐나다의 교회가 참여하는 대학 사역 문제를 다루기 위해 캐나다에 자문위원회를 두는 것이 바람직할 것입니다. 화서협합

대학(華西協合大學, West China University), 제로대학(齊老大学, Shantung Christian University), 연희전문학교(Chosen Christian College), 관서학원(関西学院, Kwansei Gakuin), 인도의 몇 개 대학 등이 있습니다. 세브란스연합의학전문학교도 있습니다. 여자대학들을 위한 여성 자문위원회를 두는 것도 권장할 만합니다. 캐나다의 교회는 이 학교들의 예산과 건축계획을 위해 일정한 금액을 떠맡을 수도 있고, 기금을 모으는 일에서 자문위원회의 도움을 받을 수도 있습니다.

선교회들은 대부분 사역을 발전시키다가 이제 대학 사역의 시대에 이르게 되었습니다. 그런데 이런 대학들의 예산과 설립 비용이 불가피하게 크기 때문에 재정 문제가 다른 사업보다 더 힘든 난제가 되었습니다. 그래서 우리는 이런 모금 사역만 하도록 따로 임명한 총무들이, 안식년을 보내는 학교 임원들이나 교수회 회원들로부터 도움을 받으면서, 모금 업무를 확실히 책임지게 해야 한다고 확신하고 있습니다.

서울에 두 학교의 서기이자 총무인 오웬스가 5월 10일부터 며칠 안에 토론토에 가서 이 문제에 관해 여러분과 상의하기를 바랄 것입니다.

스티븐슨(Stephenson) 박사가 편지에서 여러분이 여러 문제를 조정하여 오점이 없이 연합을 이루게 하려고 모든 노력을 다하고 있다고 썼습니다. 나는 여러분이 성취한 일을 보며 만족하게 될 것이라고 믿습니다.

안부 인사를 드립니다.

안녕히 계십시오.

O. R. 에비슨

출처: PCC & UCC

COOPERATING BOARD FOR CHRISTIAN EDUCATION IN CHOSEN

CHOSEN CHRISTIAN COLLEGE   SEVERANCE UNION MEDICAL COLLEGE

SEOUL. KOREA

O. R. AVISON, M. D.
PRESIDENT

W. T. OWENS.
SECRETARY & TREASURER

156 Fifth Avenue,
New York, April 21, 1925.

Rev. James Endicott, D.D.,
Rev. Jesse H. Arnup,
The Missionary Society of the Methodist Church in Canada,
299 Queen St. West,
Toronto, Ont., Canada.

Dear Friends:

The consummation of union will bring into relationship with the work in Korea the constituencies of the Methodist and Congregational bodies which have heretofore had no definite connection with it.

The Canadian Mission has a big territory and a developing work in the northeast section, and in addition is cooperating in the big union enterprises, such as the Christian Literature Society and the Chosen Christian College and the Severance Union Medical College.

I am sending you, under separate cover, a booklet describing the work of the Chosen Christian College and have now in preparation a similar booklet on the Severance Union Medical College. I hope that this booklet and the other enclosures will be of interest as showing something of our problems and progress.

The Cooperating Board at present has only two members from Canada, Dr. R. P. Mackay and Dr. Gandier, and at the last annual meeting held last week some additions to our Board were authorized. The Mission Boards nominate the official personnel and the Cooperating Board can coopt representative men, and I hope that after the Union becomes effective we can secure some representative Canadian men on the Board.

As the membership of the Cooperating Board is necessarily limited, it might be advisable to form an advisory committee in Canada to deal with the work of the Colleges in which the Canadian Church is interested. There is the West China University, Shantung Christian University, Chosen Christian College, Kwansei Gakuin, some Colleges in India, etc. The Severance Union Medical College also. A woman's advisory committee on woman's colleges might be advisable. The Canadian Church might underwrite a definite amount of the budgets and building program of each of these institutions, and use the help of this advisory committee in getting the funds raised.

Now that most of the Missions have reached the College era in

2.

the development of their work, and as the budgets and cost of establishing these institutions are necessarily large, the problem of their financing becomes a more difficult one, and our conviction is that the work of promotion should be the definite responsibility of secretaries set aside for that work, with such help as furloughed officers and members of the Faculty can give.

Mr. Owens, the Secretary and Treasurer of the two Seoul institutions, will be in Toronto for a few days beginning May 10th, and will hope to confer with you about these matters.

Dr. Stephenson writes that you are making every effort to get matters adjusted so as to go into union with a clean sheet, and I trust you will have the satisfaction of seeing that accomplished.

With kindest regards,

Very sincerely,

O. R. Avison

36. 에비슨이 서덜랜드에게

5번가 156번지,
뉴욕, 1925년 4월 22일

조지 F. 서덜랜드 박사,
협력이사회 회계,
뉴욕.

친애하는 서덜랜드 박사님:

테일러(J. E. Rex Taylor)가 입주했던 집의 페인트칠과 보수에 164.45원의 지출이 발생한 사실을 송 씨*가 알리면서 협력이사회의 계정을 믿고 이 비용을 부담하였다고 보고하였습니다.

북장로회 선교부의 규칙에 따르면, 주택 1채당 매년 100원의 보수비를 쓰는 것이 허용되는데, 이 일이 3년 전 그 집을 지은 후에 맨 처음 하는 보수작업이기 때문에 그 비용을 청구하는 것이 합리적이라고 생각됩니다.

송 씨가 당신에게 어떤 기금이 있을 줄로 믿고 이 금액을 청구한 것을 허가해주시겠습니까? 그가 믿고 있는 그런 기금이 있지 않다면 이 금액에 상당하는 어떤 기금을 당신에게 편리한 대로 송금해주겠습니까?

안녕히 계십시오.

O. R. 에비슨

출처: UMAC

---

* 세전 사무실의 부주임으로 있었던 송언용(宋彦用)을 가리키는 것으로 보인다. 그는 1926년 판매부 주임이 되어 세브란스의용품상회를 관리하였고, 실무 능력을 인정받아 세브란스의전 이사회의 부회계가 되어 오웬스를 조력하였다.

COOPERATING BOARD FOR CHRISTIAN EDUCATION IN CHOSEN

CHOSEN CHRISTIAN COLLEGE   SEVERANCE UNION MEDICAL COLLEGE

SEOUL, KOREA

COOPERATING BOARDS

BOARD OF FOREIGN MISSIONS OF THE
PRESBYTERIAN CHURCH IN THE U. S. A.
BOARD OF FOREIGN MISSIONS OF THE
METHODIST EPISCOPAL CHURCH
BOARD OF FOREIGN MISSIONS OF THE
PRESBYTERIAN CHURCH IN CANADA
BOARD OF MISSIONS OF THE
METHODIST EPISCOPAL CHURCH, SOUTH
EXECUTIVE COMMITTEE OF FOREIGN MISSIONS
OF THE PRESBYTERIAN CHURCH IN THE U. S.

O. R. AVISON, M. D.
PRESIDENT

W. T. OWENS,
SECRETARY & TREASURER

OFFICERS OF THE BOARD

JOHN T. UNDERWOOD,
CHAIRMAN
ALFRED GANDIER,
VICE-CHAIRMAN
E. H. RAWLINGS,
VICE-CHAIRMAN
W. REGINALD WHEELER,
SECRETARY
156 FIFTH AVE., NEW YORK
GEORGE F. SUTHERLAND,
TREASURER
150 FIFTH AVE., NEW YORK

TRANSFERRED

156 Fifth Avenue,
New York, April 22, 1925.

Dr. Geo. F. Sutherland,
Treasurer, Cooperating Board,
New York.

Dear Dr. Sutherland:

Mr. Song advises that an expense of Y164.45 has been incurred for tinting and repairs to the house occupied by Mr. J. E. Rex Taylor, and reports that he has charged this expense against the account of the Cooperating Board.

There is an amount of Y100 per year per residence allowed for repairs under the rules of the Northern Presbyterian Board, and as this is the first charge that has been made for repairs since the house was built three years ago it would seem to be a legitimate charge.

Will you kindly authorize this amount to be charged against any funds Mr. Song may have to your credit or if he has none the equivalent of this sum could be remitted at your convenience.

Very sincerely,

37. 앤디코트가 에비슨에게

1925년 4월 27일

O. R. 에비슨 박사,
5번가 156번지,
뉴욕시,
뉴욕주.

친애하는 에비슨 박사님:

연희전문학교에 관한 당신의 이달 21일자 편지에 대해 많은 감사를 드립니다. 별도의 봉투에 담아 보내온 인쇄물과 그 밖의 것들에 대해서도 감사를 드립니다.

하루나 이틀 동안 진행되는 우리[캐나다연합교회 선교부] 집행위원회 회의 때문에 내가 지금 매우 바빠서 그 문제를 얼마 동안 살펴볼 수 없을 것 같아 염려됩니다. 그러나 [캐나다]장로회 선교부가 그 사역과 관련되어 있고 그 학교를 위해 협력하는 교단 선교부들의 일원인 까닭에, 당연히 나는 연희전문학교 사역을 위해 후원을 요구하는 것을 옹호하고 그 [후원] 사업은 장로교 측의 일이라는 점을 연합교회와 연합[연합교회를 결성한 세 교회] 선교부들에 알리는 책임을 지겠습니다.

해외 선교지에 있는 우리의 모든 교육기관에 대해 어떤 새 정책을 개시해야 한다거나 하지 말아야 한다는 말은 할 수는 없지만, [캐나다]감리회 사무실에 있는 우리끼리 틈틈이 비공식적으로 당신이 제안한 일을 할 가능성에 관해 대화하였다는 말은 해도 될 것입니다. 그러나 그 길을 채택하기에는 심각하게 어려운 점들이 있으므로 서둘러서 할 수 있는 일은 없을 것 같습니다.

당신의 사역이 성공하기를 기원하면서 친밀한 안부 인사를 드립니다.

안녕히 계십시오.

JE [J. 엔디코트]

출처: PCC & UCC

                              27th April, 1925.

Dr. O. R. Avison,
156 Fifth Avenue,
New York,
N.Y.

    Dear Dr. Avison:-

        Many thanks for your communication of the 21st inst.
re Chosen Christian College. Thanks also for the printed and other
matter which came under separate cover.

        I am very busy at the present time in view of the meeting
of our Executive Committee in a day or two and I shall be unable to study
the question for some time I fear. However, inasmuch as the Presbyterian
Board has been related to the work and is one of the co-operating Boards
of the Institution I shall assume as a matter of course that the responsi-
bility for advocating the claims of the work at Chosen and for informing
the United Church and the united Boards concerning the enterprise will
rest with the Presbyterian group.

        I cannot say whether some new policy will have to be inaugurated
covering all our educational institutions in the foreign fields or not, but
I may say that now and again we have talked over in an informal way among
ourselves in the Methodist Offices, the possibility of some such action as
you suggest. There are serious difficulties, however, in adopting such a
course and nothing is likely to be done in a hurry.

        With best wishes for the success of your work and with warm
personal regards,

            Sincerely yours,

JE/R.

38. 암스트롱이 에비슨에게

1925년 4월 28일

O. R. 에비슨 박사,
5번가 156번지,
뉴욕시, 뉴욕주.

친애하는 에비슨 박사님:

한국 사역에 관한 당신의 매우 흥미로운 소책자를 며칠 전에 받은 데 이어 당신의 편지를 받게 되어 감사합니다. 여러 해 동안 나는 그 나라와 당신의 사업에 많은 흥미를 느껴왔고 그 사역과 그 일에 필요한 것들을 더 자세히 알기를 바라고 있습니다. 그러는 한편 연합을 위한 교섭이 진행되면서 결혼[교회 연합]으로 생긴 우리 세 가족[캐나다장로회·감리회·회중교회]의 모든 자녀가 [연합이 성사되는] 6월 10일부터 우리에게 지원을 요청할 것이란 사실을 점점 더 많이 느끼고 있습니다. 우리 재정 상황은 참으로 심각하지만, 우리가 겪은 이 경험의 다른 요소들로 인해 이 일의 가치가 명백하게 드러나고 있습니다.

친밀한 안부 인사를 드리고 행운을 빕니다.

안녕히 계십시오.

JEA [A.* E. 암스트롱]

출처: PCC & UCC

---

* 원문 'JEA'의 'J'는 캐나다장로회 선교부 총무의 이름 암스트롱(A. E. Armstrong)의 첫 이니셜 'A'의 오자인 것으로 생각된다.

April 28th, 1925.

Dr. O. R. Avison,
156 Fifth Avenue,
New York, N.Y.

Dear Dr. Avison:-

      Thanks for your letter of a few days ago
which was followed by your very interesting booklet
on the work in Korea. I have been much interested
in that country and in your enterprise for a number
of years and I am looking forward to a closer
acquaintance with the work and its needs. In the
meantime as Union approaches we are being made
increasingly aware that the whole number of our
children by marriage in the three families will be
calling upon us for support from June 10th. Our
financial situation is really serious but other
elements in this experience through which we are
passing make it obviously worth while.

      With personal regards and best wishes.

      Sincerely yours,

JHA/S.

39. 에비슨이 서덜랜드에게

5번가 156번지
뉴욕, 1925년 4월 29일

조지 F. 서덜랜드 씨,
협력이사회 회계,
뉴욕.

친애하는 서덜랜드 박사님:

김창세(C. S. Kim) 의사에게 다음과 같은 용도로 560.94불짜리 수표를 발행해주시기 바랍니다.

    한국행 여비   500불
    모금 운동 여비   60.94불

우리는 영향력 있는 어떤 신사들이 김 의사에게 관심을 가지고 다음 몇 주 안에 그의 여비를 벌충해주기를 바라고 있습니다.

김 의사는 이미 300불을 받았는데, 그 돈을 모금 운동 경비에서 보낸 것으로 해달라고 맥켄지 씨에게 요청합니다.

안녕히 계십시오.

O. R. 에비슨

김 의사가 내일 떠나는데, 당신이 그 수표를 현금으로 바꾸어 은행 일로 어려움을 겪지 않게 해주겠습니까?

[이하 필기 문장]

300불은 3월과 4월분 봉급입니다.

2달 @ 150불 = 300불*

1924.3.3.	택시: 볼티모어에서 [뉴저지주] 패터슨(Peterson)까지	6.74
	페터슨에서 워싱턴 [D.C.]까지	8.18
	워싱턴에서 뉴욕까지 침대차	3.00
	택시	0.65
	전화 & 전보	2.70
	뉴욕에서 워싱턴까지	8.14
	택시	0.75
	워싱턴에서 볼티모어까지	1.44
	볼티모어에서서 필라델피아 & 뉴욕시까지	6.70
	한국에 보낼 화물 트렁크	9.75
	택시	0.50
	계	56.69
1925.4.3.	호텔 YMCA	1.75
	〃 뉴욕시	2.50
	총계	60.94

출처: UMAC

---

* 아래는 필기로 된 메모를 표로 만든 것으로 김창세가 쓴 여비의 명세를 제시한 것으로 보인다.

TRANSFERRED

156 Fifth Avenue,
New York, April 29, 1925.

Mr. Geo. F. Sutherland,
Treasurer, Cooperating Board,
New York.

Dear Dr. Sutherland:

Will you kindly issue a check to
Dr. C. S. Kim for $560.94, as follows:

Travel to Korea $500.00
Campaign fund travel acct.   60.94

We are expecting that certain influential
gentlemen interested in Dr. Kim will recoup us for his travel
within the next few weeks.

Dr. Kim has already received $300, which
kindly ask Mr. Mackenzie to charge to campaign expense account.

Very sincerely,

O. R. Avison

As Dr. Kim is leaving to-morrow, could you arrange to have
the check cashed so that there will be no banking difficulties.

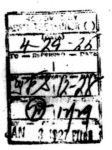

COOPERATING BOARD FOR CHRISTIAN EDUCATION IN CHOSEN

CHOSEN CHRISTIAN COLLEGE   SEVERANCE UNION MEDICAL COLLEGE

SEOUL, KOREA

O. R. AVISON, M. D.
PRESIDENT

W. T. OWENS,
SECRETARY & TREASURER

COOPERATING BOARDS

BOARD OF FOREIGN MISSIONS OF THE
PRESBYTERIAN CHURCH IN THE U. S. A.
BOARD OF FOREIGN MISSIONS OF THE
METHODIST EPISCOPAL CHURCH
BOARD OF FOREIGN MISSIONS OF THE
PRESBYTERIAN CHURCH IN CANADA
BOARD OF MISSIONS OF THE
METHODIST EPISCOPAL CHURCH, SOUTH
EXECUTIVE COMMITTEE OF FOREIGN MISSIONS
OF THE PRESBYTERIAN CHURCH IN THE U. S.

OFFICERS OF THE BOARD

JOHN T. UNDERWOOD,
CHAIRMAN
ALFRED GANDIER,
VICE-CHAIRMAN
E. H. RAWLINGS,
VICE-CHAIRMAN
W. REGINALD WHEELER,
SECRETARY
156 FIFTH AVE., NEW YORK
GEORGE F. SUTHERLAND,
TREASURER
150 FIFTH AVE., NEW YORK

3/3/25 Fare
Baltimore to —
Paterson   6.74

Paterson to
Washington   8.18

Washington to
N.Y.S.   8.14
Sleeper —   3.00

Taxi —   .65
Telephone + wire 2.70

New York to
Washington   8.14
Taxi   .75

Washington to
Baltimore   1.44

Balt to Phila +
N.Y.   }   6.70

Trunk to Korea
7 Freight —   9.75
Taxi   .50
                 $56.69

Hotel 4/3/25   56 69
Y.M.C.A. $1.75
" in N.Y. 2.50
         $60.94

40. 에비슨이 서덜랜드에게

1925년 4월 29일

서덜랜드 박사에게 김창세(C. S. Kim) 의사를 소개함,

5번가 150번지 5층,

　김 의사가 세브란스연합의학전문학교에 세균학 및 위생학 교수로 갈 예정입니다. 당신과 상의한 것을 그에게 지급해주고 수령증을 받기 바랍니다.

————————

1925년 4월 29일

서덜랜드 회계로부터 한국으로 가는 여비로 500불을 받았습니다.

김창세

출처: UMAC

Introducing Dr. C.S. Kim   Ap 29/25
to Dr. Sutherland
5th floor 150 Fifth Ave

Dr Kim is going to Severance
Union Med Coll as Prof. of Bacteriology
& Hygiene.   Please pay him
as arranged & get receipt

Apr 29 - 1925

Received from G. F. Sutherland, Treas

$500.00 for travel to Korea.

C.S. Kim

41. 에비슨이 암스트롱에게

5번가 156번지
뉴욕, 1925년 5월 20일

A. E. 암스트롱 목사,

해외선교부 총무,

컨페더레이션 라이프 챔버스 439호,

토론토, 온타리오주.

친애하는 암스트롱 씨:

맨스필드(Mansfield) 의사*의 귀국 문제를 다룬 럽(Robb)**의 편지가 동봉된 편지를 방금 받았습니다. 그는 상황을 정확하게 판단하였고, 세브란스의전에 한정해서 보면 맨스필드 의사는 가르치는 일에서나 업무를 조직하는 일에서나 매우 만족스럽게 사역해왔습니다. 그러므로 그가 돌아올 수 없게 된다면 큰 손실을 입게 될 것입니다.

만일 그의 재정 문제를 돕기 위해 내가 할 수 있는 무슨 일이 있다면, 내게 알려주기 바랍니다. 이곳[미국]에서는 사람들에게 접근하여 캐나다 선교부의 후원금을 보충해달라고 요청하기가 쉽지 않습니다. 혹시 가능하다면 캐나다에서 후원금을 모으는 편이 아마도 더 나을 것입니다.

당신이 [럽에게] 편지를 보냈다면, 내가 그에게 답장을 쓸 수 있도록 럽 씨의 편지를 돌려주기 바랍니다.

안녕히 계십시오.
O. R. 에비슨

출처: PCC & UCC

---

* 맨스필드(Thomas D. Mansfield, 1875~1942)는 캐나다장로회 의료선교사로 1910년 내한하여 회령과 원산에서 활동하다 1920년부터 세브란스의전에서 교수로 재직하고 1926년 귀국하였다.

** 럽(Alexander F. Robb, 1872~1935)은 캐나다장로회 선교사로 1901년 내한하여 원산에서 활동하면서 평양 장로회신학교 교수로도 재직하였다.

COOPERATING BOARD FOR CHRISTIAN EDUCATION IN CHOSEN

CHOSEN CHRISTIAN COLLEGE   SEVERANCE UNION MEDICAL COLLEGE

SEOUL. KOREA

O. R. AVISON, M. D.
PRESIDENT

H. T. OWENS,
SECRETARY & TREASURER

COOPERATING BOARDS

Board of Foreign Missions of the
Presbyterian Church in the U. S. A.
Board of Foreign Missions of the
Methodist Episcopal Church
Board of Missions of the
Presbyterian Church in Canada
Board of Missions of the
Methodist Episcopal Church, South
Executive Committee of Foreign Missions
of the Presbyterian Church in the U. S.

OFFICERS OF THE BOARD

JOHN T. UNDERWOOD,
CHAIRMAN
ALFRED GANDIER,
VICE-CHAIRMAN
E. H. RAWLINGS,
VICE-CHAIRMAN
ERNEST F. HALL,
SECRETARY
156 FIFTH AVE.. NEW YORK
GEORGE F. SUTHERLAND,
TREASURER
150 FIFTH AVE.. NEW YORK

RECEIVED
MAY 21 1925
ANS'D June 1
Presbyterian Board of Mission Board

156 Fifth Avenue,
New York, May 20, 1925.

Rev. A. E. Armstrong,
Secretary, Board of Foreign Missions,
439 Confederation Life Chambers,
Toronto, Ont.

Dear Mr. Armstrong:

I have just received the enclosed letter from Mr. Robb regarding the return of Dr. Mansfield. He has correctly diagnosed the situation and in so far as Severance is concerned Dr. Mansfield has done a very satisfactory work, both in teaching and organization, and should he fail to return it would be a big loss.

If there is anything I can do to assist in his finances, please let me know. It is not easy on this side to approach men to supplement the support of a missionary of a Canadian Board: it would probably be better to raise the support in Canada if it is possible to do so.

Kindly return Mr. Robb's letter when you write so that I may reply to him.

Very sincerely,

O. R. Avison

42. 암스트롱이 에비슨에게

1925년 6월 2일

O. R. 에비슨 박사,

　　북장로회 해외선교부,

　　　5번가 156번지,

　　　　뉴욕시, 뉴욕주.

친애하는 에비슨 박사님:

맨스필드 의사의 귀국에 관해 럽이 보낸 편지의 사본이 동봉된 5월 20일자 편지를 받았습니다.

우리가 맨스필드 의사로부터 무슨 말을 듣지는 못하였지만, 그가 캘리포니아에 도착하였을 것으로 짐작합니다. 사실은 우리가 2년 동안 그로부터 어떤 편지도 받은 적이 없었던 것 같습니다. 어쩌면 우리가 그의 수입을 늘려줄 수 없다고 통지해주었기 때문인지도 모르겠습니다. 이런 것은 그가 선교부와 더 이상 통신하고 싶어 하지 않는다는 뜻-상황을 해결하는 데에 별로 도움을 주지 않는 태도입니다-으로 해석될 수도 있습니다.

그가 서울에서 소중한 사역을 한 것은 잘 알고 있지만, [캐나다장로회] 선교회가 그의 수입을 늘려달라고 건의할만한 상황이 조성되어있지 않은 때에(그들이 그렇게 하려 할지도 의문입니다) 어떻게 해서 선교부가 그렇게 하게 할 무슨 조치를 할 수 있을 것인지를 모르겠습니다. 만일 미국에서 그가 더 많은 수입을 얻어 가족이 교육받는 기회가 열리는 것을 볼 수 있다면 그는 사임하려 할 것입니다. 그가 한국에서 많은 세월을 보내며 언어와 사람들과 사역에 대한 지식을 쌓았던 것을 생각하면 이는 불행한 일입니다.

내가 [그에게] 참으로 무슨 제안을 하면 좋을지를 모르겠는데, 당신이 어떤 의견을 말해주면 좋겠습니다. 우리에게는 그가 한국을 떠나면 그의 자리를 대신 맡으려 할, 탁월한 능력을 지닌 의료 사역 자원봉사자들이 있습니다. 그러나 물론 몇 년 동안은 그들이 대학 사역에서 그의 자리나 그와 비슷한 다른 자리를 채워주지 못할 것입니다.

럽 씨의 편지를 당신께 보내도록 하겠습니다. 선교회의 총무인 맥도널드(Macdonald)에게도 편지를 써서 선교회가 7월에 여는 정기회 때 맨스필드 의사와 그의 봉급 문제를 판단하여 선교부가 그에 맞춰 일할 수 있게 해주는 것이 지혜로울 것이라고 말하려 합니다.

앞으로 두 주일은 신기원을 이루는 기간이 될 것입니다. [캐나다장로회] 총회가 6월 3일부터 9일까지 현재의 헌법에 따라 마지막으로 모일 것이고, 6월 10일은 지금까지의 이 나래[캐나다] 종교역사에서 가장 위대한 날이 될 것입니다. 그때 캐나다가 기독교 연합단체들을 위해 길을 개척할 것입니다. 다른 나라 교회들이 빠르게 따라올 것이라고 우리는 믿습니다.

안부 인사를 드립니다.

안녕히 계십시오.

AEA [A. E. 암스트롱]

출처: PCC & UCC

, June 2, 1925.

Dr. O. R. Avison,
    Presbyterian Board of Foreign Missions,
        156 Fifth Avenue,
            New York, N. Y.

Dear Dr. Avison:

I received your letter of May 20th enclosing copy of letter
from Mr. Robb regarding return of Dr. Mansfield. You kindly offered
to do anything that we can suggest with reference to raising Dr.
Mansfield's support.

We have not heard from Dr. Mansfield, though we presume he
has reached California. In fact I think we have not had any let-
ter from him for a couple of years. Or since our notifying him
that it was not possible for us to increase his income. This may
be interpreted to mean that he does not wish to have any further
communication with the Board--an attitude which does not help the
situation very much.

I quite realize his value to the work in Seoul, but unless
the Mission Council is prepared to recommend an increase in his
income (which I doubt if they are likely to do) I do not see how
the Board can take any steps in that direction. I have the feel-
ing that if he can find an opening in the United States where he
will see an opportunity of earning more money and providing for
the education of his family, he is liable to resign. That would
be unfortunate from the point of view of his years in Korea which
have given him a knowledge of the language, of the people and of
the work.

I really do not know what I can suggest, but will be glad
of any opinion you may have to offer. We have excellent medical
volunteers coming along to take his place if he leaves Korea, but,
of course, for a few years they would not be able to fill his posi-
tion or anything similar to it in College work.

I am returning Mr. Robb's letter, and I am dropping a note
to Mr. Macdonald, the Mission Secretary, stating that it may be
wise that the Council at its Annual Meeting in July should give
its judgment regarding Dr. Mansfield and the salary question for
the Board's guidance.

The next two weeks are epoch-making. The General Assembly
meets for the last time as at present constituted, June 3 - 9, and
the greatest day so far in the religious history of this country
is June 10th when Canada pioneers a road in the matter of uniting

Christian bodies which we trust Churches of other lands will speedily travel.

    With kind regards, I am

                Very sincerely yours,

AEA/PMP

43. 에비슨이 서덜랜드에게

스미스폴스, 온타리오주, 캐나다

벨(W. S. Bell) 씨 댁내

1925년 7월 25일

친애하는 서덜랜드 박사님:

수표 두 장을 동봉합니다. 하나는 1백 불짜리이고, 또 하나는 15불짜리로 세브란스연합
의학전문학교 병원을 위한 기금입니다. 기부자들에게 수령증을 보내기 바랍니다.

녹스(Carol Knox) 양	클레몬트 에비뉴 99번지, 뉴욕	$100
헨젤(August Hensel) 부인	그로브 스트리트 174번지, 몽클레어, 뉴저지주	$15

구체적인 사용처는 나중에 결정할 것입니다.

안녕히 계십시오.

O. R. 에비슨

출처: UMAC

803-1

TRANSFERRED

JUL 27 A.M.

Smith's Falls, Ont. Canada
℅ W.S. Bell
July 23/25

Dear Dr Sutherland

I enclose two checks, one for $100 and one for $15 for the Severance Union Medical College Hospital Fund. Please send receipts to the donors,

$100 — (Miss Carol Knox, 99 Claremont Ave, New York.

$15 — (Mrs August Hensel), 174 Grove St, Montclair N.J.

Exact use will be decided later.

Very sincerely

O.R. Avison

AUG 6 1925

44. 암스트롱이 에비슨에게

1925년 9월 26일

O. R. 에비슨 박사,
    해외선교부,
        5번가 156번지,
            뉴욕시, 뉴욕주.

친애하는 에비슨 박사님:

마틴 의사가 반버스커크 의사에게 무슨 말을 하였는지를 알려준 당신의 9월 19일자 편지를 받았습니다.

이 나라[캐나다]에서 [연합에 참여하지 않고 잔류한] 장로교회가 장차 세브란스연합의학전문학교의 파트너가 되고 그들이 특별히 마틴 의사의 요구를 기꺼이 받아들여 그를 그곳에 두려 하는 것을 우리 선교부는 조금도 반대하지 않을 것이라고 나는 확신합니다.

물론 이 일은 그들이 우리의 만주 사역을 책임지게 되는 것에 달려있습니다. 그들이 그런 것을 요청할 수 있었을 터인데도, 그들은 지난주에 그들의 요구로 우리와 함께 가진 회의에서 아무런 구체적인 제안을 하지 않았습니다. 각 관할구역의 대표 6명씩으로 구성된 위원회가 곧 모이게 되면, 우리가 상세하게 의논할 것입니다.

만주는 지리적으로 우리 한국 선교회의 나머지 구역들에서 분리될 수 있는 까닭에 그들의 선교지로 삼도록 내줄 수도 있고, 그렇게 하여 중국 내 한국인들에게 선교하는 독특한 선교지를 만들 수도 있습니다. 당신도 알듯이, 멀리 북쪽에 기지를 세우는 일에서는 그 선교지의 규모가 거의 제한이 없고, 만일 적십자사가 그들에게 허용해준다면 시베리아에서도 가능합니다.

그 일은 물론 우리가 만주에 있는 다른[마틴 이외의] 선교사들을 한국에 있는 우리 선교지회들로 옮기고 그들은 한국에 있는 선교사들, 곧 영(Young), 베시(Vesey), 맥멀린(McMullin), 맥도널드(D. W. McDonald)*를 데려가는 일을 수반할 것입니다. 연합에 서명한 우리는 다 알고 있는 바와 같이 그곳에는 지금까지 독신 여성 선교사를 둔 적이 없습니다.

마틴 의사는 캐나다 교회들의 연합문제에 무관심해 보이지만, 그들을 위해 많은 일을 하였던 오릴리아(Orillia) 교회의 후원을 받고 있습니다. 그런데 그 교회의 다수가 연합에 반대하고 있습니다. 그는 당연히 그들의 관심과 그들과의 우호 관계를 유지하기를 바라고 있습니다. 그는 우리에게 보낸 편지에서 교회가 어느 편에 서든지 상관없이 자기를 10년 동안 단련해온 병원 사역에 남기를 원한다고 진술하였습니다. 그러므로 그가 만일 그곳 선교지를 연합 반대자들이 차지한다면 그곳을 떠나 서울에서 사역을 맡기를 원한다는 뜻을 나타냈을 때 놀랐습니다.

우리는 당신이 다음에 이곳에 와서 (우리는 당신이 빨리 자주 오기를 바라고 있습니다) 윌리암스(Williams) 부인을 심사하여 그녀가 대만에 있었을 때 결핵에 걸릴 가능성이 있었던 점을 참작하여 한국에 가는 것의 적합성 여부를 어떻게 판단하는지를 우리에게 알려주도록 일정을 조정할 수 있기를 몹시 바라고 있습니다. 당신은 우리 남중국 선교회의 맥도널드 의사가 그들에게 대만으로 돌아가지 말아야 한다는 견해를 제시하였던 것을 기억할 것입니다. 그는 그들이 한국처럼 기후가 더 건조하고 차가운 곳으로 가야 안전하리라고 생각하였습니다. 윌리암스는 브리티시컬럼비아와 알버타로 떠나서 크리스마스가 닥칠 때나 돌아올 예정입니다.

안부 인사를 드립니다.

안녕히 계십시오.

AEA [A. E. 암스트롱]

---

* 이들은 캐나다 교회 연합에 참여하기를 거부하였다. 영(Lither L. Young, 1875~1950)은 캐나다장로회 선교사로 1906년 내한하여 함흥에서 활동하였다. 1925년 그가 속한 교단이 감리회 등과 합하여 연합교회로 바뀌자 캐나다장로회 잔류파에 합세하여 1921년 일본 고베를 중심으로 한인들을 대상으로 선교하고 1940년 귀국하였다. 베시(Frederick G. Vesey, 1879~?)는 대영성서공회 한국지부 부총무로 1908년 내한하여 활동하다 1912년 귀국한 후, 1913년 다시 와서 남감리회로 이적하고 춘천에서 활동하다 1921년 캐나다장로회로 옮겨 회령에서 활동하던 중 모국 선교부가 연합교회에 합류하자 1926년 사임하고 귀국하였다. 맥멀린(Reginald M. McMullin, 1888~1963)은 1920년 캐나다장로회 선교사로 내한하여 회령에서 활동하던 중 연합교회에 합류하여 계속해서 회령과 함흥에서 활동하고 1935년 귀국하였다. 맥도널드(Donald W. MacDonald)는 1914년 캐나다장로회 선교사로 내한하여 함흥에서 활동하다 1925년 귀국하였다.

추신-위의 편지 사본을 반버스커크 의사에게 보내 그가 참고하게 하려 합니다. 때마침 그에게 그가 선교부들에 회람시켰던 3월 말까지 연례 사역 보고서와 우리에게 보낸 9월 14일자 편지를 받았다는 사실을 알릴 예정이기 때문입니다.

출처: PCC & UCC

.2. Sept. 26, 1925.

Dr. O. R. Avison,
        Board of Foreign Missions,
                156 Fifth Avenue,
                        New York, N. Y.

Dear Dr. Avison:

        I received your letter of Sept. 19th re Dr. Martin's com-
munication to Dr. VanBuskirk.

        I am sure our Board would have no objection whatever to
the future Presbyterian Church in this country becoming a partner
in Severance Union Medical College, and putting Dr. Martin there
if they are willing to meet his request in that particular.

        This, of course, would be contingent upon our work in
Manchuria becoming their responsibility. It may be that they
will ask for it, but at a Conference we had this week at their
request, they made no concrete proposal whatever. A Committee
of six from each side is to meet soon, and we may get down to
details.

        It is possible that Manchuria might be given to them as
a Field inasmuch as it is geographically separable from the rest
of our Korea Mission, and might form, therefore, a distinct Mis-
sion field among Koreans in China. As you know there is almost
no limit to the size of that Field for they can establish sta-
tions far to the North, and even in Siberia if the Reds will let
them.

        Of course it will involve our transferring the other mis-
sionaries in Manchuria to our Stations in Korea, and their trans-
ferring those missionaries in Korea (Young, Vesey, McMullin and
D. W. McDonald) from Korea to Manchuria. They would have no
single ladies so far as we know as all have signed up for Union.

        I think Dr. Martin is indifferent to the question of
Union in Canada, but being supported by Orillia congregation
which has done much for them, and which has voted a majority
against Union, he is naturally desirous of continuing their
interest and friendship. His letter to us stated that he
wanted to stay in the work in the Hospital which he had built
up during ten years whichever Church it might be under. I am,
therefore, surprised at his indicating that if the Anti-Unionists
got that Field, he wants to leave and take up work in Seoul.

Dr. O. R. Avison   Page 2

        I am anxious that the next time you come this way (and we
hope you will come soon and often) we can arrange to have you examine
Mrs. Williams, and give us your judgment on her fitness for Korea in
view of her tendency towards T. B. when in Formosa.   You may remember
that Dr. MaDonald of our South China Mission gave it as his opinion
that while they should not return to Formosa, he thought it would be
safe for them to go to a dryer and colder climate like that of Korea.
Mr. Williams is leaving for British Columbia and Alberta and will
not return until nearly Christmas.

        With kind regards, I am

                              Very sincerely yours,

    AEA/PMP

P. S.—Copy of the above letter I am sending to Dr. VanBuskirk for
his information, as I an acknowledging his circular letter to the
Boards reporting the year ending March 31st and which we received
Sept. 14th.

45. 에비슨이 서덜랜드에게

1925년 9월 26일

조지 F. 서덜랜드 박사, 회계,

5번가 150번지,

뉴욕시.

친애하는 서덜랜드 박사님:

한국 세브란스연합의학전문학교의 확장계획과 신 병실을 위한 설계도와 도면 등을 작성한 건축가에게 작업비를 지급하기 위해, 당신이 캐나다 토론토의 고든(H. B. Gordon) 앞으로 1천 불짜리 수표를 만들고 내게 보내어 내가 그에게 보낼 수 있게 해주시기 바랍니다.

안녕히 계십시오.

O. R. 에비슨

출처: UMAC

COOPERATING BOARD FOR CHRISTIAN EDUCATION IN CHOSEN

CHOSEN CHRISTIAN COLLEGE   SEVERANCE UNION MEDICAL COLLEGE

SEOUL, KOREA

COOPERATING BOARDS

BOARD OF FOREIGN MISSIONS OF THE
PRESBYTERIAN CHURCH IN THE U. S. A.
BOARD OF FOREIGN MISSIONS OF THE
METHODIST EPISCOPAL CHURCH
BOARD OF FOREIGN MISSIONS OF THE
PRESBYTERIAN CHURCH IN CANADA
BOARD OF MISSIONS OF THE
METHODIST EPISCOPAL CHURCH, SOUTH
EXECUTIVE COMMITTEE OF FOREIGN MISSIONS
OF THE PRESBYTERIAN CHURCH IN THE U. S.

O. R. AVISON, M. D.
PRESIDENT

H. T. OWENS,
SECRETARY & TREASURER

OFFICERS OF THE BOARD

JOHN T. UNDERWOOD,
CHAIRMAN
ALFRED GANDIER,
VICE-CHAIRMAN
E. H. RAWLINGS,
VICE-CHAIRMAN
ERNEST F. HALL,
SECRETARY
156 FIFTH AVE., NEW YORK
GEORGE F. SUTHERLAND,
TREASURER
150 FIFTH AVE., NEW YORK

September 26, 1925

Dr. Geo. F. Sutherland, Treasurer,
150 Fifth Avenue,
New York City.

Dear Doctor Sutherland:

Will you be so good as to make a
check for $1,000 in favor of H. B. Gordon, Toronto, Canada,
a payment on account of Architect's work done in making
plans and drawings etc., for the enlargements and new
buildings in connection with the Severance Union Medical
College, Korea, and let me have it, that I may forward
it to him?

Sincerely yours,

ORA:E

46. 에비슨이 암스트롱에게

1925년 9월 28일

A. E. 암스트롱 목사,
컴페더레이션 라이프 챔버스 439호,
토론토, 캐나다.

친애하는 암스트롱 목사님:

당신의 만주 사역이 [캐나다]장로회 잔류파로 넘어갈 가능성이 있는 문제에 관해 쓴 당신의 9월 26일자 편지를 오늘 오전에 받았고, 같은 시간에 마틴 의사가 보낸 편지도 받았습니다. 잔류 교회에 대한 나의 영향력을 활용하여 그들이 그를 세브란스 사역에 배정하도록 그들에게 요청해달라는 내용이었습니다.

만일 그 선교회의 사역이 제안대로 이관되면, 우리는 매우 기쁘게 그들을 세브란스 사역으로 맞이하고, 마틴 의사를 그들의 대표로 세브란스의전에 보내게 할 것이며, 그에게 이런 취지로 편지를 쓸 것입니다. 당신의 말대로 그는 오릴리아(Orillia) 교회 및 토론토 세인트존스(St. Johns)[교회]와의 관계로 인해 전에 선택했던 쪽을 선택하게 된 것 같습니다. 이런 사실은 그의 편지에서 분명하게 진술되어 있습니다.

당신이 앞으로 참석할 회의에서 이 문제에 관해 어떤 결론을 내렸는지를 알려주기를 관심을 가지고 기다리겠습니다.

이번 기회에 정확히 언제 다시 토론토에 가게 될지는 모르지만, 가게 되면 당신에게 미리 알리겠습니다.

안녕히 계십시오.

O. R. 에비슨

출처: PCC & UCC

COOPERATING BOARD FOR CHRISTIAN EDUCATION IN CHOSEN

CHOSEN CHRISTIAN COLLEGE   SEVERANCE UNION MEDICAL COLLEGE

SEOUL, KOREA

COOPERATING BOARDS:
BOARD OF FOREIGN MISSIONS OF THE
PRESBYTERIAN CHURCH IN THE U. S. A.
BOARD OF FOREIGN MISSIONS OF THE
METHODIST EPISCOPAL CHURCH
BOARD OF FOREIGN MISSIONS OF THE
PRESBYTERIAN CHURCH IN CANADA
BOARD OF MISSIONS OF THE
METHODIST EPISCOPAL CHURCH, SOUTH
EXECUTIVE COMMITTEE OF FOREIGN MISSIONS
OF THE PRESBYTERIAN CHURCH IN THE U. S.

O. R. AVISON, M. D.
PRESIDENT

H. T. OWENS,
SECRETARY & TREASURER

OFFICERS OF THE BOARD
JOHN T. UNDERWOOD,
CHAIRMAN
ALFRED GANDIER,
VICE-CHAIRMAN
E. H. RAWLINGS,
VICE-CHAIRMAN
ERNEST F. HALL,
SECRETARY
156 FIFTH AVE., NEW YORK
GEORGE F. SUTHERLAND,
TREASURER
150 FIFTH AVE., NEW YORK

September 28, 1925

Rev. A. E. Armstrong,
439 Confederation Life Chambers,
Toronto, Canada.

Dear Reverend Armstrong:

Your favor of September 26th re-the
question of possible transfer of some of your work in
Manchuria to the continuing Presbyterian Church came to hand
this morning and at the same time a letter was received
from Dr. Martin, asking me to use my influence with the con-
tinuing church to have him assigned under them to the
Severance work.

Of course if the transfer of the Mission
work is made as requested we shall be very glad to have them
join with the work in Severance and to have Dr. Martin sent his
their Representative and I am writing him to this effect. It
is, as you say, his connection with the Orillia congregation
and with St. Johns in Toronto, I think, that caused him to vote
as he did. This he states definitely in his letter.

I shall await with interest a report
on the result of your future Conference on this subject.

I do not know at this time just when I
shall visit Toronto again, but will let you know in advance
when I am going to do so.

Sincerely yours,

ORA:E

O. R. Avison

47. 서덜랜드의 비서가 에비슨에게

1925년 9월 28일

O. R. 에비슨 박사,
북장로회 해외선교부,
5번가 156번지,
뉴욕시.

친애하는 에비슨 박사님:

당신이 서덜랜드 박사에게 보내어 1천 불짜리 수표를 고든(H. B. Gordon) 앞으로 발행해달라고 요청한 9월 26일자 편지를 받았습니다. 서덜랜드 박사는 도시를 떠나 있고 10월 5일에야 사무실에 돌아올 것입니다. 이 편지는 다만 당신이 알고 있으라고 쓴 것입니다. 그러므로 수표가 당신에게 도착하는 것이 늦어지는 이유를 알게 될 것입니다.

안녕히 계십시오.

서덜랜드 박사의 비서

출처: UMAC

803-1

Sept. 28, 1925.

Dr. O. R. Avison,
C/o Presbyterian Board,
156 Fifth Ave.,
New York City.

My dear Dr. Avison:-

        Your letter of September 25th to Dr.
Sutherland requesting a check for $1000.00 in
favor of H. B. Jordon, has been received. Dr.
Sutherland is out of the City and will not re-
turn to his office before October 5th. This
is just for your information, so that you will
know why the check is delayed in reaching you.

        Very truly,

                        Secretary to Dr.Sutherland.

PS.

48. 에비슨이 북감리회 선교부 총무에게

1925년 9월 29일

북감리회 해외선교부 총무,

5번가 150번지,

뉴욕시.

친애하는 귀하께:

한국 북감리회 교인이고 지금 이 나라에 유학을 온 한국인 학생들을 재정적으로 돕는 일에서 북감리회 선교부가 이런 경우에 어떻게 해야 하는지를 알고 싶습니다.

북장로회는 그 안에 기독교교육부(Board of Christian Education)가 있어 한국에 돌아가서 선교사역을 도울 목적으로 공부하고 있는 그들에게 일정한 조건 아래 도움을 주고 있습니다.

내가 몇몇 감리회 학생들*로부터 신청을 받고 있는데, 장로회 선교부에 그들의 교육비 기부를 요청하는 일은 당연히 불가합니다.

당신이 이 질의를 귀하의 선교부 안의 해당 부서 사무실로 넘기고 그들에게 이 문제를 충분히 안내해주도록 요청해주면 크게 감사하겠습니다.

안녕히 계십시오.

O. R. 에비슨

출처: UMAC

---

* 에비슨은 이때 연전 문과 제1회 졸업생으로 일리노이주 노스웨스턴대학 교육학과에서 유학 중인 노준탁을 염두에 두고 있었다. 이 사실은 이 자료집의 52번 문서 노준탁이 에비슨에게 보낸 1925년 10월 9일자 편지와 55번 문서 에비슨이 모스에게 보낸 1925년 10월 17일 편지로 알 수 있다.

COOPERATING BOARD FOR CHRISTIAN EDUCATION IN CHOSEN

CHOSEN CHRISTIAN COLLEGE SEVERANCE UNION MEDICAL COLLEGE

SEOUL, KOREA

COOPERATING BOARDS

BOARD OF FOREIGN MISSIONS OF THE
PRESBYTERIAN CHURCH IN THE U. S. A.
BOARD OF FOREIGN MISSIONS OF THE
METHODIST EPISCOPAL CHURCH
BOARD OF FOREIGN MISSIONS OF THE
PRESBYTERIAN CHURCH IN CANADA
BOARD OF MISSIONS OF THE
METHODIST EPISCOPAL CHURCH. SOUTH
EXECUTIVE COMMITTEE OF FOREIGN MISSIONS
OF THE PRESBYTERIAN CHURCH IN THE U. S.

O. R. AVISON, M. D.
PRESIDENT

H. T. OWENS,
TREASURER

TRANSFERRED

OFFICERS OF THE BOARD

JOHN T. UNDERWOOD,
CHAIRMAN
ALFRED GANDIER,
VICE-CHAIRMAN
E. H. RAWLINGS,
VICE-CHAIRMAN
ERNEST F. HALL,
SECRETARY
156 FIFTH AVE., NEW YORK
GEORGE F. SUTHERLAND,
TREASURER
150 FIFTH AVE., NEW YORK

September 29, 1925

Secretary of M. E. Board of Foreign Missions,
150 Fifth Avenue,
New York City.

Dear Sir:

With regard to financial assistance for Korean students, members of the M. E. Church in Korea, and now in this country for the purpose of studying, I wish to find out what the Methodist Board does in such cases.

In the Presbyterian Church there is a Board of Christian Education, which under certain circumstances gives aid to those who are studying for the purpose of returning to Korea to assist in the mission work.

I have applications from some Methodist students but, of course, cannot ask the Presbyterian Board to contribute to their education.

If you will kindly refer this inquiry to the proper office in your Board Rooms, asking them to give me full information on this subject, I will be very greatly obliged.

Sincerely yours,

ORA:E

49. 에비슨이 서덜랜드에게

5번가 156번지, 뉴욕시

914호실

1925년 10월 3일

조지 F. 서덜랜드 박사,

5번가 150번지,

뉴욕시.

친애하는 서덜랜드 박사님:

연희전문학교를 위한 모금 운동에서 일반 기금으로 받은 200불짜리 수표를 동봉해서 보냅니다.

기부자인 뉴욕, 브룩클린, 클린턴 애비뉴 475번지의 맥케이(Henry MacKay) 씨에게 수령증을 보내주기 바랍니다.

안녕히 계십시오.

O. R. 에비슨

출처: UMAC

156-5th Ave., N.Y.City.
Room 914

October 3, 1925

Dr. Geo. F. Sutherland,
150-5th Ave.,
New York City.

Dear Dr. Sutherland:

I am enclosing a check for $200.
for the Chosen Christian College General Campaign Fund.

Will you kindly send a receipt to the
doner, Mr. Henry MacKay, 475 Clinton Avenue, Brooklyn,
N.Y., and oblige,

Sincerely yours,

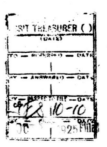

ORA:E

Enc.

50. 모스가 에비슨에게

1925년 10월 5일

O. R. 에비슨 박사,

　5번가 156번지,

　　뉴욕시.

친애하는 에비슨 박사님:

북감리회 해외선교부 총무 앞으로 보낸 당신의 9월 29일자 편지가 내 사무실 책상 위에 놓여 있습니다.

당신은 미국에서 유학 중인 한국인 감리교인 학생에게 재정을 지원하는 문제에 관해 질의하고 있습니다. 북감리회는 교육부를 두고 있는데, 그들이 하는 일들 가운데 하나는 승인받은 감리교인 학생들에게 장학금 융자를 제공하는 것입니다. 그들은 5번가 150번지에 있는 이 건물에 사무실을 두고 있지만, 사무실의 본부는 시카고, 이스트 워싱턴 스트리트 58번지에 있습니다. 맥밀런(J. P. MacMillan) 씨가 학생융자부의 담당 총무이므로 시카고 사무실로 보내야 합니다.

해외 선교지에 있는 선교회나 그곳 교회 구역의 추천으로 이 나라에서 대학원 공부를 하는 소수의 외국인 학생들에게 직접 나누어주는 장학금은 선교부의 연례 지급금 안에서 매우 적게 책정되어 결코 3천 불을 넘지 않습니다. 이 사람들은 대부분 이미 교회에서 봉사해왔고, 몇 년간 활동하여 능력을 인정받고 혜택을 받아 이 나라로 대학원 공부를 하도록 파송됩니다. 지금 3, 4명의 한국인이 이 기금을 받고 있습니다.

모든 신청자에게 요구되는 조건은 그가 이 선교부 기금의 수혜자가 되기 전에 그의 선교회와 그의 출신 지역 교회 감독으로부터 직접 보증을 받는 것입니다.

교육부의 기금은 융자의 형태로 지급됩니다. 이처럼 매우 제한된 사람들에게는 선교부의 이 적은 기금이 융자가 아닌 직접적인 지원금으로 지급될 수도 있습니다.

이 설명이 당신이 찾는 정보를 당신에게 제공해주기를 바랍니다.

행운을 빌며,

안녕히 계십시오.

ABM [A. B. 모스]

출처: UMAC

803-1

October 5, 1925.

Dr. O. R. Avison,
156 Fifth Avenue,
New York City.

Dear Dr. Avison:

Your letter of September 29th addressed to the Secretary of the M.E.Board of Foreign Missions comes to my desk for attention.

You ask concerning financial assistance for Korean students of the Methodist Episcopal Church now studying in America. The Methodist Episcopal Church has a Board of Education, one of whose functions is to provide scholarship loans to approved Methodist students. They have an office in this building, 150 Fifth Avenue, but the main office is in Chicago, 58 East Washington Street. Mr. J. P. MacMillan is the Secretary in charge of the Student Loan Bureau and should be addressed at the Chicago office.

Within the appropriations of the Board of Foreign Missions each year there is a very small fund, never over $3,000, which is distributed in direct scholarships to the small group of foreign students who are in this country doing graduate work upon the recommendation of the Mission or section of the Church involved on the foreign field. Most of these men have already served in the Church, and after several years of activity are sent to this country for graduate study because of their ability and graces. Three or four Koreans are now recipients of grants from this fund.

The condition required of every applicant is that he shall have the direct endorsement of his Mission and the Bishop of the area from which he comes, before he can become a beneficiary of this fund of the Board.

The funds of the Board of Education are granted as loans. This small fund of the Board of Foreign Missions to this greatly restricted group is made available as direct grants in aid, and not as loans.

I hope this will give you the information you seek.

With all good wishes,
cordially yours,

ABM/Q

51. 서덜랜드가 에비슨에게

1925년 10월 8일

O. R. 에비슨 박사,
5번가 156번지,
914호실
뉴욕시.

친애하는 에비슨 박사님:

토론토의 고든(H. B. Gordon) 씨로부터 세브란스병원과 의전의 권서(勸書)* 1명을 후원하기 위한 두 번째 송금액 1백 불을 방금 받았습니다. 그 돈은 토론토의 바라카 클럽(Baraca Club)**으로부터 왔습니다.

당신의 수고 덕분에 이 기부금을 받게 된 것 같습니다. 물론 그런 것에 사의를 표하지만, 그 클럽이 이런 관심을 계속 유지하도록 세브란스병원 측이 반드시 직접 어떤 설명을 하도록 안내하는 일이 방금 내게 주어졌습니다. 그러므로 당신이 누군가에게 요청하여 고든 씨[바라카 클럽 운영자]에게 직접 편지를 써서 그 권서의 사역을 설명하게 해주겠습니까?

안녕히 계십시오.

GFS [G. F. 서덜랜드]

출처: UMAC

---

* 성경을 팔면서 성경 구절들을 설명해 주고 전도하는 현지인. 선교사들은 권서들과 전도부인들의 조력을 받으며 선교 활동을 하였다.
** 바라카 클럽은 1890년대에 고든(Emma L. Skinner Gordon)이 세운 '머튼 스트리트 가스펠 미션'(Merton Street Gospel Mission)에서 운영하던 종교와 교육 클럽 '바라카 앤 필러티아 소사이어티스'(Baraca and Philethea Societies)를 가리키는 것으로 보인다.

803-1

Oct. 8, 1925

My dear dear

Dr. O. R. Avison
156 Fifth Avenue
Room 914
New York City.

My dear Dr. Avison:

I have just had a second remittance of $100.00
from Mr. R. B. Gordon of Toronto, for the support of a
colporteur for the Severance Hospital and Medical School,
which comes from The Baraca Club of Toronto.

I think you were instrumental in getting this
subscription. I have, of course, acknowledged it, but it
has just occurred to me that if we keep up this interest
the Club ought to have some direct word from the hospital;
and could you not arrange for someone to write directly
to Mr. Gordon telling of the work of the colporteur?

Sincerely yours,

GFS
JFS

52. 노준탁이 에비슨에게

그랜트 스트리트 1114번지, 에번스턴, 일리노이.
1925년 10월 9일

O. R. 에비슨 박사,
5번가 156번지,
뉴욕시, 뉴욕주.

친애하는 에비슨 박사님:

박사님의* 9월 28일자와 이달 6일자 편지를 받아서 반갑기 그지없고, 재정적으로 어려움을 겪고 있던 제게 친절한 도움을 주시는 박사님께 큰 감사를 드리지 않을 수 없습니다. 제가 홀게이트(Holgate) 박사와 이야기를 나눈 후에 시카고에 있는 교육부 사무실을 찾아가는 것이 더 좋겠다는 생각이 듭니다. 제가 이 나라에 온 후부터 저의 모든 형편을 그분과 상의하고 있기 때문입니다. 제가 고향을 떠났을 때 받은 신분증을 여기에 동봉합니다. 그런 목적으로 재정 지원을 받는 데에 그것이 쓸모가 있을지 여부는 모르겠습니다. 박사님께서 혹시라도 저를 대신하여 이 신분증명서를 가지고 [북감리회] 해외선교부를 다시 한번 방문해주신다면 감사하겠습니다.

바로 일주일 전에 베커 박사님으로부터 편지를 받았습니다. 그분은 이곳에 있는 그분의 친구께 저에게 얼마간 돈을 보내라는 편지를 쓰겠다고 말씀하셨습니다. 그런데 그 돈은 제가 받지 못한 금액의 일부, 곧 250불일 것입니다. 아마도 일이 순조롭게 된다면 한 달 반가량 후에 제게 도달할 것입니다.

저는 9월 25일 공부를 시작하였고, 지난 학기보다 수업을 듣기가 훨씬 더 쉬워졌습니다. 1년 후에는 지금보다 더 좋아질 것으로 생각합니다. 저는 노스웨스턴대학 교육학과에

서 3과목을 수강하고 있는데, 그 일에 주당 9시간이 소요되고, 매일 한 끼 식사를 위해 일하고 있습니다.

　우리가 이 나라에서 공부하고 있는 동안 누군가는 반드시 화학을 공부해야 한다고 하신 박사님의 제안에 동의합니다. 제가 이곳에 온 후부터 몇몇 한국인 유학생들에게 이런 생각을 말하였습니다. 그러나 이 일에는 어려움이 있습니다. 첫째로 재정 여건의 문제입니다. 과학 공부를 위해서는 문화 방면 공부보다 돈이 더 많이 필요합니다. 둘째로 학생들이 흥미를 느끼고 준비되어 있어야 하는데, 그들은 이 과목에 흥미가 없고 그래서 이 과정을 위해 준비되어 있지 않습니다. 이것이 연희전문 졸업생들 가운데 이 나라에서 화학을 공부하는 사람이 아무도 없는 주된 이유인 것 같습니다. 만일 제가 이 문제에 관해 무슨 제안을 하는 것을 박사님께서 허락해주신다면 매우 즐거운 마음으로 말씀드리겠습니다. 1921년 연희전문 농과를 졸업한 송기주(K. C. Song)*(박사님은 [제가 보낸] 명단에서 그의 주소를 찾을 수 있습니다)가 있습니다. 그가 지난달 시카고에 와서 시카고대학에서 고고학을 공부하기를 바라고 있습니다. 그가 공부하는 과목이 일반적으로는 좋지만, 현재 우리 한국 사회에서는 필요하지 않습니다. 박사님께서 그에게 편지를 써서 화학을 공부하도록 조언해주시면 좋겠습니다. 그가 농업 분야의 졸업생이기 때문에 이 과목에 소질이 있다고 생각합니다.

　여기에 연희전문학교 졸업생들의 주소를 동봉합니다.

　원한경 박사님께 저의 안부 인사를 전해주시기를 부탁드립니다. 그분께 곧 편지를 쓰겠습니다. 박사님께서 세브란스연합의학전문학교와 연희전문학교를 위해 하시는 사역이 즐겁게 진행되기를 희망하며, 행운을 빕니다.

안녕히 계십시오.

노준탁(Arthur C. Noh)

출처: UMAC

---

* 연전 역사에서 농과 졸업생은 1921년 제3회로 졸업한 3명뿐인데, 이 가운데 이 이니셜에 부합한 사람은 송기주(宋基柱)이다. 송기주는 1925년 도미하여 시카고대학에서 수학하면서 흥사단에 가입하여 활동하였고, 뉴욕에서 사업하다가 1929년 횡서(橫書) 한글 타자기를 발명하고 미국에서 특허를 받아 1933년 언더우드 타자기회사에서 이 기계를 생산하게 하는 성과를 거두었다. 1934년 귀국하였다.

Noh

1114 Grant St. Evanston, Ill.
October 9th, 1925.

Dr. O. R. Avison,
156-5th Ave.
New York City, N. Y.

Dear Dr. Avison:

I was very glad to get your letters of Sept. 28th, and 6th of inst., and very much oblige to you of your kindly assistance on my financial difficulties. Iam thinking that it is better to visit the office of the Board of Education in Chicago after I have talked with Dr. Holgate, because I am talking every thing on my condition with him since I came over this country. I enclosed here a certificate, which I have taken here when I was leaving home. I wonder whether it will be available for that purpose to get financial aid or not. I thank you if you visit the Board of Foreign Missions with this certificate once more for me.

I have got a letter from Dr Becker just a week ago. He said that he will send a letter to his friend here to send some money to it but it would be a part of the amount, which I have unprovided, that is $250.00 . Probably it will be reached me after about one and half months, if ti goes smoothly.

I have begun my study on Sept. 25th and it is much better to get the idea of the lectures than last semester. I believe that it will be more better after one year than present time. I have taken three subjects in the Department of Education of Northwestern University, that makes nine hours a weel, and working every day for one time of meal.

I have agreement with your suggestion that some one must study chemistry while we are studying in this country. I have talked over with this idea to several Korean students since I have reached here. But the difficulty is this . First it is the financial conditions, the study for science needs more money than the cultural branches. Secondly the interest and preparation of the student, they have not any interest on this subject , and so they did not prepare for this course. I believe this is the main reason why there is no one to study chemistry among the graduates of C. C. College in this country. If you allow me to suggest some thing about this, I will do it with very much pleasure. Mr. K. C. Song. (you can find out his address on the list) who has graduated in the Agricultural department of C. C. C. at 1921. He came to Chicago last month and wishes to study archaeology at the University of Chicago, the subject of his study is good in general, but it is not present need of our soiety in Korea. Will you please send a letter to him and advise him to study chemistry. I think he has the capacity on this subject, because he is a graduate of agricultural line.

Dr. O. R. Avison,------------2

    I enclose here the addresses of the graduates of
Chosen Christian College.

    Please kindly regard me to Dr. H. H. Underwood,
I will write him soon. I hope you are enjoying your work for
the Severance Union Medical college and Chosen Christian College,
with best wishes,

       Sincerely yours,

        Arthur C Noh

53. 서덜랜드가 에비슨에게

1925년 10월 13일

O. R. 에비슨 박사,

914호실

5번가 156번지

뉴욕시.

친애하는 에비슨 박사님:

두 곳에서 약정한 금액으로서 10불짜리 수표가 들어있는 당신의 9월 5일자 편지를 받았습니다. 손으로 쓴 어떤 글자는 우리가 제대로 판독하고 있는지가 썩 분명하지 않기 때문에 이 두 수령증에 적힌 이름들을 확인해보기 바랍니다. 이것이 당신의 글씨인지 아니면 원한경의 글씨인지 모르겠지만, 당신의 것 같습니다.

어떤 기부금들은 우리에게 곧장 왔다는 사실을 당신에게 알립니다. 우리가 이미 받은 그 기부금들을 돌려주기를 당신이 원하는지 아니면 당신이 나중에 그렇게 할 것인지 의문입니다. 우리는 우리 회계연도 업무를 마감할 준비를 하느라 바빠서 꼭 필요한 일이 아니라면 반환 목록을 만드는 일을 하고 싶지 않습니다. 만일 원한경 박사가 어느 때에 잠시라도 훑어볼 시간을 가졌더라면, 그 두 기록을 확인하기가 쉬웠을 것이고, 우리가 이용하게 될 모든 정보를 당신이 파악하고 있는지를 알아보기가 쉬웠을 것입니다.

안녕히 계십시오.

GFS [G. F. 서덜랜드]

출처: UMAC

803-1

Oct. 13, 1925

Dr. O. R. Avison
Room 914
156 Fifth Avenue
New York City.

My dear Dr. Avison:

      I have your letter of Sept. 5th enclosing
check for $10.00 on account of two subscriptions. I hope
you will check up the names that appear on these two
receipts, as I am not at all clear that we have interpreted
a certain handwriting as it should have been. I do not
know whether it is your handwriting or Dr. Underwood's; but
I fear you are the guilty party.

      I note the postscript concerning notifying you
of any contributions that come directly to us. I am wonder-
ing if you want us to go back over the contributions already
received, or if you refer to the future. We are busy get-
ting ready for the close of our fiscal year and I do not
want to make the back list unless it is necessary. If Dr.
Underwood had an opportunity to run over for a few moments
sometime, bringing your list, it would be easy to check up
the two records and see whether you have all the information
that is available in our hands.

        Sincerely yours,

GFS
JFS
Encls.

54. 에비슨이 서덜랜드에게

5번가—156번지, 뉴욕시,

914호실

1925년 10월 16일

조지 F. 서덜랜드,

5번가 150번지

뉴욕시.

친애하는 서덜랜드 박사님:

뉴저지주의 채담(Chatham)에서 사는 알렌(Mary C. Allen) 부인이 보낸 450불짜리 수표를 여기에 동봉합니다. 세브란스연합의학전문학교에 보낼 것인데, 그녀는 그 돈이 일반 병실에 비치할 병상에 쓰이기를 원하고 있습니다. 그러므로 당신은 그것을 병원 가구 기금으로 분류해도 됩니다. 이는 그것이 새 병실을 위한 것이란 뜻입니다. 당신이 그 돈의 수령증을 그녀에게 보내주겠습니까?

당신의 10월 13일자 편지를 방금 받았습니다. 당신이 동봉한 수령증에 적힌 그 두 집단이 알려준 정보[기부금 사용처 등]는 원한경 박사가 받았고 내가 받지 않았습니다. 그래서 당신의 편지를 그의 책상에 올려놓았습니다.* 그가 지금 이곳에 없기 때문입니다. 그가 당신에게 요청받은 대로 가서 지금까지 받은 모든 약정금을 확인할 것이라고 믿습니다. 그러나 이후에는 우리가 어떻게 하려고 하든지 간에, 우리를 통하지 않고 당신에게 직접 보내진 약정금들은 무엇이든 우리에게 곧바로 알려주어야 합니다. 그래서 우리가 우리의 기부 요청에 누가 반응을 했는지를 알아서 그들에게 감사의 편지 등을 쓸 수 있게 해야 합니다. 이렇게 하지 않으면 우리가 그들의 관심을 잃기 쉬우므로 그렇게 하고 싶지 않습니다. 힘들게 수고하지 않고도 우리에게 이런 통지문을 보낼 수 있게 할 간단한 체계가 고안될 수 있으리라고 생각합니다.

---

* 에비슨은 원한경과 함께 914호실을 두 사람의 전용 사무실로 쓰고 있었다.

안녕히 계십시오.

O. R. 에비슨

출처: UMAC

COOPERATING BOARD FOR CHRISTIAN EDUCATION IN CHOSEN

CHOSEN CHRISTIAN COLLEGE   SEVERANCE UNION MEDICAL COLLEGE
SEOUL, KOREA

156-5th Ave., N.Y.City,
Room 914

October 16, 1925

Dr. Geo. F. Sutherland,
150-5th Ave.,
New York City.

Dear Doctor Sutherland:

I am enclosing, herewith, a check for
$450.00, from Mrs. Mary C. Allen of Chatham, N.J. It is for
The Severance Union Medical College and her preference is
that it should go toward furnishing beds in a general ward, so
you may put it into the Hospital Furnishing Fund, by which I
mean the Fund for the new hospital wing. Will you kindly send
her a receipt for this?

Yours of October 13th just at hand. The
information you got from the two parties, named on the receipts
you enclosed, was from Dr. Underwood and not from me, so I am
putting your letter on his desk, as he is not here at the present
moment. I am sure he will go over, as you request, and check
up all subscriptions to date. What we would like, however, after
this is; that any subscriptions that are sent directly to you,
rather then through us, should be at once reported to us, so
that we may know who have responded to our invitations, and be
able to write them our thanks etc. Without this we are apt to
lose their interest, which we would not like to do. I think
a simple system could be devised by which these notifications
could be sent to us without much effort.

Yours sincerely,

ORA:E
Enc.-check.

55. 에비슨이 모스에게

5번가-156번지, 뉴욕시,

914호실

1925년 10월 17일

아더 모스 씨, 총무,

북감리회 해외선교부,

5번가-150번지,

뉴욕시.

친애하는 모스 씨:

여기에 내가 말했던 노준탁의 편지를 동봉하고, 서울에서 베커 박사가 보낸 보증서도 동봉합니다. 이것들을 보면 당신의 마음의 의문이 풀리리라고 생각합니다.

내가 노 씨에게 편지를 써서 당신이 직접 그 문제를 그와 함께 다룰 것이므로 이후에는 그의 편지가 당신에게 갈 것이라고 말하였습니다,

안녕히 계십시오.

O. R. 에비슨

출처: UMAC

156-5th Ave., N. Y. City,
Room 914

October 17, 1925

Mr. Arthur Moss, Secretary,
Methodist Foreign Mission Board,
150-5th Ave.,
New York City.

Dear Mr. Moss:

      I am enclosing in this, the letter I
spoke of from Mr. Noh, and also the certificate from
Dr. Becker of Seoul, which I think answers the question
you had in mind.

      I have written to Mr. Noh, telling him that
you will take the matter up directly with him, and that
from this time on, his correspondence should be with
you.

Sincerely yours,

O. R. Avison

ORA:E
Enc.

56. 에비슨이 서덜랜드에게

5번가 156번지, 뉴욕시

1925년 10월 20일

조지 F. 서덜랜드 박사,

5번가-150번지,

뉴욕시.

친애하는 서덜랜드 씨:

뉴욕시 브룩클린, 워싱턴 에비뉴 79번지에 있는 모홍크 호텔(Mohawk Hotel)의 레이먼드 (Geo. H. Raymond) 씨가 보낸 25불짜리 수표를 동봉합니다. 세브란스연합의학전문학교 '신병실'의 가구를 마련하는 데에 쓰기 위한 것입니다.

기부자들에게 일반적으로 보내는 수령증을 레이먼드 씨에게 보내주고, 그것의 복사본 을 내게도 보내주면 감사하겠습니다.

안녕히 계십시오.

O. R. 에비슨

출처: UMAC

CHOSEN
CHRISTIAN COLLEGE

O. R. AVISON, M. D., L. L. D
PRESIDENT
H. H. UNDERWOOD, PH. D.
SEOUL, KOREA

TRANSFERRED

SEVERANCE
UNION MEDICAL COLLEGE

UNDER
COOPERATING BOARD OF CHRISTIAN EDUCATION IN CHOSEN
NEW YORK CITY

REPRESENTING
THE FOLLOWING FOREIGN MISSION
BOARDS AND COMMITTEES
PRESBYTERIAN IN U. S. A.
PRESBYTERIAN IN U. S.
METHODIST EPISCOPAL
METHODIST EPISCOPAL SOUTH
UNITED CHURCH OF CANADA

JOHN T. UNDERWOOD
CHAIRMAN OF BOARD
JOHN L. SEVERANCE
CHAIRMAN OF FINANCE COMM
ALFRED GANDIER
E. H. RAWLINGS
VICE-CHAIRMEN OF BOARD
ERNEST F. HALL
156 FIFTH AVE., N. Y.
SECRETARY
GEO. F. SUTHERLAND
150 FIFTH AVE., N. Y.
TREASURER

156 FIFTH AVE., NEW YORK CITY
October 20, 1925

Dr. Geo. F. Sutherland,
150-5th Ave.,
New York City.

Dear Mr. Sutherland:

I am enclosing a check for $25.00,
from Mr. Geo. H. Raymond, Mohawk Hotel, 79 Washington
Ave., Brooklyn, N. Y., which is to be applied to the
furnishing fund of the new hospital wing of the Severance
Union Medical College.

Kindly send to Mr. Raymond the usual receipt,
with a duplicate of same to me, and oblige,

Sincerely yours,

O R Avison

ORA:E
Enc.

57. 암스트롱이 에비슨에게

1925년 10월 21일, 2.

O. R. 에비슨 박사,

　5번가 156번지,

　　뉴욕시.

친애하는 에비슨 박사님:

<u>마틴 의사에 관하여</u>

　연합반대파 교회에 속한 우인들과 회의를 하였을 때 그들이 우리에게 무엇을 원하는지를 명확하게 제시하지 않았다는 사실 외에는 아직 알려드릴 것이 없습니다.

　각 진영에서 6명씩 위원을 임명하여, 12명의 위원이 29일에 모였습니다. 그때 우리는 그들이 요구하는 바를 분명하게 밝혀주기를 바랐습니다. 그것이 우리 한국 선교회의 한 부분이고, 참으로 넘겨주고 싶지 않은 만주 지역일지라도 말입니다.

　전할 만한 어떤 소식이 생기면 당신에게 알려드리겠습니다. 그동안 당신은 토론토에 언제 올 계획인지를 내게 확실히 알려주기 바랍니다.

　윌리암스(Williams) 씨가 사임하였습니다. 그래서 우리는 그를 대만에서 한국으로 옮기는 문제를 생각하고 있지 않습니다. 그의 아내가 결핵에 취약한 점이 그의 사임을 정당화하는 듯합니다. 그가 훌륭한 선교사인 까닭에 그와 우리가 모두 진심으로 아쉬워하고 있습니다.

안녕히 계십시오.

AEA [A. E. 암스트롱]

출처: PCC & UCC

.2.   Oct. 21, 1925.

Dr. O. R. Avison,
    156 Fifth Avenue,
        New York City.

Dear Dr. Avison:

                    Re Dr. Martin

        I have nothing to report as yet except that our confer-
ence with our friends of the Non-concurring Church did not
elicit from them any definite proposal as to what they want.

        Each side appointed a Committee of six, and this group
of twelve is to meet on the 29th. We hope they will then be
definite in their request, even though they may ask for Man-
churia, which part of our Korea Mission we should be very
loath to surrender.

        I shall let you know when there is anything to report.
In the meantime be sure to let me know when you may plan to
visit Toronto.

        Mr. Williams has resigned, and therefore we are not
considering transferring him from Formosa to Korea. I think
his wife's tendency toward T. B. is justification for his
resignation which both he and we sincerely regret for he is
an excellent missionary.

        I am

                        Sincerely yours,

AEA/PMP

58. 에비슨이 암스트롱에게

5번가 156번지, 뉴욕시
1925년 10월 29일

A. E. 암스트롱 목사,
컨페더레이트 라이프 챔버스 435호,
토론토, 온타리오,
캐나다.

친애하는 암스트롱 박사님:

전에는 밴쿠버에서 살았고 지금은 미주리주 컬럼비아에 있는 맥켄지(F. F. McKenzie) 씨를 당신은 알고 있습니다. 그는 연희전문학교 농과에서 일자리를 얻기 위해 준비해왔습니다.

그 사람과 편지를 꽤 많이 주고받았는데, 그가 자신의 미래와 우리 대학에 과연 자신의 일터가 생길지를 염려하기 시작하였습니다.

얼마 전 그로부터 편지를 받고 방금 다음과 같이 답장하였습니다.

당신이 알다시피 나는 연희전문학교를 위해 기금을 얻으려고 열심히 노력하고 있습니다. [이사회의] 승인을 받아 구할 것 목록 안에 농과 운영 자금이 있습니다. 우리는 이 자금을 확보하지 못하였지만, 다음 몇 달 안에 그 목록을 모두 채우기를 바라고 있습니다. 만일 그리하지 못한다면, 물론 그 후에라도 농과를 위한 자금을 얻기를 바라고 있습니다.

당신이 밴쿠버에서 공부하기 시작한 이후의 모든 세월 동안 내가 당신을 생각해온 까닭에 그때가 왔을 때 당신을 쓸 수 없게 된다면 매우 유감스러울 것입니다. 우리가 이 사역을 시작할 자금을 얻으면 나는 곧바로 당신을 한국으로 보내어 당신이 언어를 능숙하게 익히기까지 많은 시간을 보내게 하기를 원할 것입니다. 그 이유는 다른 과의 과장은 언어 지식이 다소 빈약해도 일을 해낼 수 있지만, 농과의 과장은 반드시 대중 앞에서 연설하거나 전국에 있는 한국인들과 대화할 때 자유롭게 언어를 구사할 수 있어야 하기 때문이고, 다른 어느 과보다 대중과 더 밀접하게 접촉하며 사역하게 될 것이기 때문입니다. 그런 다음에,

내가 전에 말했듯이, 그 학과가 개설되면 당신이 그 나라에 진정으로 필요한 것에 대한 완전한 지식을 가지고 지혜롭게 그 일을 시작할 수 있도록 한국의 농업 상황을 신중하게 연구하기를 우리가 원할 것입니다.

장차 연희전문학교 교수회가 이제 때가 되었다고 생각하여 캐나다 선교부에 요청하면, 캐나다장로회 선교부가 아닌 캐나다 연합교회 선교부가 지금 대학에 교수 대신 보내고 있는 돈이 아닌 교수를 보내면서 당신을 선교사로 임명할 것입니다.

지금 우리가 구하고 있는 기본재산 기금을 확보함으로써 그 일이 아주 속히 실현 가능해지기를 바라고 있습니다.

지금 나는 암스트롱 씨에게 편지를 써서 그때가 오면 선교부가 즉시 당신을 임명해줄 것으로 믿어도 된다고 판단하는지를 내게 알려달라고 요청할 예정입니다. 또한, 한국 서울의 대학 교수회에도 편지를 써서 교수 대신 받는 캐나다장로회의 돈을, 당신이 임명될 수 있도록, 포기해도 되는 때가 왔다고 생각하는지를 내게 알려달라고 요청할 예정입니다.

당신이 언어를 공부하고 농업 상황과 국가적으로 필요한 것을 조사하고 있는 동안에라도 농업 분야에 당신이 지금 지닌 것을 현지에서 활용할 소규모 사역이 있을 것이고, 어쩌면 낙농업과 양계업 등등의 분야에도 소규모로 시작할 사역이 있을 것입니다. 당신이 깨닫게 되겠지만, 우리는 이런 일들을 소규모로 시작하여 경험을 통해 배우며 전진할 필요가 있습니다.

방금 쓴 내용을 보고 당신은 우리가 당신에게 한국으로 나오라고 분명하게 요청할 수 있을 때가 올 것을 낙관적으로 내다보고 있는 사실을 실감하게 될 것입니다. 당신이 학업을 추구하는 동안 성경공부에 일정한 시간을 바친 것을 나는 주목하고 있습니다. 이는 매우 지혜로운 행위입니다. 모든 선교사가 성경을 잘 알아야 하고 본인의 전문적인 사역에 더하여 성경도 가르칠 수 있어야 하기 때문입니다.

당신[암스트롱]은 대학 교수회가 돈을 계속 받기보다 농업 사역을 할 교수를 [한국 선교사로] 임명받기를 더 원한다는 것을 당신에게 알리면 곧바로 캐나다 선교부가 그를 기꺼이 임명해줄 줄로 알고 있다고 내가 그에게 말한 것을 볼 것입니다.

지금 연희전문학교 교수회에 편지를 써서 그들에게 그들은 이 문제를 어떻게 판단하는지를 내게 알려달라고 요청할 예정입니다. 그러는 사이에 이 문제에 대한 당신의 설명을 듣게 되면 좋겠습니다.

오늘이 당신과 해외 선교 담당자들과 잔류 교회 측의 회의일로 정해진 날인 것을 주목합니다. 당신들이 모두 [하나님의] 인도하심을 받아 지혜로운 결정을 내리기를 기도합니다.

안녕히 계십시오.

O. R. 에비슨

출처: PCC & UCC

156 FIFTH AVE., NEW YORK CITY

October 29, 1925

Rev. A. E. Armstrong,
435 Confederate Life Chambers,
Toronto, Ont.,
Canada.

Dear Dr. Armstrong:

You know about Mr. F. F. McKenzie, formerly of Vancouver, now of Columbia, Mo.; who has been preparing himself for a position in the Chosen Christian College Department of Agriculture?

I have had a good deal of correspondence with him and he is becoming anxious as to the future and whether there will be a place for him in our College.

I received a letter from him a little while ago, which I have just answered, as follows:

"As you know I am hard at work trying to secure funds for the Chosen Christian College and in the approved list of things to be secured there is money for the operation of an Agricultural Department. We have not yet succeeded in securing this money but I hope that within the next few months our entire list will be completed. If not, then of course we look forward to securing funds for the Agricultural Department even after that time.

I would be very sorry if we could not use you when the time comes as I have had you in mind throughout all the years since you began studying in Vancouver. As soon as ever we have funds for the beginning of this work I shall want you to go to Korea, that you may spend a considerable time in getting a thorough knowledge of the language, because while the head of some other department might get along with a comparatively poor knowledge of the language, the head of the Department of Agriculture must be able to converse freely

so as to use the language in public speaking and in
conversation with Koreans in all parts of the country,
because his work will more closely touch the masses of
the people than will that of any other department.
Then as I said before, we will want you to study care-
fully the agricultural conditions of Korea so that
when we do open the department we can open it wisely
with the full knowledge of what the country really
wants.

Now I suppose that whenever the Faculty of the Chosen
Christian College feels the time has come when they can
ask the Canadian Board, which will be from now on,
the Board of the United Church of Canada, instead of
the Presbyterian Board, to send a teacher, instead of
the money they are now giving the College, in lieu of
the teacher, the Board in Canada will appoint you as
its missionary.

I am hoping that the securing of the endowment fund
which we are now seeking will make that possible in
a very short time.

I am now writing to Mr. Armstrong to ask him to give
me his judgment as to whether I can depend upon the
Board appointing you as soon as that time comes and
I am also writing to the Faculty of the College in Seoul,
Korea, asking them to let me know their judgment as
to whether the time has come when we can refuse the
Canadian Presbyterians substitute money in order that
you may be appointed.

Even while you are studying the language and acquaint-
ing yourself with the agricultural conditions and the
country's needs, there will be work on a small scale
for you along agricultural lines, in the use of the
fields, which we now possess, and perhaps in start-
ing on a small scale something in the line of dairying,
 poultry breeding and such things, - as you will realize
it will be necessary for us to start these things on a
small scale and move forward as experience teaches.

Rev. A. E. Armstrong, - - - - - - - 3-

What I have just written will enable you to realize that we are looking forward hopefully to the time when we can ask you definitely to go out to Korea. I note that in the meantime while you are ~~pursuing~~ your research work you devote certain time to bible study; that is very wise, as every missionary ought to have a good knowledge of the bible and be able to teach it in addition to the work he puts into his profession."

You will note that I said to him that I was of the opinion that the Board in Canada would be glad to appoint him as soon as the Faculty of the College let you know that they would prefer to have a Professor for the agricultural work appointed, rather than continue to receive the substitute money.

I am now writing to the Chosen Christian College Faculty asking them to let me know their judgment on this point, in the meantime will be glad to have a statement from you on the subject.

I note that today is the day set for your conference with the Foreign Mission authorities and of the continuing church and I pray that you may be all guided to wise decisions.

Sincerely yours,

ORA:E

59. 암스트롱이 에비슨에게

1925년 11월 1일, 2.

O. R. 에비슨 박사,
　5번가 156번지,
　　뉴욕시, 뉴욕주.

친애하는 에비슨 박사님:

당신의 10월 29일자 편지를 받고 나서 내가 세울 가장 좋은 계획은 맥켄지(F. F. McKenzie) 씨를 우리 선교부가 임명하는 문제에 관해 아무 의견도 표명하지 않은 채 우리 집행위원회가 앞으로 일주일이나 10일 안에 가질 회의에서 검토하는 것을 기다리는 것이라는 생각이 들었습니다. 그러므로 이 문제를 그들에게 제출하여 검토하게 하겠습니다. 연희전문학교에 잭(Jack)의 후임 교수 대신에 보내는 연 2천 불보다 더 많은 돈을 지출하는 것이 이 문제에 연루되어 있기 때문입니다.

물론 당신과 우리는 모두 평소에 하는 대로 반드시 신청서, 추천서들, 의료 증명서를 제출받아서 맥켄지 씨를 심의해야 합니다. 또한, 우리 [한국] 선교회와도 반드시 협의해야 할 것입니다. 맥켄지 씨를 당연히 선교회로 임명하여 선교회 안에서 [연전 교수] 업무를 배정받게 해야 할 것이기 때문입니다.

그러므로 우리 집행위원들이 [맥켄지를 한국으로 임명해달라는] 당신의 요청을 받아들인다면 (그리고 당신이 그 교수회로부터 [그의 교수 임명을] 찬성한다는 말을 듣는다면), 당신은 우리가 우리 선교회와 통신하는 것을 승인하겠습니까? 그들 가운데 일부가 세브란스의전에 보내는 것처럼 연희전문학교에 보내는 것에 찬성하지 않고 있고, 맨스필드 의사가 이미 그 선교회의 예산에서 연례 지급금을 많이 받고 있으므로, 그들은 "우리가 현장 사역에 한두 명을 더 보내게 될 때까지는 연희전문학교에 사람을 임명하지 말아야 한다"라고 말할 수도 있습니다.

우리가 노바스코샤의 버비지(W. A. Burbidge) 목사*를 한국에서 복음 전도사역을 하는 선교사로 임명한 사실을 당신에게 알렸었는지 확실하지 않습니다. 그는 원산의 앤더슨

(Anderson) 양과 약혼하였습니다. 그는 11월 28일 밴쿠버에서 출항합니다.

우리는 또한 선교회에 우리가 함흥의 교육 사역자로 임명할 예정인 그랜트(Earle S. Grant)에게 필요한 자금을 함흥 영생학교에 대한 지급금 안에서 충당할 수 있는지를 물었습니다. 우리는 한 달이나 그만한 시간 안에 그런 것에 대해 알게 될 것입니다. 버비지의 임명은 연합에 반대하여 명단에서 빠진 맥도널드(D. W. McDonald) 목사를 대신하도록 보낸 것일 뿐입니다. 그러므로 그랜트는 우리가 선교회로부터 그를 파송하도록 요청받으면 유일하게 교육 사역에 임명하는 사람이 됩니다.

만주에 있는 우리 사역을 연합반대파 교회에 넘겨야 한다면, 우리는 영(Young), 맥멀린(McMullin), 마틴(Martin)의 봉급을 지급하지 않아도 되고, 확실하지는 않지만 베시(Vesey)의 봉급도 그럴 수 있습니다. 그렇게 되면 우리가 틀림없이 2명이나 3명을 한국으로 임명할 수 있게 될 것인데, 어쩌면 맥켄지가 여기에 포함될 수도 있습니다. 당신이 상황을 이해하도록 이런 사실을 설명합니다.

당신은 편지에서 10월 29일이 선교지 분할 문제로 우리와 연합반대파가 여는 두 번째 회의일로 정해졌다고 언급하였습니다. 편지에 동봉된 그 회의에 관한 보고서를 보면 흥미로울 것입니다. 그것은 많은 정보를 알려주지 않도록 기록되어 있습니다. 사실은 연합반대파들 내부에서 의견의 불일치가 있어서 우리가 많이 나아가지 못하였습니다.

그랜트 박사는 "사역을 해롭게 하지 않거나 사역자들에게 불공정하지 않은 공정한 분할"을 원하였습니다. 그와 연대한 이 사람들은 "연합에 반대하는 교회 세력에 대한 합당한 고려"라는 문구가 추가되지 않으면 수용하지 않을 것입니다. 우리가 주장하는 바는 선교사들의 태도를 바탕으로 선교지역을 나누어야 한다는 것입니다. 그러므로 그들에게 캐나다연합교회 선교부와 협력하고 선교사들을 계속 둘 것을 제의하였습니다. 이는 그들이 각자 사역을 맡고 있고 각 교회가 그들의 선교사를 후원하고 있기 때문입니다. 우리는 협력을 계속 촉구할 것입니다.

Korea Mission Field 10월호는 세브란스의전을 알리는 내용으로 가득 차 있습니다. 그것의 마지막 페이지에서 에비슨 부인과 당신이 또 손자를 얻은 것을 보았습니다. 오늘부터 2달 전에 로이스 로슨(Joyce Rawson)*이 태어난 것을 축하합니다.

---

* 버비지(Wilfred A. Burbidge, 1897~1978)는 캐나다연합교회 선교사로 1925년 내한하여 원산과 성진에서 활동하고 1940년 귀국하였다. 그는 1926년 앤더슨(M. P. Anderdson)과 결혼하였다.

그다음 기사에서 벨(Bell) 박사의 사망 소식을 보게 되어 매우 유감입니다. 1918년 한국 교회 총회와 연합공의회에서 그를 만나 알게 되었는데, 그와 그의 가족이 당한 자동차 사고의 비극적인 사건을 기억합니다.

안부 인사를 드리며,

안녕히 계십시오.

AEA [A. E. 암스트롱]

출처: PCC & UCC

---

* 조이스 로슨은 에비슨 교장의 손녀이자 더글라스 에비슨의 둘째 딸로 1925년 9월 11일 태어났다.

2. Nov. 1. 1925.

Dr. O. R. Avison,
156 Fifth Avenue,
New York, N. Y.

Dear Dr. Avison:

I received your letter of Oct. 29th, and I think my best plan is to venture to express no opinion on our Board appointing Mr. F. F. McKenzie, but to await consideration by our Executive at its next meeting in a week or ten days. I shall therefore submit it for their consideration, as it involves a larger expenditure than the $2,000 per annum which we now pay to Chosen Christian College in lieu of having a successor to Mr. Jack on the staff.

Of course both you and we have to consider Mr. McKenzie in the usual way of requiring application, testimonials and medical certificate. I suppose also our Mission should be consulted, as Mr. McKenzie would naturally have to be appointed to the Mission in order to have a seat on the Council.

Would it meet with your approval therefore, in case our Executive falls in line with your request, (and in case you hear favourably from the Faculty) for us to correspond with our Mission? As some of them are not as favourable to Chosen College as to Severance College, and as Dr. Mansfield has already involved the Mission in a larger annual estimate in their budget, there is the possibility that they may say that we should not make an appointment of a man to Chosen College until we have sent one or two more men for the work in the field.

I am not sure that I have reported to you that we have appointed Rev. W. A. Burbidge of Nova Scotia to evangelistic work in Korea. He is engaged to Miss Anderson of Wonsan. He will sail from Vancouver, Nov. 28th.

We have also asked the Mission if they can finance within the grant to Hamheung Academy, a man, Mr. Earle S. Grant, whom we are ready to ap-

point to that educational position. We shall know
about that in a month or so. Mr. Burbidge simply
takes the place of Rev. D. W. McDonald who is off
the list through non-concurrence, and Mr. Grant is
therefore the only educational appointment if the
Mission advises us to send him.

Should our work in Manchuria be handed over to
the non-concurring church, we would be released
from payment of the salaries of Mr. Young, Mr. Mc-
Mullin, Dr. Martin, and possibly though not certain-
ly, Mr. Vesey. That ought to enable us to appoint
two or three new men to Korea, perhaps including
Mr. McKenzie. I give you these facts that you may
understand the situation.

You referred to your writing on the day, Oct.
29th, set for our second conference with the Antis
over division of our fields. You will be interested
in the enclosed report of that conference. It is
worded in such a way that there is not much in-
formation to be gained from it. The fact is that
we did not get very far, as there was disagreement
among the Anti-Union representatives themselves.

Dr. Grant wanted, "a fair division without in-
jury to the work or injustice to the workers."
This his associates would not accept without adding,
"with due consideration to the strength of the non-
concurring church." Our contention is that the di-
vision should be made on the basis of the attitude
of the missionaries, and so we offered co-operation
with them, with a joint Board in Canada and the mis-
sionaries continuing as they are with their work,
each church supporting those who adhere to it. We
shall continue to urge co-operation.

The October "Korea Mission Field" is full of
information concerning Severance. On the last
page I note that Mrs. Avison and you are grand-
parents again. Congratulations on the arrival of
Joyce Rawson two months ago today.

I am very sorry to see that the next item re-
ports the death of Dr. Bell. I got to know him at
the Korea General Assembly and the Federal Council
in 1918, and I recall the tragic event of the motor
car accident in which he and his family were involved.

With kind regards, I am

Very sincerely yours,

A:DML

60. 에비슨이 서덜랜드에게

5번가 156번지, 뉴욕시

1925년 11월 11일

조지 F. 서덜랜드 박사, 회계,

기독교 교육을 위한 협력이사회,

5번가-150번지,

뉴욕시.

친애하는 서덜랜드 박사님:

세브란스연합의학전문학교의 건축공사 기금으로 뉴욕시 5번가 295번지에 있는 매기 카페트 회사(Magee Carpet Company)의 맥카딘(Howard McCaddin) 씨가 보낸 수표를 당신에게 보냅니다.

당신이 이 금액에 대한 공식 수령증을 그에게 보내고 내 사무실에 사본을 보내주겠습니까?

또한, 당신에게 세브란스연합의학전문학교의 건축공사 기금으로 뉴욕 주 오네이다(Oneida)의 루비(R. B. Ruby) 씨가 보낸 현금 20불을 보냅니다.

당신이 그에게 수령증을 보내고 내게 사본을 보내주겠습니까?

안녕히 계십시오.

O. R. 에비슨

출처: UMAC

**CHOSEN
CHRISTIAN COLLEGE**

O. R. AVISON, M. D., L. L. D
PRESIDENT
H. H. UNDERWOOD, PH. D.

SEOUL, KOREA

**SEVERANCE
UNION MEDICAL COLLEGE**

TRANSFERRED

UNDER

COOPERATING BOARD OF CHRISTIAN EDUCATION IN CHOSEN

NEW YORK CITY

REPRESENTING
THE FOLLOWING FOREIGN MISSION
BOARDS AND COMMITTEES

PRESBYTERIAN IN U. S. A.
PRESBYTERIAN IN U. S.
METHODIST EPISCOPAL
METHODIST EPISCOPAL SOUTH
UNITED CHURCH OF CANADA

JOHN T. UNDERWOOD
CHAIRMAN OF BOARD
JOHN L. SEVERANCE
CHAIRMAN OF FINANCE COMM
ALFRED GANDIER
E. H. RAWLINGS
VICE-CHAIRMEN OF BOARD
ERNEST F. HALL
156 FIFTH AVE., N. Y.
SECRETARY
GEO. F. SUTHERLAND
150 FIFTH AVE., N. Y.
TREASURER

156 FIFTH AVE., NEW YORK CITY

November 11, 1925

NOV 13 AM

Dr. Geo. F. Sutherland, Treasurer,
Cooperating Board for Christian Education,
150-5th Ave.,
N. Y. City.

Dear Dr. Sutherland:

I am sending you a check for the work
of the Severance Union Medical School Building Fund, from
Mr. Howard McCaddin, Magee Carpet Company, 295 Fifth Ave.,
N. Y. City.

Will you kindly send him your official
check for this amount and duplicate to my office?

I am also sending you $20.00 cash received
for the work of the Severance Union Medical School Building
Fund, from Mr. R. B. Ruby, Oneida, N.Y.

Will you kindly send him receipt and duplicate
to me?

Sincerely yours,

ORALE

Encs.

O R Avison

61. 암스트롱이 에비슨에게

1925년 11월 12일, 2.

O. R. 에비슨 박사,
  5번가 156번지,
    뉴욕, 뉴욕 주.

친애하는 에비슨 박사님:

맨스필드(Mansfield) 의사가 보낸 편지를 동봉합니다. 내가 답장해야 할 문제를 당신은 어떻게 판단하는지에 대해 설명해주시면 좋겠습니다. 그에게 봉급을 더 많이 줄 가망성은 전혀 없습니다. 선교회의 건의로 우리가 2백 불을 보너스로 주었는데, 선교회가 그보다 더 많이 주라고 건의하리라고는 생각되지 않습니다.

당신의 이사회는 자녀가 5명 이상일 때 자녀 수당을 주지 않는다는 것은 사실이 아니지요? 맨스필드는 아이들이 성장하면서 양육비가 더 늘어날 것입니다. 그가 특별히 공중위생에 종사하는 자리에 있는 까닭에 미국에서 지내야 하는지 그러지 말아야 하는지를 진지하게 고려했더라면 더 좋았으리라는 나의 개인적인 견해를 그에게 [선교부] 총무로서가 아니라 친구로서 피력하려 하는데, 당신은 이에 찬성하겠습니까? 물론 그렇게 되면 우리에게 공백이 생겨서 채워야 할 필요가 생기지만, 이를 위해 고려할 사람은 두 명, 곧 그리어슨(Grierson) 의사와 마틴(Martin) 의사뿐입니다.* (마틴은 우리[연합교회] 안에서도 장로교인으로 있었을 때처럼 기꺼이 세브란스의전에서 일할 것이 확실하기 때문입니다.) 당신은 내가 맨스필드 의사에게 대답하기 전에 당신의 생각을 알아야 하는 것이 얼마나 중요한지를 이해할 것입니다.

한편에서 맥케이 박사가 그에게 친절한 위로의 편지를 쓰면서 우리로부터 먼저 설명을 듣고 나서 그의 문제에 분명한 답변을 주겠다고 설명하고 있습니다.

---

* 이들은 교회 연합에 순응하여 캐나다연합교회 선교부 밑에서 사역을 계속하였다. 그리어슨(Robert G. Grierson, 1869~1965)은 캐나다장로회 의료선교사로 1898년 내한하여 원산, 성진, 함흥에서 활동하면서 성진 제동병원과 보신학교를 설립하고 1934년 귀국하였다.

안녕히 계십시오.

AEA [A. E. 암스트롱]

2. November 12,1925.

Dr. O. R.Avison,

     156 Fifth Av.,

     New York, N.Y.

Dear Dr. Avison:

       I enclose aletter from Dr. Mansfield, and
would like your judgment upon the answer I should send.
I cannot hold out any hope for his getting more salary.
The Mission Council recommended and we granted $200 bonus,
but I do not think the Council will recommend anything more
than that.

       Is it not true that your Board give no
children's allowance for more than five children ? Dr.
Mansfield's children will be getting more expensive as they
grow older. Would you favor my giving him my personal
opinion as a friend,rather than as a secretary,that he had
better consider seriously whether or not he should remain
in the United States especially as he has a position in
Public Health? In that case, of course, we would have a
vacancy to fill and only two men to consider for it--
Drs. Grierson and Martin (for I am sure Martin would serve
under us in Severence as readily as under the Presbyterians).
You see how important it is that I should know your mind
before I answer Dr. Mansfield.

       In the meantime Dr. MacKay is writing a
kindly letter of sympathy and stating that he will hear
later from us giving definite answer to his problem.

       Yours sincerely,

AEA/C

62. 에비슨이 암스트롱에게

5번가 156번지, 뉴욕시
1925년 11월 14일

A. E. 암스트롱 씨,
컨페더레이트 라이프 챔버스 439호,
토론토, 온타리오,
캐나다.

친애하는 암스트롱 씨:

맨스필드 의사의 편지와 해외선교사역 공동위원회(Joint Committee of Foreign Mission Work)의 회의 보고서가 동봉된 당신의 12일자 편지를 오늘 오전에 받았습니다. 당신의 11월 10일자 편지도 어제 받았습니다.

11월 10일자 편지에 관해 말하자면, 맥켄지(McKenzie) 씨를 임명하려면 물론 일반적인 절차에 따라 그의 신청서를 심의해야 할 것입니다. 당신이 [한국 캐나다] 선교회와 통신하여 상의해볼 필요가 있다고 생각한다면, 그렇게 하지 말아야 할 이유는 없습니다. 선교사 가족 한 곳을 후원하는 데는 당연히 매년 2천 불 이상이 필요할 것입니다. 그러나 다른 한편으로 당신은 선교사 1명을 당신의 선교회를 대표하는 교수로 보내는 것을 선호하리라는 점도 이해되고, 우리가 그런 사람을 대신하여 연 2천 불을 계속 받는 것은 그 선교사 교수가 맡을 특별한 자리가 생기지 않은 때만 일시적인 편법으로 할 일이었다는 점도 이해됩니다. 당신이 생각해보도록 이런 관점을 당신께 제시합니다.

나는 물론 당신의 선교사들은 이 문제를 어떻게 보고 있는지를 모르지만, 나로서는 그들이 협력하는 학교의 교수진에 자신들의 대표를 두는 편을 더 좋아하리라고 생각할 수밖에 없습니다. 그러나 이 문제를 여러 각도로 다루어 모든 사람에게서 진심 어린 승인을 받도록 해결할 시간은 충분히 있습니다.

당신들의 만주 사역이 연합반대파 교회로 이관될 가능성이 있는 점을 주목합니다. 그렇게 되면 어떤 봉급들은 지급하지 않아도 될 것입니다. 그러면 당신이 지급하지 않은 것으로 대학들과 [교수 파견문제를] 조정하기가 더 쉬워질 것입니다.

조이스 로슨(Joyce Rawson)의 출생에 대해 다정한 말씀을 해준 당신께 감사합니다. 더글라스와 그의 가족이 내년에 안식년을 맞아 미국에 올 것입니다.

맨스필드 의사에 관한 당신의 11월 12일자 편지에 대해 말하자면, 맨스필드 의사가 당뇨병으로 위협받고 있다는 말을 듣게 되어 실로 매우 유감이지만, 그것이 매우 일찍 발견되었기 때문에, 발현되는 추세를 극복하기가 아주 힘들지는 않을 것입니다. 물론 그가 건강을 크게 잃게 된다면, 한국보다 이 나래[미국]에 있는 편이 훨씬 더 나을 것입니다.

자녀 수당에 관한 우리 이사회의 규칙에 대해 말하자면, 내가 옳게 대답할 수 있도록 방금 알아보았습니다. 현행 규칙에서는 자녀의 수를 따지지 않으며, 10세까지의 자녀에게는 각각 매년 2백 불을 제공하고, 10세에서 21세까지는 매년 3백 불을 제공합니다. 5명까지의 제한 규정은 철폐되었습니다.

21세까지 매년 3백 불을 주는 것에 관해 말하자면, 이 규칙에 조건이 있는데, 그것은 그 나이가 될 때까지, 학교나 대학에서 계속 공부하고, 미혼이며, 다른 생계 수단이 없는 것입니다.

당신이 그에게 미국에 체류하는 것을 진지하게 숙고해보라고 개인적으로 조언해야 할지 하지 말아야 할지에 대해 내 견해를 구한 것에는 어떻게 대답할지 모르겠습니다. 이 문제에 관해 내가 당신에게 어떤 제안을 하면 그것이 무엇이든지 간에 그는 자신이 근무한 대학의 교장이 한 것으로 생각할 것이고 그러면 내가 매우 곤란해질 것이기 때문입니다. 나는 당신에게 빈번히 편지로나 말로 그가 우리 병원과 임상 사역의 조직화를 매우 훌륭하게 성취하였고 그가 "세브란스"에서 떠나면 많은 사람이 이를 사역에 심각한 장애를 초래하는 일로 간주할 것으로 알고 있다고 말해왔습니다. 그런데도 그는 자신의 재정적인 어려움에 대해 자주 내게 이야기하면서 물러나는 것 외에 다른 대안은 없는 것 같다고 말하였습니다. 해마다 그가 더 많은 빚을 지는 것을 보았고, 그의 개인 사정을 내가 알고 있으며, 나도 선교지에서 대가족을 이끌어온 경험이 있으므로, 그가 부담 없이 사역을 계속할 수 있게 하려면 어느 재원을 의지해서든지 그의 수입을 크게 늘려줄 필요가 있다고 확신합니다. 그러므로 당신이 그 어떤 직·간접적인 수단을 써서라도 그의 수입을 크게 늘려주는 것이 불가능하다면 나는 그를 위해서나 당신을 위해서나, 세브란스의전의 필요는 불문하고, 그가 선교지에서 물러나는 편이 그에게 좋을 것이라고 부담 없이 말해도 될 것입니다. 당신의 선교부가 어떤 공식적인 결정을 내리기 전에 당신이 총무로서가 아니라 그에게 관심을 가진 개인으로서 그에게 우호적인 편지를 써서 그의 재정 상황을 심각하게 고려한 결과 그가 해외 선교사역에서 물러나 미국에서 머무는 것이 지혜로울 것이란 확신이 들었다고 조언하는 것이 당신의 신뢰를 전달하는 한 방법이 될 것입니다.

당신이 이런 판단을 내릴 때 당신은 [위의 조언이] 선교지로부터, 더 특별히는 그의 세브란스 동료들에게서 들은 어떤 좋지 않은 비판에 근거하지 않고, 전적으로 본인이 당신에게 선교부로부터 받은 봉급으로 가족을 이끌 수가 없다고 말한 것과 당신 자신이 선교부는 그의 경우에 요청되는 봉급 문제에서 예외를 둘 수 없다고 확신하는 것에 근거하고 있다고 설명할 수 있습니다. 그러므로 다른 대안은 없는 것 같습니다. 더 나아가 만일 그가 자기의 과거 경험으로 인해 그의 현재 건강이 위협받는 뜻밖의 결과가 야기되었다고 믿고 있다면, 그를 다시 같은 여건 아래 두거나 그의 아이들이 성장함에 따라 겪게 될 것이 확실한, 훨씬 더 어려운 조건 아래 두는 것은 매우 현명치 않아 보입니다.

당신이 내게 보냈던 맨스필드 의사의 편지를 보관하고 싶어 할 것이라고 믿기 때문에, 그것을 동봉합니다. 나도 그에게 편지를 쓸 터이지만, 그가 [본국에] 귀국한 후에 내게 편지를 쓴 적은 없었어도. 만일 내게 그의 주소가 있었더라면 오래전에 썼을 것입니다.

여러 가지 일로 내게 편지를 보내준 당신께 감사합니다.

안녕히 계십시오.

ORA [O. R. 에비슨]

출처: PCC & UCC

CHOSEN
CHRISTIAN COLLEGE

O. R. AVISON, M. D., L L D
PRESIDENT
H. H. UNDERWOOD, PH. D.

SEVERANCE
UNION MEDICAL COLLEGE

SEOUL. KOREA

UNDER

COOPERATING BOARD OF CHRISTIAN EDUCATION IN CHOSEN

NEW YORK CITY

REPRESENTING
THE FOLLOWING FOREIGN MISSION
BOARDS AND COMMITTEES
PRESBYTERIAN IN U. S. A.
PRESBYTERIAN IN U. S.
METHODIST EPISCOPAL
METHODIST EPISCOPAL SOUTH
UNITED CHURCH OF CANADA

JOHN T. UNDERWOOD
CHAIRMAN OF BOARD
JOHN L. SEVERANCE
CHAIRMAN OF FINANCE COMM
ALFRED GANDIER
H. RAWLINGS
VICE-CHAIRMAN OF BOARD
ERNEST F. HALL
156 FIFTH AVE., N. Y.
SECRETARY
GEO. F. SUTHERLAND
150 FIFTH AVE. N. Y.
TREASURER

156 FIFTH AVE., NEW YORK CITY

November 14, 1925

Mr. A. E. Armstrong,
439 Confederate Life Chambers,
Toronto, Ont.,
Canada.

My dear Mr. Armstrong:

Yours of the 12th was received this morning
with its enclosed letter from Dr. Mansfield and the report of the
conference of the Joint Committee of Foreign Mission Work. I also
received your letter of November 10th yesterday.

Referring to the letter of November 10th, with
relation to Mr. McKenzie's appointment, of course, his application
would have to go through the usual routine and if you think it
necessary to correspond with your Mission there is no reason why
that should not be done. Naturally it will require a greater ex-
penditure than $2,000 per annum to support a Missionary family, but
on the other hand I also understand that you would prefer to have
a Missionary on the faculty representing your Mission and that the
acceptance by us of the sum of $2,000 per year, in lieu of such
personal was a temporary expedient to continue only until such time
as the faculty had no special place open for the missionary teacher.
This point of view I suggest to you for consideration.

While I do not know, of course, what your
Missionaries' views on this would be, I cannot but think that they would
prefer to be represented on the faculty of the institution with
which they are co-operating. There is time enough, however, to
take up this matter from all sides and settle it in a way that will
meet the cordial approval of everyone.

I note that there is a possibility of your
work in Manchuria, being turned over to the non-Korean church
in which case certain salaries would be released, which would make
it easier for you to adjust your release with the Colleges.

Thank you for your kind reference to the
arrival of Joyce Rawson. Douglas and his family will come to
America on their furlough next year.

Mr. A. E. Armstrong, - - - - - - - - - -2-

In reference to your letter of November 12th, referring to Dr. Mansfield I am very sorry indeed to learn that Dr. Mansfield is threatened but it should not be very difficult to overcome the tendency which has manifested itself as it has been discovered so early. Of course if his health is going to be impaired it would be much better for him to be in this country than to be in Korea.

In reference to our Board's rule for children's allowances I have just made inquiry in order that my answer may be correct and the present rule has provided $200 per year for each child up to ten years of age and $300 per year from 10 to 21, without reference to the number of children. The limitation to five has been cut out.

In regard to the $300 per year up to 21 years of age- this is conditioned only upon the children continuing in school or college till that age, remaining unmarried and not having any other means of livelihood.

I do not know just how to answer your request for my opinion as to whether you should personally advise him to consider seriously his remaining in the United States because any suggestion that I may give to you on this subject would be considered by him as being given by the President of his College and that would be rather embarrassing for me. I have frequently told you both by letter and by word that he had accomplished a very good job of organization in our hospital and clinic work and I know his withdrawal from "Severance" would be regarded by many as a serious handicap to the work. Nevertheless he has often spoken with me concerning his financial difficulties and said there seemed to be no alternative but withdrawal, as each year saw him sink more deeply into debt, so that from my knowledge of his personal affairs and my own experience in bringing up a large family on the Mission Field I am convinced that it would require a considerable addition to his income, from whatever source, to enable him to continue in the work with a free mind. I feel,therefore, that both for his sake and yours and without any reference to the needs of the Severance Institution I can freely say that unless you are able by some means, direct or indirect, to increase his income to a considerable extent it would be to his interest to withdraw from the Mission Field. Preliminary to any official action by your Board I think a friendly letter from you, not as Secretary, but as a person interested in him, advising him that serious consideration of his financial circumstances has convinced you that it would be wise for him to withdraw from Foreign Mission work and remain in the United States

Mr. A. E. Armstrong, - - - - - - - -3-

You can explain that this judgment on your part is not based on any adverse criticism from the field and more especially from the Severance Colleagues but is entirely founded on his own statements to you of his inability to carry his family on the salary given by the Board and on your own conviction that the Board cannot make such an exception as to salaries as his case would call for and therefore there seems to be no alternative. Furthermore if he believes his former experiences have had a causal effect in bringing about the present threat to his health it would seem very unwise for him to be again Subjected to the same conditions or even more difficult ones as would be certain to occur as his children grew older.

I am enclosing the letter from Dr. Mansfield which you sent me as I am sure you will want it for your own files. I will write him also and would have done so long ago had I his address, although he has not written me since his return.

Thanking you for your various communications, I am,

Very sincerely yours,

ORA:E
Enc.

63. 암스트롱이 에비슨에게

1925년 11월 18일, 2.

O. R. 에비슨 박사,
   5번가 156번지,
      뉴욕시.

친애하는 에비슨 박사님:

맨스필드 의사에 관해 현명한 조언을 해준 당신의 훌륭한 11월 14일자 편지에 대해 크게 감사드립니다. 총무로서가 아니라 친구로서 그에게 편지를 쓰고, 당신에게 그 사본을 보내겠습니다.

당신은 그의 편지를 동봉해서 내게 보낸 줄로 생각하였지만, 동봉되어 있었던 것은 당신에게 보낸 나의 편지였습니다. 그것을 당신에게 돌려보내면서 맨스필드 의사의 편지를 내게 보내주기를 요청합니다.

맥켄지(McKenzie) 씨에 관해 말하자면, 당신이 농과를 개설할 때가 오면 우리가 맥켄지를 임명하기 위해 최선을 다하겠다는 말을 하기로 어제 우리 집행위원회가 결정하였습니다. 물론 그의 신청서와 추천서들이 만족스러워야 한다는 조건에서 그렇습니다. 당신이 그와 밀접하게 접촉해왔기 때문에 그 문서들이 만족스러울 것은 의심의 여지가 없을 것입니다. 그는 당신이 원하는 유형의 사람으로서도 만족스러운 인물인 것 같습니다.

집행위원회는 이 문제에 대한 우리 생각을 내가 한국 선교회에 알려야 한다고 결정하였습니다. 맥켄지가 임명되면 캐나다[연합교회] 선교회의 다른 선교사들과 같은 위치에 있어야 하기 때문입니다.

따뜻한 안부 인사를 드립니다.

안녕히 계십시오.

AEA [A. E. 암스트롱]

출처: PCC & UCC

.2. Nov. 18, 1925.

Dr. O. R. Avison,
    156 Fifth Avenue,
        New York City.

Dear Dr. Avison:

    Thanks very much for your good letter of Nov. 14th with
its wise counsel concerning Dr. Mansfield. I shall compile a
letter to him as a friend, not as a secretary, and will send
you a copy of it.

    You thought you enclosed his letter to me, but the one
that was enclosed was my letter to you which I return with the
request that you kindly send me Dr. Mansfield's letter.

    About Mr. McKenzie——our Executive yesterday decided to
say that when the time comes for you to start a department of
agriculture, we shall do our best to appoint Mr. McKenzie,
provided of course that his application and testimonials are
satisfactory as they, no doubt, will be since you have been
in close touch with him, and seem satisfied that he is the
man you want.

    The Executive decided that I should inform the Korea
Mission of our thought in this matter as Mr. McKenzie if
appointed should have the same standing as other mission-
aries in the Canadian Mission.

        With kind regards, I am

                    Yours sincerely,

AEA/PMP

64. 오웬스가 에비슨에게

O. R. 에비슨 박사,

해외선교부,

5번가 156번지,

뉴욕시, 뉴욕주.

친애하는 에비슨 박사님:

테일러(Taylor)가 바로 얼마 전에 스클라 제조회사(J. Sklar Manufacturing Co.) 측과 대리인 문제로 면담한 일에 관해 당신에게 편지를 썼습니다. 그런데 그는 당신에게 쓴 그 편지의 사본을 어제 어디에 두었는지 찾지 못하였습니다.

그가 내게 우리의 [의료] 기구 구입처인 리드 형제(Reid Bros.)가 스클라 제품들을 취급하면서 우리에게 10% 할인된 제품 목록을 제공해왔는데 우리가 직접 거래하면 50% 싸게 구할 수 있다고 말하였습니다. 어느 곳이든 우리가 직접 거래할 수 있다면 물론 우리에게 이득입니다.

우리에가 지금 주문할 것이 몇 가지 있는데, 특별히 머레이(Murray) 의사, 비거(Bigger) 의사, 호이트(Hoyt) 의사, 그 밖에 한두 명이 더 주문을 요청하였습니다. 우리는 반버스커크(VanBuskirk) 의사와 상의한 후에 당신에게 주문서를 보내 당신이 스클라에 주문하게 하고, 주문받을 가능성이 있는 물품들을 비축하기 위해 또 다른 주문서도 보내기로 결정하였습니다.

스클라 회사 사람들은 주문 개시 금액으로 5백 불을 원하고 있고, 우리는 그 금액을 최소한으로 낮추기를 바라고 있습니다. 우리는 꼭 필요한 것을 주문하도록 재고품 주문에서 어떤 품목들을 뽑아 5백 불에 맞추기로 하였습니다.

테일러는 자기와 러들로(Ludlow) 의사 두 사람이 카탈로그를 살펴서 우리 외과 교직원이 사용할 것과 전국의 병원들에서 사용할 것을 함께 추려냈다고 말하고 있습니다. 그에 따라 내가 취급할 일은 그 문제를 다루는 방법입니다. 그 5백 불에 맞추기 위해 품목들을 선정할 때 바늘, 지혈 겸자, 가위를 우선 선정해주기 바랍니다. 그것들은 기본 물품이고 항상 요청되는 것입니다. 덜 요청되는 다른 기구들은 다음번에 주문해야 합니다. 리드 형제 회사의 카탈로그 목록에 있는 숫자는 스클라의 것과 같다고 합니다.

우체국 소포로 보내면 더 편리한 수술 바늘과 다른 어떤 소형 물품들은 그런 식으로 와야 합니다. 사실 우리는 지금 수술 바늘이 없으므로 반드시 공급받아야 합니다.

스클라 쪽에서 서덜랜드 박사에게 60일의 여유를 준다면, 그에게 도움이 되겠지만, 나는 적어도 이번 달 수입에서 적어도 5백 불은 쓸 수 있다고 생각하므로 임금으로 쓸 자금 8천 원이 확보되면 곧바로 그에게 송금하겠습니다.

안녕히 계십시오.

H. T. 오웬스

1183번과 1184번 주문서에 진짜 주문 품목이 들어있습니다. 1185번과 1186번 주문서는 없애도 됩니다.*

출처: UMAC

---

* 이 주문서들은 본 자료집의 앞부분에서 사진 자료로 확인할 수 있다.

November 18, 1925.

Dr. C. R. Avison,
c/o Board of Foreign Missions,
156 Fifth Avenue,
New York, N.Y.

Dear Dr. Avison:

Mr. Taylor wrote you not long ago about interviewing the firm of J. Sklar Manufacturing Co. on the question of an agency, though yesterday he could not locate the copy of his letter to you.

He tells me that Reid Bros., from whom we have been buying instruments, handles the Sklar line, and have been giving us 10% off list whereas by dealing direct we can get 50%. It is of course to our advantage to deal direct wherever we can.

We have several orders in now for instruments, especially from Dr. Murray, Dr. Bigger, Dr. Hoyt and one or two more. After consultation with Dr. VanBuskirk, we have decided to send you these orders to place with Sklar, together with another order for stock part of which may be placed

The Sklar people want an opening order of $500.00, and it is our desire to keep it down to this minimum. We propose to place the bona fide orders and then out of the stock order certain items should be selected to make up the $500.00.

Mr. Taylor says that he and Dr. Ludlow went over the catalog and together picked out what our surgical staff would use and what would be used by hospitals throughout the country. That is a method of handling the matter that I would have followed myself. However, in selecting the items to make up the balance of the $500 please give preference to needles, hemostats and scissors which are staple goods and always being called for, letting the other instruments for which there may be less call await further orders. *The numbers are from Reis Bro. catalog but they are said to be the same as Sklar's.*

The needles and any other small goods that it would be more profitable to send by parcel post should come that way. In fact, we are out of needles now and ought to have a supply.

If Sklar will give Dr. Sutherland 60 days dating that would be of help to him, but I feel I can release at least $500 from this month's receipts and will remit to him as soon as our payroll of Y8,000 is covered.

Very sincerely,

H. T. Owens

Sheets #1183 and 1184 contain the bona fide orders. Sheets 1185 + 6 can be cut down.

65. 에비슨이 맨스필드에게

1925년 11월 21일

T. D. 맨스필드 의사,
앨러미다 카운티 보건소,
이스트 11번 스트리트 121번지,
오클랜드, 캘리포니아.

친애하는 맨스필드 의사님:

당신이 미국에 도착한 이후에 당신으로부터 아무 연락을 받지 못하여 종종 소식이 궁금하였습니다. 주소를 몰라 당신에게 편지를 쓸 수 없었습니다. 캐나다장로회 선교부에 한 차례 이상 주소를 물어보았지만, 그들은 당신이 도착한 이후에 당신으로부터 아무 말도 듣지 못하여 행방을 모르고 있었습니다. 며칠 전 암스트롱 씨가 당신으로부터 소식을 받았다고 말하여 내가 당신의 편지에 아주 깊은 관심을 보이자 그 편지를 보게 해주었습니다. 그래서 당신의 주소를 알게 되었고, 당신이 안타깝게 당뇨병에 걸린 것을 발견한 사실도 알게 되었습니다. 당신이 그들에게 경제적인 어려움을 알린 것도 나는 주목합니다.

암스트롱 씨는 당연히 내가 어떻게 판단하는지를 물었습니다. 이는 그가 이런 방면에서 당신이 겪는 어려움을 내가 더 잘 아는 줄로 이해하고 있고 전에 내가 그곳 사무실에서 그 문제에 관해 대화한 적이 있었기 때문입니다.

첫 번째로 당신이 봉급을 받는 자리를 구해서 얼마 동안이나마 곤란한 형편에서 크게 벗어나게 되어 매우 기뻤다는 사실을 말씀드립니다. 두 번째로 평생 조심해야 할 수도 있고 치료가 필요하며 지나친 염려와 과로에서 벗어날 필요가 있는 당뇨병에 걸릴 위험성을 알게 된 것에 대해 매우 큰 슬픔을 표하고 싶습니다. 세 번째로 당신의 재정 문제에 관해 암스트롱 씨에게 말했던 것을 당신에게 말해주고 싶습니다.

세 번째 사항을 말하기 시작하자면, 나는 그에게 이전 회의에서 길게 말하였던 내용, 즉 당신의 재정 문제에 관해 한국에서 당신과 오랜 시간 나눴던 대화 내용을 간단히 말해주었습니다. 그것은 한국에서 대가족을 거느렸던 나의 경험으로 보면 당신이 지인의 기부금이나 선교부의 보너스로는 충분히 채울 수 없는 선교사 봉급으로 생활하면서 아이들을 교육할 수 있으리라고 생각하지 않는다는 내용이었습니다. 여기에서 추론되는 것은 그 결과 당신이 선교사의 평균적인 생활 수준보다 훨씬 이하에서 살거나 기부금을 받아 봉급을 보충하든지 더 많은 봉급을 받든지 선교사역을 중단하든지 하지 않으면 아이들을 교육하지 않고 방치하는 것을 피할 수 없게 된다는 것입니다.

수준 이하로 생활하는 어려움을 겪을 것이 분명하고, 아이들을 교육하지 않고 버려둘 수 없는 것도 명백합니다. 기부금과 보너스를 기대할 수 없다는 것을 당신이 경험을 통해 깨달은 바와 같이 선교부가 당신에게 봉급을 다른 사람들보다 더 많이 주거나 충분한 보너스를 계속 줄 수 없는 것은 분명합니다.

다른 한편으로 당신이 많은 세월 동안 숱한 어려움을 겪으면서도 임무를 수행해온 것은, 그만큼 대의를 위해 헌신해왔으므로, 사임을 피하게 해주는 것이 바람직하다는 점을 입증하는 가장 강력한 증거입니다. 그렇지만 이런 상황이 계속되어 당신이 건강을 잃을 가능성과 지속적인 염려에서 벗어날 필요에 직면해 있다면, 내가 어찌 무모하게 당신에게 계속 있어 달라고 제안하겠습니까? 그것은 전혀 배려심이 없는 짓이 될 것입니다. 그래도 "세브란스"의 입장에서 나는 교수회의 일원이고, 특별히 학교를 매우 신실하게 섬겨왔고 병원과 임상 사역을 신중하게 조직하여 그처럼 희망적인 기반 위에 세워온 당신에게 사임을 조언하기가 매우 싫습니다. 그러나 "세브란스"의 교수들처럼 당신이 사임할 필요가 있는 것을 내가 많이 애석해할지라도, 당신을 후원할 준비가 되어있지 않은 여건에서 당신과 당신 가족에게 계속 있으라고 촉구하는 것은 당신에게 참으로 불친절한 일이 될 것으로 생각합니다.

이 편지를 쓰는 일이 내게 고통스러운 일이므로 길게 쓰지는 않겠지만, 현재의 여건을 고려하여 말하는 것이 내게 주어진 단 하나의 일이라고 생각됩니다.

당신을 우리 교직원으로 두게 되어 항상 기뻤고, 내가 당신의 계획에 당연하게도 항상 찬동하지는 않았을지라도 나중에 성취된 결과를 알고 나서는 자주 기뻐하였습니다. 또 다른 사람을 경험을 쌓고 언어를 익히도록 "기르는" 일은 많은 시간이 걸리겠지만, 당신이 그런 큰 고난에 오랫동안 맞서서 계속 분투하는 것을 보는 것만큼 고통스럽지는 않을 것입니다.

피셔(Fisher)의 가족과 밀러(Miller)의 가족이 이곳에 있습니다. 피셔와 밀러는 컬럼비아 대학에서 공부하고 있습니다. 밀러 부인은 이번 주에 캘리포니아로 떠납니다. 나의 부인이 나와 함께 당신의 가족 모두에게 진심으로 행운을 빌고 있습니다.

당신이 내게 편지를 쓰기를 바라고, 당신이 "세브란스"에서 계속 있을 수 있게 할 일이 생기면 알려주기를 바랍니다.

당신을 위협하는 당뇨병이 구조적이 아닌 기능적인 것으로 전환되기를 희망합니다.

이용설 의사가 지난여름 노스웨스턴대학에서 의사 시험을 통과하고 뉴욕에서 럽처드 앤 크리플드(Hospital for Ruptured and Crippled) 병원의 인턴으로 있으면서 정형외과를 전공하고 소아마비에 걸린 어린이의 손발 기능을 회복하는 수술을 하고 있습니다.

모든 행운을 빕니다.

안녕히 계십시오.

O. R. 에비슨

출처: PCC & UCC

November 21, 19.5

Dr. T. D. Mansfield,
The Public Health Center of Alameda County,
121 East 11th St.,
Oakland, Calif.

Dear Dr. Mansfield:

I have wondered often why I have received no
communication from you since you arrived in the U.S.A. I
could not write you because I had not your address. I asked
the Canadian Presbyterian Board for it more than once but they
had not heard from you since just after your arrival and so
did not know your whereabouts. However, a few days ago I received
from Mr. Armstrong that he had heard from you and as your letter
was one that interested me so deeply he allowed me to see it and
so I got your address and also learned of your distressing dis-
covery that you had sugar in your urine. I noted also that you
were bringing before them your financial difficulties.

Naturally Mr. Armstrong asked me for my
judgment as he knew I was familiar with your difficulties along
this line and the office had talked with me about them before.

In the first place let me say I was very glad
to note that you had secured a position the salary from which
will in large measure relieve your temporarily from embarrass-
ment. In the second place I want to express my very great sorrow
at learning of the diabetic danger with its implication of possible
lifelong carefulness and need for treatment and for freedom from
undue anxiety and overwork. In the third place I want to tell
you what I said to Mr. Armstrong about your finances.

To begin with the third item, I told him
briefly what I had said at length in previous conferences the
substance of conversations I had had with you in Korea about
your finances viz: that from my own experience in bringing up a
large family in Korea I did not believe you could possibly live
and educate your children

Dr. T. D. Mansfield, - - - - - -2-

on a missionary salary unsupplemented by gifts from friends or
bonuses from the Board, the necessary corollary being that you
must either live much below the regular missionary standard,
or leave your children uneducated or get gifts to supplement
your salary or get a larger salary or withdraw from missionary
work.

The difficulty of living below the standard is manifest, the
impossibility of being willing to leave your children uneducated
is obvious, the fact that gifts and bonuses are undependable
has been realized in your experience, and the impracticability
of the Board's granting you a higher salary than others or giving
large enough bonuses continuously is evident.

On the other hand your effort over a period of so many
years to carry on in spite of so many difficulties is the strong-
est evidence of your devotion to the cause and therefore of the
desirability of avoiding your withdrawal. And yet when you are
faced with a continuation of the conditions and then with a
probability of broken health and the need of freedom from con-
stant anxiety who am I that I should venture to suggest that
you keep on? That would be thoroughly inconsiderate. And yet
from the standpoint of "Severance" I am very loth to advise
a member of its faculty to resign especially when he has served
the institution so faithfully and by his careful organization
has put the hospital and clinic work on such a hopeful basis.
But, much as the "Severance" Faculty and I will regret the
necessity for your withdrawal I feel it would be really unkind
to you to urge you and your family to continue unless provision
is made for your support.

I will not prolong this letter because it is painful to
me to write it but I feel it is the only thing left for me to say
in view of existing circumstances.

I have always been glad we have had you on our staff and
though I have naturally not always agreed with your plans I
have often been glad afterwards to acknowledge the results achiev-
ed. It will take a good while to "grow" another man with ex-
perience and knowledge of the language but it will not hurt as
much as it would to see you continue the struggle you have so

Dr. T. D. Mansfield, - - - - - - -3-

long made against such great difficulties.

The Fisher's and the Miller's are here. Mr. Fisher and Mr. Miller are studying in Columbia. Mrs. Miller leaves this week for California. Mrs. Avison joins me in cordial good wishes to you all.

I hope you will write me and let me know if anything develops that will enable you to go on at "Severance".

I hope your threatened diabetes will turn out to be functional rather than organic.

Dr. Y. S. Lee passed his examination for M.D. at Northwestern University last June and is in New York as an Interne at the Hospital for Ruptured and Crippled, specializing in Orthopedics and doing operation work, in restoration of function in limbs of children who have had Infantile Paralysis.

With all good wishes, I am,

Sincerely yours,

ORA:E

O R Avison

66. 에비슨이 서덜랜드에게

5번가 156번지, 뉴욕시

1925년 11월 25일

조지 F. 서덜랜드 목사, 박사, 회계,

기독교 교육을 위한 협력이사회,

5번가-150번지,

뉴욕시.

친애하는 서덜랜드 박사님:

뉴욕주 오번(Auburn), 세미너리 스트리트 11번지의 반벡튼(France VanVecten) 양이 연희 전문학교 모금 운동 기금으로 용처를 지정하지 않고 보낸 1백 불짜리 수표를 동봉합니다.

이것을 일반 기금에 넣으시고, 그것에 대한 수령증을 뉴욕주 오번, 윌리암 스트리트의 제2장로교회(Second Presbyterian Church) 고스넬(Frank L. Gosnell) 목사를 통해 그녀에게 보내주기 바랍니다.

고스넬 씨가 편지에서 다음과 같이 썼습니다.

그녀가 기부금을 내기로 약속하여 앞으로 이를 이행할 의무를 져야 한다고 생각하지는 않았지만, 그녀가 말했던 것으로 보면, 만일 당신이 그녀에게 일 년에 한 번 정도로 편지를 쓸 의향을 보여준다면, 그녀가 살아있는 동안에, 혹은 적어도 몇 년 동안은 당신의 사역을 위해 즐겁게 연이어 기부할 수도 있을 것이란 확신이 듭니다.

안녕히 계십시오.

O. R. 에비슨

출처: UMAC

252 ▌ 연·세전 교장 에비슨 자료집(Ⅶ)

CHOSEN
CHRISTIAN COLLEGE

O. R. AVISON, M. D., L. L. D.
PRESIDENT
H. H. UNDERWOOD, PH. D.

SEVERANCE
UNION MEDICAL COLLEGE

SEOUL, KOREA

UNDER

COOPERATING BOARD OF CHRISTIAN EDUCATION IN CHOSEN

NEW YORK CITY

REPRESENTING
THE FOLLOWING FOREIGN MISSION
BOARDS AND COMMITTEES
PRESBYTERIAN IN U. S. A.
PRESBYTERIAN IN U. S.
METHODIST EPISCOPAL
METHODIST EPISCOPAL SOUTH
UNITED CHURCH OF CANADA

JOHN T. UNDERWOOD
CHAIRMAN OF BOARD
JOHN L. SEVERANCE
CHAIRMAN OF FINANCE COMM
ALFRED GANDIER
E. H. RAWLINGS
VICE-CHAIRMEN OF BOARD
ERNEST F. HALL
156 FIFTH AVE., N. Y.
SECRETARY
GEO. F. SUTHERLAND
150 FIFTH AVE., N. Y.
TREASURER

156 FIFTH AVE., NEW YORK CITY

November 25, 1925

Rev. Dr. Geo. F. Sutherland, Treasurer,
Cooperating Board of Christian Education,
150- 5th Ave.,
New York City.

Dear Dr. Sutherland:

I am enclosing check for $100 from Miss
Frances VanVechten, 11 Seminary Street, Auburn, N. Y., for
the Chosen Christian College Campaign Fund, undesignated.

Please place this in the General Fund and
kindly send receipt for it to her through Rev. Frank L. Gosnell,
Second Presbyterian Church, William Street, Auburn, N.Y.

Mr. Gosnell writes as follows:

"She did not feel that she ought to make a
pledge which would obligate her in the future, but from what
she said, I feel convinced that if you wish to write her, say
once a year, that she might be willing to make a contribution
to your work as long as she lives, or at least for several years
in succession."

Sincerely yours,

ORA:E
Enc.

O. R. Avison

67. 에비슨이 서덜랜드에게

1925년 12월 4일

조지 F. 서덜랜드 박사, 회계,

기독교 교육을 위한 협력이사회,

5번가-150번지,

뉴욕시.

친애하는 서덜랜드 박사님:

뉴욕 브루클린, 사우스 옥스퍼드 스트리트 179번지의 비치(John N. Beach) 부인이 보낸 50불짜리 수표를 동봉하니, 비지정 기금 계정에 넣어주기 바랍니다. 그녀에게 공식 수령증을 보내주기 바랍니다.

안녕히 계십시오.

O. R. 에비슨

추신. 오웬스(Owens)가 보낸 여러 장의 재무보고서를 받았는데, 연희전문학교에서 지금까지 수행된 모든 업무가 망라되어 있습니다. 이것들을 가능한 한 빨리 당신과 함께 검토하기를 간절히 바라고 있습니다. 나를 만날 날짜를 정할 수 있겠습니까? 다른 문제들도 많은 관심 속에서 심의되고 있습니다. 존 언더우드 씨는 어떤 유가증권들에 어떤 사정이 있는지를 판정하는 문제를 결정하기 위해 가능한 한 빨리 집행위원회 회의를 열기를 원하고 있습니다. 존 세브란스 씨가 이 도시[뉴욕]에 와 있어서 다음 화요일 정오에 만날 수 있습니다. 당신이 그 자리에 함께 참석하겠습니까?

출처: UMAC

CHOSEN
CHRISTIAN COLLEGE

O. R. AVISON, M. D., L. L. D
PRESIDENT

H. H. UNDERWOOD, PH. D.

SEVERANCE
UNION MEDICAL COLLEGE

SEOUL, KOREA

TRANSFERRED UNDER
COOPERATING BOARD OF CHRISTIAN EDUCATION IN CHOSEN
NEW YORK CITY

JOHN T. UNDERWOOD
CHAIRMAN OF BOARD
JOHN L. SEVERANCE
CHAIRMAN OF FINANCE COMM
ALFRED GANDIER
E. H. RAWLINGS
VICE-CHAIRMAN OF BOARD
ERNEST F. HALL
156 FIFTH AVE., N. Y.
SECRETARY
GEO. F. SUTHERLAND
150 FIFTH AVE., N. Y.
TREASURER

156 FIFTH AVE., NEW YORK CITY

December 4, 1925

Dr. Geo. F. Sutherland, Secretary,
Cooperating Board of Christian Education,
150-5th Ave.,
New York City.

Dear Dr. Sutherland:

I am enclosing a check for $50.00
from Mrs. John N. Beach, 179 South Oxford Street,
Brooklyn, N. Y., to be placed in the account for un-
designated funds. Kindly send official receipt to her,
and oblige,

Yours sincerely,

ORA:E
Enc.

R. Avison

P.S. I have a bunch of financial statements from
Mr. Owens in which all the affairs of the
Chosen Christian College are covered to date.
I am anxious to go over these with you as soon
as possible. When can you make a date for me?
Other matters also pending great interest. Mr.
Underwood wishes to have meeting of Executive
Committee as soon as possible, ~~xxxxxxxxxxxxxxxx~~
to decide on a decision of certain securities under
certain circumstances. Mr. Severance is in the
city and can meet next Tuesday noon. Would that
suit you?

68. 서덜랜드가 에비슨에게

1925년 12월 4일

O. R. 에비슨 박사,
5번가 156번지,
914호실
뉴욕시.

친애하는 에비슨 박사님:

협력이사회의 정관 등에 있는 여러 자금 취급 관련 항목에 당신이 주를 단 것을 보고 있습니다. 내가 볼 때 이 항목들은 우리에게 제기된 사안과 무관합니다. 유가증권의 판매를 승인하도록 특정 권한을 받은 위원회는 아무 데도 없습니다. 그러나 법인들은 대부분 당연히 그런 일은 재정위원회가 취급할 것으로 예상할 것이기 때문에, 그런 것이 절대적으로 필요하다고 생각하지 않습니다. 그렇지 않다면 우리는 협력이사회가 정기회나 임시회의 어느 회기 때 직접 결정하게 할 수 있습니다.

내가 보기에 곤란한 점은 바로 이것입니다. 기본재산을 위해 기부받은 유가증권들은 '조선 기독교 교육을 위한 협력이사회'가 아니라 연희전문학교나 세브란스연합의학전문학교에 준 것입니다. 명부에 있는 주식을 양도하려면, 내가 보기에는, 그에 앞서 모든 법인이 회계의 주식 판매를 승인한 위원회가 내린 그 결정문의 사본을 요구할 것입니다. 그리고 연희전문학교 명의로 된 주식이나 유가증권을 팔 때 어느 법인이 '조선 기독교 교육을 위한 협력이사회'의 표결을 받으려 할지가 매우 크게 의문입니다. 두 기관은 확연히 구별되어 있습니다.

만일 유가증권들이 대학을 위해 가지고 있도록 협력이사회에 기부된다면, 아무 어려움이 없을 것입니다. 그러나 그 증권들은 대학에 직접 기부된 것이고, 협력이사회에 준 것이 아닙니다. 이런 경우에 그 권한의 유효성을 인정받는 유일한 길은, 내가 보기에, 대학이사회의 표결을 받는 것입니다. 물론 그것은 한국으로부터 동의를 얻는 것을 뜻하고, 크게 지연되는 것을 뜻합니다. 내가 보기에 이 문제는 협력이사회의 정기회 때 제출되어야 할 의제인 것 같습니다.

안녕히 계십시오.

GFS [G. F. 서덜랜드]

8031

Dec. 4, 1925

Dr. O. R. Avison
156 Fifth Avenue
Room 914
New York City.

My dear Dr. Avison:

I have the notation which you have made concerning various paragraphs in the Constitution of the Cooperating Board, etc., regarding the handling of funds. As I see the matter, none of these paragraphs fit the case which we have before us. There is no specific authority given to any committee to authorize the sale of any securities. However, I do not think that that is absolutely necessary, as doubtless Finance Committee action would be expected by most corporations. Or, if that were not the case, we could give the action of the Cooperating Board itself, either in a regular or a special meeting.

The difficulty as I see it is this: That the securities that have been given for endowment have not been given to the Cooperating Board for Christian Education in Chosen, but have been given to Chosen Christian College or to Severance Union Medical College. Any corporation, before transferring stock on its books, would require, it seems to me, a copy of the action of the Committee authorizing the Treasurer to sell; and I doubt very much if any corporation would accept a vote by the Cooperating Board for Christian Education in Chosen, to sell stock or securities which were held in the name of Chosen Christian College. The two organizations are distinctly separate.

If the securities had been given to the Cooperating Board to hold for the College, there would be no difficulty. But they have been contributed directly to the College and not to the Cooperating Board. The only authority, it seems to me, that would be effective in this case, would be to get the vote of the College Board of Trustees; and, of course that means getting in correspondence with Korea and would mean great delay. It seems to me that this is a problem which ought to be presented

Dr. O. R. Avison-   -2-   Dec. 4, 1925

to the Cooperating Committee at its annual meeting.

Sincerely yours,

GFS
JFS

69. 암스트롱이 에비슨에게

1925년 12월 5일. 2.

O. R. 에비슨 박사,

　5번가 156번지,

　　뉴욕시.

친애하는 에비슨 박사님:

맨스필드(Mansfield) 의사에게 내가 보낸 편지의 사본을 당신에게 보내기로 약속하였으므로 지금 그렇게 합니다. 당신은 내가 그에게 개인적으로 보낸 다른 편지에서 한국 사역을 그만두는 것을 고려해보라고 제안하였던 것을 볼 것입니다. 다른 편지에는 특별히 당신의 관심을 끌 만한 내용이 없지만, 그래도 당신에게 그 사본을 보냅니다.

맥켄지(F. F. McKenzie)에게 [선교사 허입] 신청서 양식을 보냈습니다.

마틴(Martin) 의사가 세브란스병원으로의 전임을 역설하고 있는데, 편지를 잘못 발송하여 캐나다장로회 선교부의 총무인 그랜트(A. S. Grant) 박사에게 보냈습니다. 그랜트 박사는 내게 한국 선교회의 사역은 우리의 소관이므로 그 문제를 다룰 수 없다는 사실을 자기가 마틴 의사에게 알렸다고 말하였습니다.

나는 그랜트 박사에게 우리는 세브란스의전으로부터 마틴 의사의 파견을 요청받은 적이 없고 용정의 제창병원(St. Andrew's Hospital)을 그가 없이 어떻게 운영할지도 모른다고 말하였습니다. 우리가 연합반대파 장로회에 한국 선교회의 만주 관할구역을 맡으라고 제의하였지만, 그들이 이 제안을 수용할 것인지 그렇지 않을 것인지에 대해서는 들을 시간이 없었습니다. 그들이 만일 전도가 매우 유망한 그 선교지를 [양도받지 않고] 우리에게 계속 남겨준다면 우리는 매우 기쁠 것입니다.

그들에게 힘든 일은 물론 재정 문제가 아니라 선교사를 찾는 문제입니다. 베시(Vesey) 부부가 만주에 갈 것이라고 확신하기가 어렵습니다. 이는 베시 부인이 3달 전쯤에 그곳에 가기를 거부하였고, 선교회가 7월에 베시를 성진으로 전임시켰는데 그가 지금 아들과 함께 고베에서 살고 있기 때문입니다. 우리는 맥멀린(McMullins) 부부가 결정을 뒤집고 우리와 함께 남을 가능성이 있다는 말도 들었습니다.

　그렇지만 우리는 연합반대파 친구들이 우리가 이미 넘겨준 인도의 작은 괄리오르 선교회(Gwalior Mission) 외에 어느 곳이라도 해외 선교 사역지를 더 얻는 모습을 보기를 몹시 원하고 있습니다.

　에비슨 부인과 당신께 안부 인사를 드립니다.

안녕히 계십시오.

AEA [A. E. 암스트롱]

출처: PCC & UCC

Dr. O. R. Avison,
    156 Fifth Avenue,
        New York City.

Dear Dr. Avison:

    I promised to send you a copy of my letter to Dr. Mansfield which I now do. You will see that I have written in a separate and personal letter the suggestion that he consider withdrawing from the work in Korea. The other letter may not be of particular interest to you, but I send you a copy nevertheless.

    I have sent an application form to Mr. F. F. McKenzie.

    Dr. Martin is pressing for his removal to Severance, but has written to the wrong party, Dr. A. S. Grant, Secretary of the Mission Board of the Presbyterian Church. Dr. Grant tells me that he has informed Dr. Martin that we are administering the work of the Korea Mission, and that he cannot, therefore, deal with the matter.

    I told Dr. Grant that Severance had not asked for Dr. Martin nor would we know how to operate St. Andrew's Hospital, Lungchingtsun, without him. We have offered the Manchuria end of the Korea Mission to the Non-concurring Presbyterians, but there has not been time to hear whether or not they accept it. We shall be happy if they continue to leave with us that very promising field.

    Their difficulty, of course, is not financial, but the finding of missionaries. I am not sure that the Veseys would go to Manchuria for Mrs. Vesey refused some three years ago, and is now living with her son in Kobe since the Council in July transferred Mr. Vesey to Songjin. I also hear that there is some prospect of the McMullins reversing their decision, and remaining with us.

    However we are very willing to see our Non-concurring friends get some Foreign Mission work in addition to the little Gwalior Mission in India which we have already transferred.

    With kind regards to Mrs. Avison and yourself, I am

        Very sincerely yours,

AEA/FMP

70. 에비슨이 서덜랜드에게

5번가 156번지, 뉴욕시
1925년 12월 5일

조지 F. 서덜랜드 박사, 회계,
기독교 교육을 위한 협력이사회,
5번가-150번지,
뉴욕시.

친애하는 서덜랜드 박사님:

수표 두 장을 동봉합니다. 하나는 미시건주 랜싱의 노스 체스넛 스트리트 115번지(115 North Chestut Street, Lansing, Mich.)의 스테블러(C. E. Stabler) 씨가 보낸 25불짜리이고, 다른 하나는 미시건주 랜싱의 사우스 캐피털 애비뉴 516번지(516 South Capital Ave., Lansing, Mich.)의 히멜버거(J. Himmelberger) 씨가 보낸 1백 불짜리입니다. 둘 다 당신 앞으로 되어 있습니다.

이것들을 연희전문학교의 "비지정 계정 기금"에 넣어주기 바랍니다.

안녕히 계십시오.

O. R. 에비슨

출처: UMAC

CHOSEN
CHRISTIAN COLLEGE

O. R. AVISON, M. D., L. L. ~
PRESIDENT

H. H. UNDERWOOD, PH. D.

SEOUL, KOREA

SEVERANCE
UNION MEDICAL COLLEGE

UNDER

COOPERATING BOARD OF CHRISTIAN EDUCATION IN CHOSEN

NEW YORK CITY

REPRESENTING
THE FOLLOWING FOREIGN MISSION
BOARDS AND COMMITTEES

PRESBYTERIAN IN U. S. A.
PRESBYTERIAN IN U. S.
METHODIST EPISCOPAL
METHODIST EPISCOPAL SOUTH
UNITED CHURCH OF CANADA

JOHN T. UNDERWOOD
CHAIRMAN OF BOARD
JOHN L. SEVERANCE
CHAIRMAN OF FINANCE COMM
ALFRED GANDIER
E. H. RAWLINGS
VICE-CHAIRMEN OF BOARD
ERNEST F. HALL
156 FIFTH AVE., N. Y.
SECRETARY
GEO. F. SUTHERLAND
150 FIFTH AVE., N. Y.
TREASURER

156 FIFTH AVE., NEW YORK CITY

December 5, 1925

Dr. Geo. F. Sutherland, Treasurer,
Cooperating Board for Christian Education,
150-5th Ave.,
New York City.

Dear Dr. Sutherland:

I am enclosing two checks. One from
Mr. C. E. Stabler, 115 North Chestnut Street, Lansing,
Mich., for $25.00, and one from Mr. J. Himmelberger, 516
South Capitol Ave., Lansing, Mich. for $100.00. Both made
out to you.

Please credit these to the "Undesignated
Account Fund" of the Chosen Christian College.

Sincerely yours,

ORA:E

Enc.

O R Avison

71. 에비슨이 암스트롱에게

5번가 156번지, 뉴욕시
1925년 12월 8일

A. E. 암스트롱 목사,
컨페더레이션 라이프 챔버스 439호,
토론토, 온타리오,
캐나다.

친애하는 암스트롱 박사님:

당신의 12월 5일자 편지와 그 안에 동봉된 맨스필드 의사에게 쓴 편지들의 사본을 늦지 않게 받았습니다. 맨스필드 의사가 처한 상황을 내가 계속 알 수 있게 해주셔서 감사합니다. 그 편지들은 매우 훌륭하고, 요점을 잘 드러내면서도 매우 다정한 어조를 보여주고 있습니다.

당신이 맥켄지(F. F. McKenzie)에게 [선교사 허입] 신청서 양식을 보낸 사실을 주목합니다.

마틴(Martin) 의사가 세브란스의전에 임명되기를 바라는 문제에 관해서는, [캐나다장로회의] 한국 선교회 사역 가운데 만주 관할구역의 운명과 연계된 문제들을 당신이 해결하는 때를 기다려야 할 것이 분명합니다.

베시(Vesey)와 맥멀린(McMullins) 부부의 최종 결정에 여전히 일부 불명확한 점들이 있는 것을 주목합니다. 연합반대파 장로교인들과 함께 하기로 한 마틴 의사의 결정은 아주 확정되지 않은 것이 분명합니다. 물론 우리 쪽에서는 최종 결정을 기다리면서 마틴 의사에게 서울로 옮겨와 달라고 부탁하지 말아야 하고 그에 반하는 어떠한 제안도 하지 말아야 합니다.

안녕히 계십시오.
O. R. 에비슨

출처: PCC & UCC

156 FIFTH AVE., NEW YORK CITY

December 8, 1925

Rev. A. E. Armstrong,
439 Confederation Life Chambers,
Toronto, Ont.,
Canada.

Dear Dr. Armstrong:

Your favor of December 5th with its en-
closed copies of letters of Dr. Mansfield, has been duly
received. I thank you for keeping me in touch with Dr.
Mansfield's situation. I think the letters are very good,
being to the point and yet very kind in their tone.

I note you have sent an application form
to Mr. F. F. McKenzie.

In reference to Dr. Martin's desire to be
appointed to the Severance Institution it is evident that
this must await your solution of the questions connected with
the fate of the Manchurian end of the Korean Mission's work.

I note that there is still some uncertain-
ty as to the final decision of the Vesey's and McMullins' and
it is evident that Dr. Martin's decision to stay with the
non-concurring Presbyterians is not a very fixed one. From
our standpoint, of course, we must await final action, neither
asking for Dr. Martin to be transferred to Seoul nor offer-
ing any suggestion whatever against it.

Sincerely yours,

ORA:E

O. R. Avison

72. 에비슨이 서덜랜드에게

5번가 156번지, 뉴욕시
1925년 12월 9일

조지 F. 서덜랜드 박사, 회계,

기독교 교육을 위한 협력이사회,

5번가-150번지,

뉴욕시.

친애하는 서덜랜드 박사님:

여기에 뉴저지주 사우스 오렌지의 그로브 로드 302번지(302 Grove Road, So. Orage, N.J.) 의 믹스(H. V. Meeks) 부인이 보낸 1천 불의 기부 약정서와 그 금액의 수표를 동봉합니다.

이것을 연희전문학교를 위한 '비지정 기부금' 계정에 넣어주시고, 믹스 부인께 공식 수령증을 보내기 바랍니다.

안녕히 계십시오.

O. R. 에비슨

출처: UMAC

December 9, 1925

Dr. Geo. F. Sutherland, Treasurer,
Cooperating Board of Christian Education,
150-5th Ave.,
New York City.

Dear Dr. Sutherland:

I am enclosing, herewith, a pledge for $1,000 accompanied by check for the same amount from Mrs. H. V. Meeks, 302 Grove Road, So. Orange, N. J.

Kindly put this in the account for "Undesignated Gifts" for the Chosen Christian College and send official receipt to Mrs. Meeks.

Yours sincerely,

O. R. Avison

ORA:E
Enc.

73. 서덜랜드가 에비슨에게

1925년 12월 11일

O. R. 에비슨 박사
5번가 156번지
914호실
뉴욕시.

친애하는 에비슨 박사님:

남장로회 선교부의 회계 윌리스(Edwin L. Willis) 씨와 남감리회 선교부의 총무 핀슨(W. W. Pinson) 씨로부터 방금 받은 편지들의 사본을 동봉합니다. 그 사본들을 오웬스(Owens)에게 보냈습니다.

[기부금 명세를] 점검하다 뉴욕 브루클린의 에클레스(A. J. Eccles) 부인에게 지난 4월에 받은 15불에 대해 수령증을 보내지 못한 것을 발견하였습니다. 그 부인의 주소가 내게 없습니다. 이 수령증을 반드시 그 부인에게 보내야 합니다. 당신이 주소를 알려주겠습니까?

또한, 약정금 문제를 점검하다 맥켄지(Andrew C. McKenzie) 씨로부터 첫 번째 지급금 1천 불은 받았지만, 실제 약정금 5천 불은 받지 못한 것을 발견하였습니다. 두 번째 1천 불을 보낼 기한은 1월입니다. 그가 정규 약정서에 서명하였는지 아니면 파일에 보관된 한 편지에서 단순히 이런 약정을 하였는지 의문입니다.

길버트(H. Gilbert) 씨가 125불을 약정한 것도 사실입니다. 다른 점에서는 우리 약정금들이 당신의 기록과 일치하고 있습니다.

안녕히 계십시오.

GFS [G. F. 서덜랜드]

출처: UMAC

803-1

December 11, 1925

Dr. O. R. Avison
156 Fifth Avenue
Room 914
New York City.

My dear Dr. Avison:

I am enclosing copies of letters just re-
ceived from Edwin L. Willis, Treasurer of the Southern
Presbyterian Board and W. W. Pinson, Secretary of the
Southern Methodist Board. I have sent copies of the
letters to Mr. Owens.

I find in checking up, that I have failed
to send a receipt to Mrs. A. J. Eagles of Brooklyn,
N.Y., for $15.00 received last April. I do not have
her street address. This receipt ought to go to her.
Can you furnish the address?

I also find in checking up the matter of
pledges, that we have never received an actual pledge
from Mr. Andrew G. McKenzie for his $5,000, although we
have received his first payment of $1,000; the second
thousand will be due in January. I wonder if he signed
a regular pledge, or if there is simply a letter in the
file regarding this pledge.

This is also true of Mr. H. Gilbert, of
$125.00. Otherwise, our pledges agree with your records.

Sincerely yours,

GFS
JFS
Encl.

74. 서덜랜드가 에비슨에게

1925년 12월 12일

O. R. 에비슨 박사

5번가 156번지

뉴욕시.

친애하는 에비슨 박사님:

내가 방금 존 언더우드 씨에게 쓴 편지의 사본을 당신에게 보냅니다. 당신은 그것을 홀 박사와 브라운 박사에게도 보여드리고 싶을 것입니다. 노스 박사에게는 내가 그것의 사본 하나를 보내겠습니다.

안녕히 계십시오.

GFS [G. F. 서덜랜드]

출처: UMAC

TRANSFERRED *8031*

December 12, 1985

Dr. O. R. Avison
156 Fifth Avenue
New York City.

My dear Dr. Avison:

I am sending you a copy of a letter which
I have just written Mr. Underwood, that you may wish
to share with Dr. Hall and Dr. Brown. I am showing
a copy of it to Dr. North.

Sincerely yours,

GWB
JWS
Encl.

75. 서덜랜드가 에비슨에게

1925년 12월 14일

O. R. 에비슨 박사

5번가 156번지

914호

뉴욕시.

친애하는 에비슨 박사님:

맥켄지(McKenzie)*가 최근 당신에게 보냈던 설명서를 참고하면서 당신과 그가 함께 모금한 모든 기금을 적절하게 지정하는 문제를 의논하려 합니다. 우리가 보기에는 우리가 최종 결정을 내릴 때까지 이 문제를 계속 의논해야 하고 그런 다음에 장부들을 제대로 조정하여 나중에 더 고치지 않게 해야 할 것 같습니다. 이 문제를 완전히 명료하고 만족스럽게 처리하지 않으면 아쉬움이 크게 남을 것입니다. 그래서 이번 기회에 우리가 그 문제를 우리가 밝히 알고 있는 동안에 한꺼번에 조정해야 할 것 같습니다.

안녕히 계십시오.

조지 F. 서덜랜드

[이하 수기 작성 내용]

연희전문	세브란스의전
기본재산	기본재산
일반 자본금	일반 자본금
경상 예산	건물들
일반 사택 　(필요할 때 개설하는, 사택 건축을 위한 특별 　계정)	병원과 진입구, 건물, 부엌 　사택들 　진료실과 대학 건물

---

* 원문의 표기 '~sie'는 '~zie'의 오기인 것으로 생각된다.

토지	중앙난방 환기 시설
기숙사	토지
식당	경상 예산
모범촌	장학금
강당과 운동장	호선 이사 몇 명
농지	
중앙난방 환기 시설 　　(제어기가 들어오기 시작할 때)	지불할 금액과 기한을 파일에 있는 그대로 각 양식 아래 표시하시오.*
이사회의 호선 이사 몇 명	
장학기금	

---

* 필기 메모에서 이 부분은 판독하기가 더 어려운데, 대충 다음과 같을 것으로 짐작된다. "keep under each a form showing amounts and dates of payments due a file in as they are each."

274 ┃ 연·세전 교장 에비슨 자료집(Ⅶ)

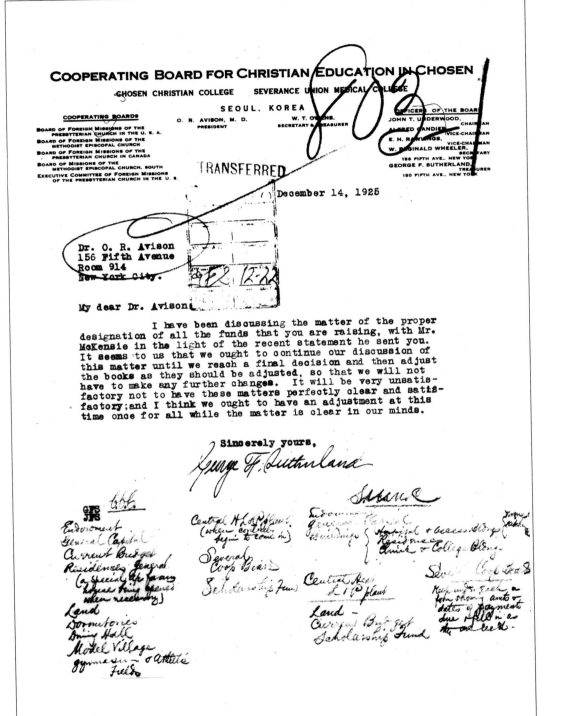

COOPERATING BOARD FOR CHRISTIAN EDUCATION IN CHOSEN

CHOSEN CHRISTIAN COLLEGE   SEVERANCE UNION MEDICAL COLLEGE

SEOUL, KOREA

O. R. AVISON, M. D.
PRESIDENT

W. T. OWENS,
SECRETARY & TREASURER

COOPERATING BOARDS

BOARD OF FOREIGN MISSIONS OF THE
PRESBYTERIAN CHURCH IN THE U. S. A.
BOARD OF FOREIGN MISSIONS OF THE
METHODIST EPISCOPAL CHURCH
BOARD OF FOREIGN MISSIONS OF THE
PRESBYTERIAN CHURCH IN CANADA
BOARD OF MISSIONS OF THE
METHODIST EPISCOPAL CHURCH, SOUTH
EXECUTIVE COMMITTEE OF FOREIGN MISSIONS
OF THE PRESBYTERIAN CHURCH IN THE U. S.

OFFICERS OF THE BOARD

JOHN T. UNDERWOOD, CHAIRMAN
ALFRED GANDIER, VICE-CHAIRMAN
E. H. RAWLINGS, VICE-CHAIRMAN
W. REGINALD WHEELER, SECRETARY
156 FIFTH AVE., NEW YORK
GEORGE F. SUTHERLAND, TREASURER
150 FIFTH AVE., NEW YORK

TRANSFERRED

December 14, 1925

Dr. O. R. Avison
156 Fifth Avenue
Room 914
New York City.

My dear Dr. Avison:

I have been discussing the matter of the proper
designation of all the funds that you are raising, with Mr.
McKenzie in the light of the recent statement he sent you.
It seems to us that we ought to continue our discussion of
this matter until we reach a final decision and then adjust
the books as they should be adjusted, so that we will not
have to make any further changes. It will be very unsatis-
factory not to have these matters perfectly clear and satis-
factory; and I think we ought to have an adjustment at this
time once for all while the matter is clear in our minds.

Sincerely yours,

George F. Sutherland

76. 스클라 의료기기 제조회사에서 에비슨에게

1925년 12월 14일

O. R. 에비슨 박사,
북장로회 선교부,
5번가 156번지,
뉴욕시, 뉴욕주.

친애하는 에비슨 박사님:

우리는 세브란스의용품상회(Severance Wholesale Medical Supply Company)로부터 받은 편지에서 그들이 우리에게 보내는 첫 주문서가 당신에게 전달되었다는 통지를 받았습니다. 이 편지는 오웬스 씨가 서명한 것입니다.

당신이 이 주문서를 우리에게 보내주고 우리가 선적을 준비할 것이 있으면 설명해주기 바랍니다. 당신이 이 문제에 신속하게 관심을 보여주셔서 감사합니다.

안녕히 계십시오.

J. 스클라 의료기기 제조회사

출처: UMAC

PHONES {1022 2030 3031} PULASKI   ESTABLISHED 1892   CABLE ADDRESS: "SKLARCO"
Code: A. B. C. Fifth Edition

J. SKLAR MANUFACTURING CO.

MANUFACTURERS OF
SURGICAL - DENTAL - VETERINARY
INSTRUMENTS
133-143 FLOYD STREET
BROOKLYN, N. Y.

Quotations and agreements subject to the contingencies of transportations,
strikes or unavoidable accidents and delays beyond our control.

December 14, 1925.

Dr. O. R. Avison,
c/o The Presbyterian Mission Board,
156-5th Avenue,
New York City, N.Y.

Dear Doctor Avison:

    We have been advised by letter by the Severance Wholesale Medical
Supply Company that their initial order for us was forwarded to you. This
letter was signed by Mr. H. T. Owens.

    We will be pleased to have you forward this order to us with
explanations if any and we will arrange for shipment. Thanking you for your
prompt attention in this matter, we remain

       Yours very truly,

         J. SKLAR MANUFACTURING COMPANY.

SAW/D

77. 보건이 에비슨에게

1925년 12월 14일

O. R. 에비슨 박사,
북장로회 해외선교부,
5번가 156번지,
뉴욕시.

친애하는 에비슨 박사님:

현재 상황을 고려하여 페인(Payne) 양의 문제에 관해 이야기하기 위해 당신에게 편리한 때에 나와 만날 날을 잡아주겠습니까? 나로서는 이 면담 시간을 이번 주 후반의 어느 날, 곧 18일 금요일 아니면 다음 주 초에 이틀 동안 가지면 좋겠습니다. 페인 양으로부터 무슨 말을 듣기를 기대하고 있지만 아직 듣지 못하였으므로 위에서 제안된 날까지 회견을 미루자고 제안합니다.

안녕히 계십시오.

JGV [J. G. 보건]

출처: UMAC

ent Gammell
12/14/25

803-1

December 14
1925

Dr. A. R. Avison,
Presbyterian Board of
  Foreign Missions,
156 Fifth Avenue,
New York City

Dear Doctor Avison:

      Can you some time at your convenience
make an appointment with me to talk over
Miss Payne's case, in view of the present situa-
tion. I would prefer to have this conference
some time the latter part of this week, say
Friday, the 18th; or the first two days of the
week following. I am expecting word from
Miss Payne which is not yet to hand and therefore
I suggest deferring the conference until the
times suggested above.

      Cordially yours,

JGV
JL

78. 에비슨이 서덜랜드에게 (1)

5번가 156번지, 뉴욕시
1925년 12월 15일

조지 F. 서덜랜드 박사, 회계,

기독교 교육을 위한 협력이사회,

5번가-150번지,

뉴욕시.

친애하는 서덜랜드 박사님:

스틸(Steele)* 씨가 방금 내게 송장이 들어있는 편지를 건네주었습니다. 짐작컨대, 이 편지는 옥스퍼드대학과 세브란스연합의학전문학교 당국 사이에서 양해된 바에 따라 당신이 그것을 지불하도록 제안하고 있습니다. 그러면서 그것에 대한 승인서를 오웬스(Owens)가 보낼 것으로 예상하여 당신이 그렇게 할 것인데, 혹시 그가 보내지 않으면 당신이 그들에게 그 문제에 유의하도록 다시 촉구할 것이라고 설명하고 있습니다.

당신은 그렇게 하는 것이 최선이라고 생각할 수 있을 것입니다. 그렇지 않다면 북장로회 선교부 회계가 아닌 당신이 그런 문제들은 처리하겠다고 그들에게 말하지 마십시오.

안녕히 계십시오.

O. R. 에비슨

출처: UMAC

---

* 원문의 'Steel'은 'Steele'의 오기인 것으로 생각된다.

CHOSEN
CHRISTIAN COLLEGE

O. R. AVISON, M. D., L. L. D
PRESIDENT
H. H. UNDERWOOD, M. D.

SEOUL, KOREA

SEVERANCE
UNION MEDICAL COLLEGE

COOPERATING BOARD OF CHRISTIAN EDUCATION IN CHOSEN
NEW YORK CITY

REPRESENTING
THE FOLLOWING FOREIGN MISSION
BOARDS AND COMMITTEES

PRESBYTERIAN IN U. S. A.
PRESBYTERIAN IN U. S.
METHODIST EPISCOPAL
METHODIST EPISCOPAL SOUTH
UNITED CHURCH OF CANADA

JOHN T. UNDERWOOD
CHAIRMAN OF BOARD
JOHN L. SEVERANCE
CHAIRMAN OF FINANCE COMM
ALFRED GANDIER
E. H. RAWLINGS
VICE-CHAIRMEN OF BOARD
ERNEST F. HALL
156 FIFTH AVE., N. Y.
SECRETARY
GEO. F. SUTHERLAND
150 FIFTH AVE., N. Y.
TREASURER

156 FIFTH AVE., NEW YORK CITY

December 15, 1925

Dr. G. F. Sutherland, Treasurer,
Cooperating Board of Christian Education,
150-5th Ave.,
N. Y. City.

Dear Dr. Sutherland:

Mr. Steel has just handed me the enclosed invoice and correspondence. I presume that this is in accordance with the understanding between the Oxford University Press and the authority of the Severance Union Medical College, and would suggest that you pay for it, with the statement that you are doing so with the expectation that Mr. Owens will send authorization for the same and in case he does not you will bring the matter to their attention *again*.

You may think it best or not to tell them that such matters are dealt with by you rather than by the Presbyterian Board Treasurer.

Sincerely yours,

O. R. Avison

ORA:E
Enes.

DEC 22 1925 Filed

79. 에비슨이 서덜랜드에게 (2)

5번가 156번지, 뉴욕시

1925년 12월 15일

조지 F. 서덜랜드 박사, 회계,

기독교 교육을 위한 협력이사회,

5번가-150번지,

뉴욕시.

친애하는 서덜랜드 박사님:

존 언더우드(J. T. Underwood) 씨가 나와 함께 한국의 자금 상태에 관한 오웬스의 최근 진술서를 살펴보면서 연희전문학교의 경상 예산의 적자가 왜 연말 정산 때보다 연중에 더 커야 하는지를 궁금해하였습니다. 그것은 아마도 여러 선교부로부터 받아야 할 돈이 현지에 제 때에 도착하지 않아 그때그때 필요한 것들을 처리할 수 없었고 그 결과의 하나로서 오웬스가 봉급 등을 지급하기 위해 돈을 빌릴 수밖에 없었기 때문이었을 것이라고 설명하였습니다. 이에 존 언더우드 씨가 어떤 선교부나 선교부들이 기부금을 제 때에 보내지 못함에 따라 오웬스가 부득불 돈을 빌리게 되어 경상 예산 지출비에 이자가 추가되고 그로 인해 자연스럽게 적자가 늘어났던 것에 대해 자금 지급을 이행하지 않은 선교부나 선교부들에 책임을 물게 해야 하지 않겠느냐고 물었습니다.

당신이 내게 이 질문에 대해 대답해주겠습니까?

안녕히 계십시오.

O. R. 에비슨

출처: UMAC

December 15, 1925

Dr. Geo. F. Sutherland, Treasurer,
Cooperating Board of Christian Education,
150-5th Ave.,
New York City.

Dear Dr. Sutherland:

When I was going over Mr. Owens' recent
statements concerning the status of funds in Korea, with Mr.
J. T. Underwood, he wondered why the current budget deficit
of the Chosen Christian College should be greater in the
middle of the year than it is estimated to be at the end of
the year. I stated that it was probably due to the fact
that funds to be paid by the various Boards had not reached
the field in time to meet the current needs and as a result
Mr. Owens had been compelled to borrow money in order to pay
salaries etc. This led Mr. Underwood to ask whether in
case Mr. Owens was compelled to borrow money because of the
failure of a given Board or Boards to send in their contri-
butions in time to be used,- whether the interest thus added
to the current budget expense fund, which would naturally in-
crease the deficit should not be charged to the defaulting Board
or Boards.

Will you be so good as to provide me with
an answer to this question?

Sincerely yours,

ORA:E

80. 에비슨이 서덜랜드에게 (3)

5번가 156번지, 뉴욕시

1925년 12월 15일

조지 F. 서덜랜드 박사, 회계,

기독교 교육을 위한 협력이사회,

5번가-150번지,

뉴욕시.

친애하는 서덜랜드 박사님:

당신의 12월 11일자 편지에 답하여, 핀슨(pinson) 박사와 윌리스(Willis) 씨의 편지 사본들을 내게 준 데 대해 감사합니다.

브루클린의 에클레스(A. J. Eccles) 부인의 집 주소는 칼튼 에비뉴 255번지입니다.

5천 불을 매년 분할 지급하기로 약정한, 뉴욕에서 사는 맥켄지(Andrew C. McKenzie) 씨의 기부금 약정 카드에 관해 말씀드라자면, 그가 내게 보내 그것을 약정한 편지를 찾을 수 없습니다. 당신의 파일 안에 그것이 있을 것이라는 생각이 듭니다. 그것은 약정 카드가 아니라 그에게서 발송된 편지였던 것 같은데, 거기에 그가 하려고 한 일이 설명되어 있습니다. 당신이 편지 파일들을 조사하여 그곳에 있는지 찾아보겠습니까? 지금 쓸 수 있는 가장 좋은 방법은 그에게 편리한 때에 두 번째 분할금을 보내주면 감사하겠다고 통상적인 방식으로 권유하는 일일 것 같습니다.

안녕히 계십시오.

O. R. 에비슨

출처: UMAC

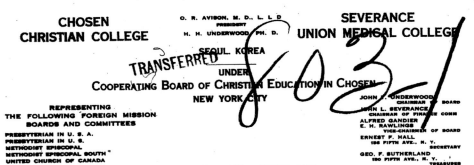

CHOSEN
CHRISTIAN COLLEGE

O. R. AVISON, M. D., L. L. D
PRESIDENT
H. H. UNDERWOOD, PH. D.

SEOUL, KOREA
UNDER

SEVERANCE
UNION MEDICAL COLLEGE

COOPERATING BOARD OF CHRISTIAN EDUCATION IN CHOSEN
NEW YORK CITY

REPRESENTING
THE FOLLOWING FOREIGN MISSION
BOARDS AND COMMITTEES

PRESBYTERIAN IN U. S. A.
PRESBYTERIAN IN U. S.
METHODIST EPISCOPAL
METHODIST EPISCOPAL SOUTH
UNITED CHURCH OF CANADA

JOHN T. UNDERWOOD
CHAIRMAN OF BOARD
JOHN L. SEVERANCE
CHAIRMAN OF FINANCE COMM
ALFRED GANDIER
E. H. RAWLINGS
VICE-CHAIRMAN OF BOARD
ERNEST F. HALL
156 FIFTH AVE., N. Y.
SECRETARY
GEO. F. SUTHERLAND
150 FIFTH AVE., N. Y.
TREASURER

156 FIFTH AVE., NEW YORK CITY

December 15, 1925

Dr. Geo. E. Sutherland, Treasurer,
Cooperating Board for Christian Education,
150-5th Ave.,

Dear Dr. Sutherland:

In reply to yours of December 11th,
I thank you for sending me copies of the letters from
Dr. Pinson and Mr. Willis.

The address of Mrs. A. J. Eccles of
Brooklyn, is 255 Carlton Avenue.

Referring to the pledge card of Mr. Andrew
C. McKenzie of New York, who pledged $5,000 in yearly instal-
ments, I am unable to find his letter to me, in which the pledge
was made,- I am under the impression that you have it in your
file. I think it was not a pledge card but a letter from him,
in which he stated what he would do. Will you kindly look over
your correspondence files and see if it is there? I presume
the best way to do now is to send him one of the usual re-
minders that his second payment will be greatly appreciated
when convenient to him.

Sincerely yours,

ORA:E

O. R. Avison

81. 서덜랜드가 에비슨에게

1925년 12월 18일

O. R. 에비슨 박사
5번가 156번지
914호
뉴욕시.

친애하는 에비슨 박사님:

당신의 12월 15일자 편지에서 언급된 대로 여러 선교부의 [연희전문] 미지급금에 대해 이자를 물리는 문제에 관해서는, 그런 일이 행해진 적이 전혀 없었고 [협력이사회의] 회계인 내가 그 같은 이자 지급 요청이 지혜로운지 의문을 품고 있다는 말밖에 할 수 없습니다. 그 문제는 협력이사회 회의에 올려 지급이 지연된 금액에 대한 이자 부과를 선교부들에 요청해야 할지 말지에 대해 어떤 결정을 내리게 해야 하지 않겠습니까? 그러면 선교부들이 각자의 의견을 밝힐 기회를 얻게 될 것입니다.

안녕히 계십시오.

GFS [G. F. 서덜랜드]

출처: UMAC

803-1

December 18, 1925

Dr. O. R. Avison
156 Fifth Avenue
Room 914
New York City.

My dear Dr. Avison:

Referring to the matter of the payment of
interest on unpaid amounts by various Boards, as per
your letter of Dec. 15th, I can only say that that has
never been done and I doubt if it would be wise for me,
as Treasurer, to ask for such payment of interest.
Ought not the question to be taken up at a meeting of
the Cooperating Committee and a decision reached as to
whether or not the Boards should be asked to pay interest
on deferred amounts? The Boards would then have an
opportunity to express their opinion.

Sincerely yours,

GTS
JFS

82. 에비슨이 서덜랜드에게

5번가 156번지, 뉴욕시
1925년 12월 24일

조지 F. 서덜랜드 박사, 회계,
해외선교부,
5번가-150번지,
뉴욕시.

친애하는 서덜랜드 박사님:

뉴욕시의 한국인들이 연희전문학교를 위해 마련하고 있는 기부금의 일부로서 358불짜리 수표를 당신에게 보냅니다.

이것을 일반 기금에 넣고, 뉴욕시, 웨스트 20번 스트리트 9번지의 안존수(John Soo Ahn)에게 공식적인 수령증을 보내주기 바랍니다.

안녕히 계십시오.

O. R. 에비슨

처: UMAC

288 ▌ 연·세전 교장 에비슨 자료집(Ⅶ)

**CHOSEN
CHRISTIAN COLLEGE**

O. R. AVISON, M. D., L. L D
PRESIDENT

H. H. UNDERWOOD, PH. D.

SEOUL, KOREA

UNDER

**SEVERANCE
UNION MEDICAL COLLEGE**

COOPERATING BOARD OF CHRISTIAN EDUCATION IN CHOSEN
NEW YORK CITY

REPRESENTING
THE FOLLOWING FOREIGN MISSION
BOARDS AND COMMITTEES

PRESBYTERIAN IN U. S. A.
PRESBYTERIAN IN U. S.
METHODIST EPISCOPAL
METHODIST EPISCOPAL SOUTH
UNITED CHURCH OF CANADA

JOHN T. UNDERWOOD
CHAIRMAN OF BOARD
JOHN L. SEVERANCE
CHAIRMAN OF FINANCE COMM
ALFRED GANDIER
E. H. RAWLINGS
VICE-CHAIRMAN OF BOARD
ERNEST F. HALL
156 FIFTH AVE., N. Y.
SECRETARY
GEO. F. SUTHERLAND
150 FIFTH AVE., N. Y.
TREASURER

156 FIFTH AVE., NEW YORK CITY

December 24, 1925

Dr. Geo. F. Sutherland, Treasurer,
Board of Foreign Missions,
150-5th Ave.,
New York City.

Dear Dr. Sutherland:

I am sending you a check for $358.00, part of the contribution being made by Koreans of New York City for the Chosen Christian College.

Please place this in the general fund and send an official receipt to Mr. John Soo Ahrn, 9 West 20th Street, N. Y. City.

Sincerely yours,

O.R. Avison

ORA:E

Enc.

83. 서덜랜드가 에비슨에게

1925년 12월 24일

O. R. 에비슨 박사,
5번가 156번지,
뉴욕시.

친애하는 나의 에비슨 박사님:

맥켄지(Andrew C. McKenzie) 씨의 약정금에 관해, 파일들 사이에서 실제로 그런 약정이 이루어진 편지를 찾지는 못하였지만, 1925년 1월 2일자 편지에서 그런 언급이 있는 것을 발견하였습니다. 그 내용은 다음과 같습니다.

1천 불짜리 내 수표를 동봉하니 찾아보십시오. 그것은 한국 서울 연희전문학교에 내가 5년간 매년 1천 불씩 기부할 5천 불의 첫 번째 지급금입니다.

이것은 약정한 것으로 보기에 충분하다고 생각합니다. 그렇지만 맥켄지 씨에게 1월 초에 편지를 써서 만일 우리의 정규 약정서 양식에 기꺼이 서명할 마음이 있다면 두 번째 약정금을 지급해달라고 요청하는 것이 지혜롭지 않을까 생각합니다. 당신은 그 일을 어떻게 하면 좋을지 알고 있을 것입니다. 나는 그런 카드를 가지고 있지 않으므로, 당신의 생각에 내가 그에게 서명을 요청해야 할 것 같으면, 그것을 한 장 내게 보내주기 바랍니다.

안녕히 계십시오.

GFS [G. F. 서덜랜드]

출처: UMAC

8031

Dec. 24, 1925.

Dr. O. R. Avison,
156 Fifth Avenue,
New York City.

My dear Dr. Avison:-

      Regarding the pledge of Mr. Andrew C. McKenzie, I
can find no letter in file actually making such a pledge
but find reference to it in a letter dated January 2, 1925,
which reads as follows:

> "Enclosed please find my check for $1000.00
> which is first payment on account of my con-
> tribution of $5000.00 to Chosen Christian
> College, Seoul, Korea, payable $1000.00
> each year for five years."

      I presume this is really enough to cover a pledge.
I am wondering, however, if it would be wise when I write Mr.
McKenzie early in January for his second payment to ask him
if he would be willing to sign one of our regular pledge forms.
You may know about the wisdom of that. I do not have such
cards in my possession and if you think I should ask him to
sign one please send me a copy.

                Sincerely yours,

GFS
FS

84. 에비슨이 서덜랜드에게

5번가 156번지, 뉴욕시

1925년 12월 28일

조지 F. 서덜랜드 박사, 회계,

기독교 교육을 위한 협력이사회,

5번가-150번지,

뉴욕시.

친애하는 서덜랜드 박사님:

맥켄지(Andrew C. McKenzie) 씨의 약정금에 관한 당신의 질문에 대해, 맨 처음 약정할 뜻을 밝힌 그의 편지가 당신에게 있는 것을 보면, 내가 그에게 또 다른 약정문서에 서명해달라고 요청하는 것이 최선은 아닌 것 같습니다. 그러나 당신은 그에게 부담 없이 제안할 수 있을 것입니다. 그에게 만일 정규 약정 카드에 서명해준다면 모든 계산을 더 만족스럽게 끝낼 수 있게 될 것이라고 제안하는 것입니다.

언더우드 타자기회사 주식의 추가 배당금 1백 불 문제에 대해서는, 그 문제를 살펴보고 가까운 시일 안에 당신에게 그것에 관해 알려드리겠습니다.

안녕히 계십시오.

O. R. 에비슨

출처: UMAC

**CHOSEN
CHRISTIAN COLLEGE**

O. R. AVISON, M. D., L. L. D
PRESIDENT
H. H. UNDERWOOD, PH. D.

SEOUL. KOREA

—

UNDER

COOPERATING BOARD OF CHRISTIAN EDUCATION IN CHOSEN

NEW YORK CITY

TRANSFERRED

REPRESENTING
THE FOLLOWING FOREIGN MISSION
BOARDS AND COMMITTEES

PRESBYTERIAN IN U. S. A.
PRESBYTERIAN IN U. S.
METHODIST EPISCOPAL
METHODIST EPISCOPAL SOUTH
UNITED CHURCH OF CANADA

**SEVERANCE
UNION MEDICAL COLLEGE**

JOHN T. UNDERWOOD
CHAIRMAN OF BOARD
JOHN L. SEVERANCE
CHAIRMAN OF FINANCE COMM
ALFRED GANDIER
E. H. RAWLINGS
VICE-CHAIRMEN OF BOARD
ERNEST F. HALL
156 FIFTH AVE., N. Y.
SECRETARY
GEO. F. SUTHERLAND
150 FIFTH AVE., N. Y.
TREASURER

156 FIFTH AVE., NEW YORK CITY

December 28, 1925

Dr. Geo. F. Sutherland, Treasurer,
Cooperating Board of Christian Education,
150-5th Ave.,
New York City.

Dear Dr. Sutherland:

Referring to your question concerning
Andrew C. McKenzie's pledge, I think it would *not* be best *for me*
to ask him to sign another pledge, seeing that you have his
original letter containing his pledge, *but you might readily suggest
to him that if he will sign the regular pledge card I will be more easily filed or*
In regard to the matter of the extra

dividend of $100.00 on the stock of the Underwood Typewriter

Company, I will take the matter up and let you know a little

later concerning it.

Sincerely yours,

O.R. Avison

ORA:E

Pledge Card enclosed

85. 토마스가 에비슨에게

<u>사본</u>

신시내티 지부

북감리회 해외여선교회

1925년 12월 29일

O. R. 에비슨 박사,

5번가 156번지,

뉴욕시.

친애하는 에비슨 박사님:

오하이오주 클리블랜드의 스프렁거(Mary Ann Sprunger) 양에 대해 내가 아는 모든 것을 당신께 말하게 되어 매우 기쁩니다. 사실은 내가 그녀에게 당신에게 신청해보라고 조언하였습니다.

간호사로서 그녀의 역량과 해외 선교지 지원자로서의 적합성에 관해서는 내가 아는 사람들 가운데 그녀를 능가할 사람이 없습니다. 그녀는 지금까지 우리에게 허입을 신청한 사람들 가운데 가장 훌륭한 지원자의 한 명입니다. 우리 지부는 그렇게 생각합니다. 그녀는 지금 한국에 있는, 스토버(Myrta Stover)라는 매우 훌륭한 친구를 두고 있습니다. 그들은 여러 해 동안 함께 나갈 계획을 세웠습니다.

다만 이 일에 한 가지 문제가 있는데, 그것은 건강 상태입니다. 그런 문제에 대해서는 당신이 나보다 훨씬 더 잘 알 것입니다. 가족 가운데 우울증을 앓은 사람이 있습니다. 몇 명이나 그것에 걸렸는지는 정확히 모르지만, 최소한 두 명이고, 3명일 수도 있습니다. 바로 지금은 그녀의 신청서가 어디에 있는지 찾지 못하겠습니다. 당신도 알다시피 내가 1년 동안 떠나 있었던 까닭에 무엇을 찾으려 할 때마다 어려움을 느끼고 있지만, 이 가족의 병력(病歷) 외에는 문제가 될 일이 결코 아무것도 없습니다.

우리 지부는 그녀를 2년 동안 살펴왔고, 우리는 모든 방면에서 이 증세의 세세한 문제점을 찾아내려고 만방으로 노력하였습니다. 그녀가 간호사로 일했던 병원에 은밀히 편지를 썼고, 가족의 지인들에게도 편지를 썼습니다. 그들은 모두 우리에게 같은 말을 하였습니다. 곧 그녀는 그런 병의 그 어떤 흔적도 없다는 것입니다. 그녀가 인격적으로 아주 건강한지는 잘 모르겠지만, 선교지원자 관리 업무를 맡은 우리 총무는 우리 선교부가 그녀의 많은 친구를 파송하였던 것처럼 그녀를 파송하지 않으면 크게 실수하는 것이란 생각을 하고 있습니다.

당신에게 아주 솔직하게 말씀드렸습니다. 의사로서 당신은 이런 경우에 어떻게 해야 할지 알 것입니다. 만일 내 마음대로 할 수 있었더라면 그녀에게 선교지를 경험해보라고 하였을 것입니다. 당신이 바쁜 중에도 시간을 내어 내게 편지를 써서 당신이 어떤 식으로 최종 결정을 내렸는지를 알려주면 감사하겠습니다. 나는 그 젊은 여성에게 깊은 관심이 있습니다.

안녕히 계십시오.

(서명)   샐리 B. 토마스

출처: UMAC

Cincinnati Branch
Woman's Foreign Missionary Society
Methodist Episcopal Church

December 29, 1925

Dr. O. R Avison,
156 Fifth Ave.,
New York City.

Dear Dr. Avison:

      I am most happy to tell you all I know of Miss
Mary Ann Sprunger, of Cleveland, Ohio: in fact, I advised her to
apply to you.

      As far as her capabilities as nurse and as a fit can-
didate for the foreign field, nobody surpassed her, whom I know.
She is one of the finest candidates- so our Branch Committee
thinks - that has ever applied to us. She has a very dear friend,
Myrta Stover, who is now in Korea. They have planned to go to-
gether for many years.

      There is only one thing in the way that is, a health
condition that you will understand far better than I do. There
is melancholia in the family. I do not remember just how many have
had it; at least two, and perhaps three. I cannot at this moment
put my hands upon her papers. As you know, I have been gone for
a year, and am finding it difficult to always find what I want,
but there is absolutely nothing in thr way except this family
history.

      Our branch had her under consideration for two years.
We tried in every way to find out every particular about this
trouble; wrote to the hospital confidentially where she had been as
a nurse, and wrote to friends of the family. They all told us
the same thing, that she had been free thus far from any taint of
it. I do not know her so well personally, but our secretary of
candidate work thinks that our board made a great mistake in not
sending her, as do many of her friends.

      I have been perfectly frank with you, and as a physician,
you will know how to deal with this case. I know if I could have
had my way, I would have given her a trial on the field. I would
be grateful to you if, in your busy life, you had time to drop
me a line in regard to your final decision. I am deeply
interested in the young woman.

                      Sincerely yours,

SBT:AR   (Mrs. R. C.)

                      (Signed) Sallie B.Thomas

86. 서덜랜드가 에비슨에게

1925년 12월 31일

O. R. 에비슨 의사,

5번가 156번지,

뉴욕시.

친애하는 나의 에비슨 박사님:

오웬스(Owens)의 9월 5일자 편지에서 거론된 항목들을 설명한 당신의 12월 28일자 편지를 받고, 방금 그것들을 경상비 안에 넣었습니다. 현재 크라운 연료 절약기의 금액 외에는 그것들이 모두 아주 명확한 것 같습니다. 이 문제를 가장 잘 해결할 쉽고 좋은 방법은 당신이 비지정 일반 기금의 일부를 이 건물들에 책정하는 일인 듯싶습니다. 예를 들면, 만일 당신이 비지정 기금에서 434.34불을 1번 항목 기숙사에 책정하면, 기숙사의 보일러를 위한 이 항목을 해결할 수 있을 것이고, 그러면 경상비로 쓸 금액과 앞서 말한 금액을 오웬스에게 보낼 수 있을 것입니다. 그 금액은 그가 처한 현재 상황에서 벗어나게 해줄 것입니다. 우리가 다음에 만날 때 이 문제를 의논할 수 있을 것입니다.

안녕히 계십시오.

GFS [G. F. 서덜랜드]

출처: UMAC

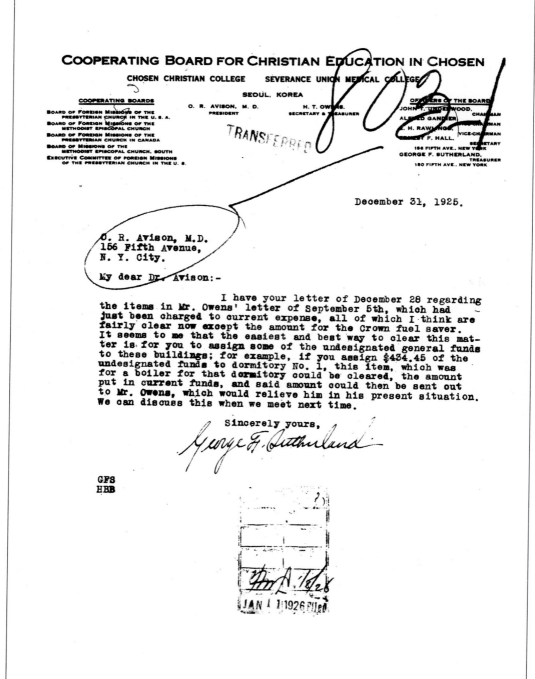

COOPERATING BOARD FOR CHRISTIAN EDUCATION IN CHOSEN

CHOSEN CHRISTIAN COLLEGE   SEVERANCE UNION MEDICAL COLLEGE

SEOUL, KOREA

COOPERATING BOARDS

BOARD OF FOREIGN MISSIONS OF THE
PRESBYTERIAN CHURCH IN THE U. S. A.
BOARD OF FOREIGN MISSIONS OF THE
METHODIST EPISCOPAL CHURCH
BOARD OF FOREIGN MISSIONS OF THE
PRESBYTERIAN CHURCH IN CANADA
BOARD OF MISSIONS OF THE
METHODIST EPISCOPAL CHURCH, SOUTH
EXECUTIVE COMMITTEE OF FOREIGN MISSIONS
OF THE PRESBYTERIAN CHURCH IN THE U. S.

O. R. AVISON, M. D.
PRESIDENT

H. T. OWENS,
SECRETARY & TREASURER

OFFICERS OF THE BOARD

JOHN T. UNDERWOOD,
CHAIRMAN
ALFRED GANDIER,
VICE-CHAIRMAN
A. H. RAWLINGS,
VICE-CHAIRMAN
ERNEST F. HALL,
SECRETARY
156 FIFTH AVE., NEW YORK
GEORGE F. SUTHERLAND,
TREASURER
150 FIFTH AVE., NEW YORK

TRANSFERRED

December 31, 1925.

O. R. Avison, M.D.
156 Fifth Avenue,
N. Y. City.

My dear Dr. Avison:-

      I have your letter of December 28 regarding
the items in Mr. Owens' letter of September 5th, which had
just been charged to current expense, all of which I think are
fairly clear now except the amount for the Crown fuel saver.
It seems to me that the easiest and best way to clear this mat-
ter is for you to assign some of the undesignated general funds
to these buildings; for example, if you assign $434.45 of the
undesignated funds to dormitory No. 1, this item, which was
for a boiler for that dormitory could be cleared, the amount
put in current funds, and said amount could then be sent out
to Mr. Owens, which would relieve him in his present situation.
We can discuss this when we meet next time.

      Sincerely yours,

George F. Sutherland

GFS
HBB

JAN 11 1926 Filed

87. 에비슨이 보건에게

5번가 156번지, 뉴욕시

1926년 1월 4일

보건 의료선교 담당 총무,

해외선교부,

5번가-150번지,

뉴욕시.

친애하는 보건 의사님:

오하이오주 신시내티의 토마스 부인으로부터 방금 받은 편지의 사본을 동봉합니다. 전에 내가 당신에게 말했던 간호사 스프렁거(Mary Ann Sprunger) 양에 관한 것입니다.

내가 토마스 부인에게 편지를 써서 스프렁거 양의 서류들을 가능한 한 빨리 내게 보내 달라고 다시 부탁하였습니다. 그렇게 되면 그것들을 살펴본 후 당신에게 넘겨서 검토받게 하겠습니다.

전에 상의했던 사람들은 모두 스프렁거 양이 지니고 있을지도 모를 우울증 성향에 대해 그녀에게서 그런 낌새를 조금도 알아차리지 못하였다고 대답하였던 사실을 주목합니다.

안녕히 계십시오.

O. R. 에비슨

출처: UMAC

156 FIFTH AVE., NEW YORK CITY

January 4, 1926

Dr. Vaughan, Medical Secretary,
Board of Foreign Missions,
150-5th Ave.,
New York City.

Dear Dr. Vaughan:

I am enclosing a copy of a letter which I just received from Mrs. Thomas of Cincinnati, Ohio, concerning Miss Mary Ann Sprunger, the Nurse about whom I talked with you the other day.

I have written to Mrs. Thomas again asking her to send Miss Sprunger's papers to me as soon as she can, and after looking them over I will pass them on to you for your consideration.

I note that all those who were consulted concerning Miss Sprunger's supposed tendency to melancholia replied that they had not noticed anything of the kind in her.

Sincerely yours,

ORA:E
Enc.

O R Avison

88. 에비슨이 서덜랜드에게

5번가 156번지, 뉴욕시

1926년 1월 5일

조지 F. 서덜랜드 박사, 회계,

기독교 교육을 위한 협력이사회

5번가ㅡ150번지,

뉴욕시.

친애하는 서덜랜드 박사님:

펜실베이니아주 필라델피아, 제퍼슨대학교 의과대학(Jefferson Medical School)의 교장 포터(William Potter) 박사가 보낸 1백 불짜리 수표를 방금 받았습니다. 그것은 지난해에 우리가 김창세 의사를 한국으로 보냈을 때 그의 여비 지급을 돕는 데 사용하기 위한 것입니다.

그 여비를 선지급했던 기금을 찾아내어 이 1백 불짜리 수표를 가지고 그 금액을 대체하기 바랍니다.

당신이 편지에서 말했던 문제, 곧 특정 기금을 연희전문 기숙사의 난방설비에 쓰도록 지정하는 문제에 관해 이야기를 나누기 위해 오늘 당신을 찾아가려 하였으나, 당신의 사무실에 전화하였다가 당신이 오늘 오지 않는 것을 알게 되었습니다.

당신이 사무실에 돌아올 때 내게 전화하여 우리가 만날 시간을 잡을 수 있게 해주겠습니까?

안녕히 계십시오.

O. R. 에비슨

출처: UMAC

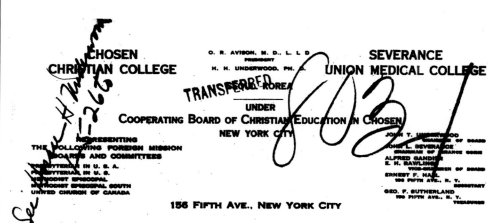

January 5, 1926

Dr. George F. Sutherland, Treasurer,
Cooperating Board of Christian Education,
150-5th Ave.,
New York City.

Dear Dr. Sutherland:

I have just received the enclosed check
for $100.00 from Dr. William Potter, President of Jefferson
Medical School, Philadelphia, Pa., which is to be used to help
pay the travel expenses for Dr. C. S. Kim, when we sent him to
Korea last year.

Kindly look up the fund from which those
expenses were advanced and use this check in replacing them
to the amount of $100.00.

I had intended to call on you today to talk
over the matter which you spoke of in your letter, i.e., the
designation of certain funds to the payment of the heating plant
for the Dormitory of the Chosen Christian College, but on 'phon-
ing to your office found you would not be in today.

Will you be so good as to 'phone me when you
return to the office so that we can set a time for meeting?

Sincerely yours,

O R Avison

ORA:E
Enc.

89. 에비슨이 서덜랜드에게

5번가 156번지, 뉴욕시
1926년 1월 7일

조지 F. 서덜랜드 목사, 회계,
기독교 교육을 위한 협력이사회,
5번가-150번지,
뉴욕시.

친애하는 서덜랜드 박사님:

스클라 제조회사(J. Sklar Mfg. Company)와 통신한 것에 관해 말하자면, 오웬스(Owens)가 보낸 주문서를 조사하여 첫 번째 구간과 두 번째 구간-후자에 다양한 것이 들어있습니다-을 합쳐 전체 주문 금액이 5백 불을 약간 초과하는 것을 알게 되었습니다. 그러므로 그 주문을 그냥 그대로 보내라고 제안하겠습니다.

바늘들과 여러 작은 물품들은 우체국 화물로 보내면 더 유리하므로, 그것들을 그런 식으로 발송해주기를 오웬스가 원했던 것에 주목해주기 바랍니다. 이는 그것들의 일부가 급히 필요하고, 바늘은 더욱 그러하기 때문입니다. 나머지 주문품은 당신의 선교부 사무실이나 북장로회 선교부 사무실로 보내서 통상적인 방법으로 발송하게 해야 할 듯합니다. 그러나 소포 전체가 아주 큰 것은 아니므로 주문품 전체를 우체국 화물로 보내도 되지 않을지를 문의해보라고 제안합니다. 내게 있는 이 주문과 관련된 통신문 전체를 여기에 동봉합니다. 그런데 카탈로그와 가격 목록은 당분간 내가 가지고 있으려고 합니다. 당신이 만일 스클라 회사에 주문품을 가능한 한 조금도 지연되지 않게 보내라고 말해준다면 오웬스가 틀림없이 감사하게 여길 것입니다. 잉크 카트리지를 사기 위한 작은 주문서도 동봉합니다. 그것을 이곳에 있는 스틸(Chas. A. Steele) 씨에게 보내기는 하였지만, 당신이 취급하는 편이 아마도 더 나을 것입니다.

안녕히 계십시오.

O. R. 에비슨

출처: UMAC

CHOSEN
CHRISTIAN COLLEGE

O. R. AVISON, M. D., L. L.
PRESIDENT
H. H. UNDERWOOD, PH. D.

SEVERANCE
UNION MEDICAL COLLEGE

SEOUL, KOREA

UNDER

COOPERATING BOARD OF CHRISTIAN EDUCATION IN CHOSEN
NEW YORK CITY

REPRESENTING
THE FOLLOWING FOREIGN MISSION
BOARDS AND COMMITTEES
PRESBYTERIAN IN U. S. A.
PRESBYTERIAN IN U. S.
METHODIST EPISCOPAL
METHODIST EPISCOPAL SOUTH
UNITED CHURCH OF CANADA

JOHN T. UNDERWOOD
CHAIRMAN OF BOARD
JOHN L. SEVERANCE
CHAIRMAN OF FINANCE COMM
ALFRED GANDIER
E. H. RAWLINGS
VICE-CHAIRMEN OF BOARD
ERNEST F. HALL
156 FIFTH AVE., N. Y.
SECRETARY
GEO. F. SUTHERLAND
150 FIFTH AVE., N. Y.
TREASURER

156 FIFTH AVE., NEW YORK CITY
January 7, 1926

Rev. Geo. F. Sutherland, Treasurer,
Cooperating Board of Christian Education,
150-5th Ave.,
New York City.

Dear Dr. Sutherland:

Referring to the correspondence with the
J. Sklar Mfg. Company, I may say that I have gone over the
order sent by Mr. Owens and find that the entire order in-
cluding both the first section and the second section, the
latter being the variable one, added together will amount to
slightly over $500.00. I would, therefore, suggest that the
order be sent in just as it is.

Please note that Mr. Owens desires to have
the needles and any other small goods that it would be more
profitable to send by parcel post, sent out in that way as they
are in a hurry for some of them, especially for some of the
needles. The balance of the order I suppose should be sent
either to your Board room or to the Presbyterian Board rooms for
shipment in the usual way. However, as the whole package will
not be a very large one, I would suggest that an inquiry be
made as to whether it might not pay to send the entire order by
parcel post. I am enclosing in this the entire correspondence
concerning this order which is in my possession, but retaining
here, for the present, the catalogue and price-list. I am sure
that Mr. Owens will be grateful if you can put the matter before
the Sklar Company in such a way that they will get the order off
without the least possible delay. I am enclosing also a small
order for Ink Cartridges, which although addressed to Mr. Chas.
A. Steele here, can probably be better handled by yourself.

ORA:E
Enc.

Sincerely yours,

304 | 연·세전 교장 에비슨 자료집(Ⅶ)

90. 에비슨이 서덜랜드에게

5번가 156번지, 뉴욕시
1926년 1월 13일

조지 F. 서덜랜드 박사, 회계,
기독교 교육을 위한 협력이사회,
5번가 150번지,
뉴욕시.

친애하는 서덜랜드 박사님:

테일러(J. E. Rex Taylor)*와의 계산을 끝내야 할 일에 관해, 존 언더우드(Underwood) 씨와 세브란스(Severance) 씨가 테일러의 봉급과 여비 지급 조정에 다음과 같이 합의하였다는 사실을 당신에게 알릴 수 있게 되어 기쁩니다.

그가 네브라스카(Nebraska)의 집으로 가는 동안에는 일당을 통상적인 수준으로 지급하지만, 봉급은 여행 기간에 주지 않는다. 도착한 후에는 3개월 동안 계속 봉급을 지급한다.

당신은 물론 평소처럼 필요한 금액을 존 언더우드와 세브란스로부터 받아 오웬스가 먼저 거기에서 얼마큼 인출하고 남은 잔액 쓰게 될 것입니다.

안녕히 계십시오.

O. R. 에비슨

출처: UMAC

---

* 테일러는 북장로회 의료선교사로 1922년 7월 내한하여 가을부터 세브란스의전에서 약물학과 약리학을 가르치고 약국과 판매부를 이끌다가 1926년 귀국하였다. 그는 그동안 존 언더우드와 세브란스로부터 봉급을 받았다.

CHOSEN
CHRISTIAN COLLEGE

O. R. AVISON, M. D., L. L. D
PRESIDENT
H. H. UNDERWOOD, PH. D.
SEOUL, KOREA

SEVERANCE
UNION MEDICAL COLLEGE

UNDER

COOPERATING BOARD OF CHRISTIAN EDUCATION IN CHOSEN
NEW YORK CITY

REPRESENTING
THE FOLLOWING FOREIGN MISSION
BOARDS AND COMMITTEES
PRESBYTERIAN IN U. S. A.
PRESBYTERIAN IN U. S.
METHODIST EPISCOPAL
METHODIST EPISCOPAL SOUTH
UNITED CHURCH OF CANADA

JOHN T. UNDERWOOD
CHAIRMAN OF BOARD
JOHN L. SEVERANCE
CHAIRMAN OF FINANCE COMM
ALFRED GANDIER
E. H. RAWLINGS
VICE-CHAIRMEN OF BOARD
ERNEST F. HALL
156 FIFTH AVE., N. Y.
SECRETARY
GEO. F. SUTHERLAND
150 FIFTH AVE., N. Y.
TREASURER

156 FIFTH AVE., NEW YORK CITY

January 13, 1926

Dr. Geo. F. Sutherland, Treasurer,
Cooperative Board of Christian Education,
150-5th Ave.,
New York City.

Dear Dr. Sutherland:

Re- settlement with J. E. Rex Taylor,

I am glad to be able to report to you that both Mr. Underwood
and Mr. Severance have agreed to the adjustment of Mr. Taylor's
salary and traveling expenses, as follows:

Travel to their home in Nebraska, with the
usual daily allowance while traveling, but no salary during
the travel period. Then a continuance of their salary after
arrival for a period of three months.

You will, of course, make collections from Mr.
Underwood and Mr. Severance, as usual for the amount required, *first
using any balance that Mr Owens may have drawn.*

Sincerely yours,

ORA:E

91. 보건이 에비슨에게

1926년 1월 15일

O. R. 에비슨 박사,
북장로회 해외선교부,
5번가 156번지,
뉴욕시.

친애하는 에비슨 박사님:

세브란스병원에 보낼 간호사의 기록을 게임웰(Gamewell) 박사에게 넘겼습니다. 이제는 그가 다음 문제를 해결해야 합니다. "한국에 인력을 배정하는 업무를 맡은 우리 부서의 보고서가 새로 파견될 간호사의 봉급을 충당할 수 있는지를 입증하는가?"

당신이 만일 게임웰 박사를 재촉하여 그 문제를 속히 해결할 생각을 하게 할 수 있다면 그만큼 보람이 있을 것입니다. 세브란스병원의 예산을 나는 몰라도 당신은 알고 있으므로, 한국에 있는 우리[북감리회 선교회] 재정위원회와는 다른 각도에서 그에게 정보를 줄 수 있을 것입니다. 당신에게 그 문제로 그를 만나보라고 촉구하고 싶습니다.

안녕히 계십시오.

JGV [J. G. 보건]

출처: UMAC

TRANSFERRED

8031

January 15
1 9 2 6

Dr. O. R. Avison,
Presbyterian Board,
156 Fifth Avenue,
New York City

Dear Doctor Avison:

I passed a memorandum to Dr. Gamewell
regarding a nurse for Severance Hospital. The
question now needing clearance with him is,
"Does the report from our Korea Redistribution
show that they are able to finance the salary
and outgoing of a new nurse."
If you can hasten the clearing of that question
in Dr. Gamewell's mind, it might be worth while.
I did not know but what your knowledge of the
Severance Hospital budget might give him informa-
tion for a different angle than that of our
Finance Committee in Korea. Let me urge you tosee
muskxwith him about the matter.

Cordially yours,

JGV
JL

92. 에비슨이 보건에게

5번가 156번지, 뉴욕시
1926년 1월 16일

J. G. 보건 의사, 박사,

해외선교부,

5번가 150번지,

뉴욕시.

친애하는 보건 박사님:

"세브란스"에 갈 새 간호사의 봉급을 마련하여 그녀를 파송하는 문제를 다룬 당신의 1월 15일자 편지를 방금 받았습니다.

당신은 전에 페인(Payne) 양에게 주었던 봉급이 이런 때에 사용될 수 있지 않을까 하는 생각을 하게 될 것입니다. 그러나 곧바로 이 문제를 게임웰 박사에게 물어보겠습니다.

안녕히 계십시오.

O. R. 에비슨

위의 편지를 [타자수에게] 받아치게 한 후에 게임웰 박사와 이야기하였는데, 그는 이런 경우는 가능할 것이라는 믿음을 피력하였습니다.

출처: UMAC

CHOSEN
CHRISTIAN COLLEGE

O. R. AVISON. M. D., L. L. D.
PRESIDENT
H. H. UNDERWOOD, PH. D.

SEVERANCE
UNION MEDICAL COLLEGE

SEOUL, KOREA

UNDER
COOPERATING BOARD OF CHRISTIAN EDUCATION IN CHOSEN
NEW YORK CITY

TRANSFERRED

JOHN T. UNDERWOOD
CHAIRMAN OF BOARD
JOHN L. SEVERANCE
CHAIRMAN OF FINANCE COMM.
ALFRED GANDIER
E. H. RAWLINGS
VICE-CHAIRMEN OF BOARD
ERNEST F. HALL
156 FIFTH AVE., N. Y.
SECRETARY
GEO. F. SUTHERLAND
150 FIFTH AVE., N. Y.
TREASURER

156 FIFTH AVE., NEW YORK CITY

January 16, 1926

Dr. J. G. Vaughan, M. D.,
Board of Foreign Missions,
150-5th Ave.,
New York City.

Dear Dr. Vaughan:

I have just received your note of January 15th, referring to the question of financing the salary and going-out of a new nurse for "Severance."

You will bear in mind that the former salary of Miss Payne would be used for this purpose. I will speak to Dr. Gamewell at once, however, on this subject.

Sincerely yours,

ORA:E

O. R. Avison

Since dictating the above I have talked with Dr Gamewell who expressed his belief that this case can be carried through.

93. 마틴이 에비슨에게

사본

제창병원(St. Andrew's* Hospital)
캐나다연합교회 선교회
용정촌, 만주
한국 강계 경유

1926년 1월 22일

친애하는 에비슨 박사님:

우리 실행위원회가 통과시킨 결의안의 사본을 당신께 보냅니다. 우리를 세브란스에 임명해주도록 당신이 요청하는 근거로 삼게 하기 위해서입니다.

1월 19일

맨스필드 의사가 돌아오지 않을 가능성이 있음을 고려하고 선교지에 의료인이 필요함을 고려하여, 우리는 선교부에 다른 의사를 즉각 임명해줄 것을 촉구한다. 우리는 또한 용정촌의 마틴 의사가 그의 자리를 만족스럽게 채울 수 있게 되면 곧바로 세브란스로 사역지를 옮기기를 바라는 것을 긍정적으로 여긴다.

본국의 선교부는 이 문제를 결정하기에 앞서 당신으로부터 분명한 요청을 받을 필요가 있을 것입니다.

당신에게 주어진 모든 문제가 너무 어렵지 않으면 좋겠습니다.

에비슨 부인께 안부 인사를 전해주기 바랍니다.

안녕히 계십시오.

(서명) S. H. 마틴

추신. 다음 주에 서울에 가서 의사들의 회의에 참석하여 "결핵 등의 문제점"에 관한 논문을 읽을 예정입니다.

출처: PCC & UCC

---

* 원문의 'Andrews'는 'Andrew's'의 오기로 생각된다.

COPY

ST ANDREWS HOSPITAL
CANADIAN MISSION
LUNG CHING TSUIN, MANCHURIA
Via, Kainei, Korea.

Jan. 22n, 1926

Dear Dr. Avison;

I am sending you a copy of a resolution passed by our executive committee, so that you may have some basis for asking for our appointment to Severance.

Jan. 19th,

"In view of the possibility of Dr. Mansfield not returning, and in view of the medical needs of the field, we urge the Board to appoint another doctor immediately. We also favourably consider Dr. Martin's desire to transfer to work in Severance as soon as his place can be satisfactorily filled in Lungshingsun."

The Board at home will need a definite request from you before they act on this matter.

Hoping all your problems are not proving too hard,

With best regards to Mrs. Avison,

Sincerely yours,

(Signed) S.H.Martin.

P.S. Am leaving for Seoul next week to attend medical meeting and read a paper on "The Problem of the T.B. etc.

94. 서덜랜드가 에비슨에게

1926년 1월 23일

O. R. 에비슨 씨,
로체스터 호텔,
로체스터, 뉴욕주.

친애하는 나의 에비슨 박사님:

어제 당신과 헤어진 후 노스(North) 박사가 아닌 다른 소식통으로부터 홀 재단의 상황에 관한 정보를 더 많이 얻게 되었습니다. 존슨(Johnson) 씨와 데이비스(Davies) 씨가 지난 2주 동안 이틀을 이 도시에서 보내면서 몇몇 기독교 종합대학의 대표들을 만나 회의를 한 것이 아주 확실합니다. 내가 이해할 수 있는 바로는 올봄의 어느 때에 그 기금으로 많은 기부를 할 작정인 것 같습니다. 그들이 당신에게 연락하지 않았다는 사실이 나를 크게 힘들게 합니다. 이는 그들에게 연희전문학교에 더 많은 기부를 할 마음이 없어진 것을 시사할 수 있기 때문입니다.

나는 또한 많은 금액을 요청하는 것이 지혜롭다는 사실을 확신하게 되었습니다. 이는 그들이 많이 주거나 그렇지 않으면 전혀 주지 않는다는 결론에 이를 것이 분명하기 때문입니다. 나는 또한 그들이 미국이나 영국에 있는 법인에 기부하는 것을 절대적인 조건들의 하나로 확정하였다는 말을 들었습니다. 그러므로 당신은 그런 점에서 다소 힘들 수 있습니다.

내가 들었던 말을 참고하면, 우리가 25만 불을 추가로 모금할 수 있으리라는 전제 위에서, 노스 박사가 제안한 대로 학교의 기본재산을 위한 기금 50만 불의 기부를 요청하면서 25만 불을 다시 제안하지 않는 것이 아주 지혜로우리라고 믿습니다. 그들이 그런 특별한 제안에 크게 영향을 받을지는 확실하지 않지만, 만일 다른 재원에서 25만 불을 얻는 것을 보장하겠다는 제안이 이루어진다면, 나는 그들이 50만 불을 기부하는 것을 기준으로 이렇게 할 것입니다. 그러나 이 후자에 대해서는 내가 확실히 알지 못합니다.

당신이 클리블랜드에 가서 그들에게 이 문제를 다시 제기할 때 행운이 있기를 희망합니다.

이 편지의 사본을 존 언더우드 씨에게 보낼 생각입니다.

안녕히 계십시오.

GFS [G. F. 서덜랜드]

출처: UMAC

8031

Jan. 23, 1926.

Mr. O. R. Avison,
C/o Rochester Hotel,
Rochester, New York.

My dear Dr. Avison:-

Since leaving you yesterday I had an opportunity to
secure from a source other than Dr. North some additional infor-
mation about Hall Estate matters. I find that Mr. Johnson and
Mr. Davies were in the City a couple of days during the past two
weeks and that they have been in rather definite conferences
with representatives of several Christian Universities. As near
as I can understand, with a view of making a large distribution
of their funds sometime this spring. The fact that they did not
get in touch with you disturbs me considerably, as it may indi-
cate that they have lost interest in further gifts to Chosen
Christian College.

I also received confirmation of the fact that it is wise
to ask for large amounts, as they have apparently come to the con-
clusion that they will give largely or not at all. I am also told
that they have fixed it as one of their absolute conditions that
the gifts be made to incorporated bodies in America or Great Bri-
tain, and you may have some difficulty at that point.

From what I have heard I believe it would be very wise
to follow Dr. North's suggestion and ask for $500,000 endowment
and not renew the $250,000 proposition, providing we could raise
an additional $250,000. If the proposition to guarantee $250,000
from other sources is made at all I would make it on a basis of
their giving $500,000; altho I am not sure that that particular
sort of a proposition has much influence with them. On this lat-
ter point, however, I have no definite knowledge.

I hope you will be fortunate when you get to Cleveland
in getting the matter before them again.

I am sending a copy of this letter to Mr. Underwood.

Sincerely yours,

GFS
FS

95. 에비슨이 서덜랜드에게

세네카 호텔, 로체스터
1926년 1월 26일

친애하는 서덜랜드 박사님:

당신의 편지를 받게 되어 감사합니다. 지난 금요일 저녁 이곳을 떠나기 전에 존 언더우드(John T. Underwood) 씨와 상의하여, 이번 주에 클리블랜드에 가서 [홀 재단 관리자] 존슨(Johnson) 씨가 토요일에 도착하면 그 후에 가능한 한 빨리 그를 만나자고 결정하였습니다. 우리는 50만 불을 기부해달라고 제안하는 문제를 의논하고 그 금액을 요청하기로 하였습니다.

이미 받았거나 약정받은 금액의 총액을 20만 불 이상으로 올리기 위해 존 언더우드 씨가 1만 5천 불을 기본재산을 위한 기금으로 분류하였습니다. 또한, 50만 불을 확보한다는 조건에서 10만 불도 구할 수 있다고 말할 수 있습니다. 그러므로 만일 우리가 25만 불을 기부해주도록 제안하려면 15만 불의 기부처를 찾아야 합니다. 서부지역에서 10만 불을 기부받는 계획은 어찌 되었습니까? 만일 그 금액을 받으면 내가 말했던 그 5만 불도 얻을 수 있을 것 같습니다. 그렇게 되게 하려면 무슨 일을 할 수 있습니까? 그 신사분을 만나러 가면 도움이 되겠습니까? 엘메스(Elmes) 씨와 상의하시기 바랍니다.

전에 언급된 미국의 법인 설립 조건에 관해 말하자면, 이미 의논했던 바와 같이 왜 협력이사회는 법인이 되면 안 되는 것입니까?* 내가 존슨 씨를 만나면 물론 이에 대해 알아볼 것입니다. 2월 3일 오전에는 뉴욕에 돌아올 것입니다.

수요일 밤에 로체스터를 떠나, 목요일을 버팔로에서 보내고, 화요일에 클리블랜드로 갈 예정입니다.

당신이 편지를 [에비슨의 7번째 아들] 마틴 에비슨(Martin Avison)의 집 주소인 오하이오주 클리블랜드, 유클리드 에비뉴, 핼리 브라더스(Halle Bros, Euclid Ave. Cleveland, Ohio.)로 보내면 그곳에 있는 내게 연락할 수 있습니다.

---

* 협력이사회는 1928년 뉴욕주에 법인으로 등록하고 12월 4일 법인 이사회의 제1회 회의를 열어 법인 설립 절차를 마무리하였다. 이때 또한 새 정관을 채택하고, 임원과 위원회를 재구성하였다.

안녕히 계십시오.

O. R. 에비슨

추신. 일이 더 진행된 후에 의논하는 것이 좋을 것 같습니다. 10만 불을 주었던 곳은 앞서 처음에 언급했던 곳입니다.

Seneca Hotel, Rochester
Jan 20/36

Dear Dr Sutherland —

Thank you for your letter. I conferred with Mr J T Underwood last Friday evening before leaving for here and decided to go to Cleveland this week to meet Mr Johnson as soon as possible after his arrival on Saturday. We discussed the $500000 proposition and decided to ask for that amount.

In order to bring the total already in and pledged to more than $200000 Mr Underwood promised $15000 to Endowment Fund. Also I can say that $100000 ⁰⁰ will be available conditioned on securing $500000. Therefore it leaves $150000 ⁰⁰ to be found if we are to offer $250000. What about the proposed contribution of $100000 from the West? If that comes in I think it possible the $50000 I spoke of could be gotten also. What can be done to help that on.? Could I be of service by going to see the gentleman? Please consult with Mr Elmes.

As for the condition mentioned regarding a body incorporated in America. Why should not the Cooperating Board be incorporated as already discussed? I will of course learn the bearing of this when I see Mr Johnson. I shall be back in New York by the morning of Feb. 3d.

I expect to leave Rochester Wednesday night, spend Thursday in Buffalo and be in Cleveland on Friday. You can reach me there by addressing me C/o of Mr Martin Avison, Halle Bros, Euclid Ave, Cleveland, Ohio.

Very sincerely

O. R. Avison

P.S. I think it will be better, until matters have proceeded further not to discuss the Source of the $100000 first mentioned above

96. 에비슨이 서덜랜드에게 (전보)

수령처:

RHB69 14

H 로체스터 뉴욕주 27 345A

조지 F. 서덜랜드 목사

[237]

5번가 150번지, 뉴욕시, 뉴욕주.

홀 재단(Hall Estate)에 관한 당신의 편지를 오늘 오전 존 언더우드에게 보내 가장 중요
한 사안으로 처리하게 해주십시오.

O. R. 에비슨

출처: UMAC

WESTERN UNION TELEGRAM

NEWCOMB CARLTON, PRESIDENT   GEORGE W. E. ATKINS, FIRST VICE-PRESIDENT

9.0 JAN 27 AM 9 05

The filing time as shown in the data line on full rate telegrams and day letters, and the time of receipt at destination as shown on all messages, is STANDARD TIME.

Received at   FLATIRON B'G, N.Y.

BGB69 14   AS   680

H ROCHESTER NY 27 845A

REV GEO F SUTHERLAND   [237

150 FIFTH AVE NEWYORK NY

PLEASE GET YOUR LETTER RE HALL ESTATE TO UNDERWOOD THIS MORNING FIRST

THING IMPORTANT

O R AVISON..

97. 에비슨이 서덜랜드에게

5번가 156번지, 뉴욕시
1926년 2월 5일

조지 F. 서덜랜드 박사, 회계,

기독교 교육을 위한 협력이사회,

5번가-150번지,

뉴욕시.

친애하는 서덜랜드 박사님:

수표 2장을 동봉하는데, 하나는 쇼플러(Schauffler) 부인이 보낸 2천 불짜리이고, 다른 하나는 케네디(Kennedy) 부인이 보낸 5천 불짜리로, 연희전문학교의 "비지정 기금"에 추가할 것들입니다.

그들에게 공식 수령증을 보내주기 바랍니다.

그들에게 더 간청하지 않았는데도 그들이 확실히 그 대학에 관심을 가진 결과로서 전에 기부금들을 보낸 데 이어 이 수표들을 보내왔다는 사실을 말하게 되어 기쁩니다.

안녕히 계십시오.

O. R. 에비슨

출처: UMAC

CHOSEN
CHRISTIAN COLLEGE

O. R. AVISON, M. D., L. L. D
PRESIDENT
H. H. UNDERWOOD, PH. D.

SEOUL. KOREA

UNDER
COOPERATING BOARD OF CHRISTIAN EDUCATION IN CHOSEN
NEW YORK CITY

SEVERANCE
UNION MEDICAL COLLEGE

TRANSFERRED

REPRESENTING
THE FOLLOWING FOREIGN MISSION
BOARDS AND COMMITTEES
PRESBYTERIAN IN U. S. A.
PRESBYTERIAN IN U. S.
METHODIST EPISCOPAL
METHODIST EPISCOPAL SOUTH
UNITED CHURCH OF CANADA

JOHN T. UNDERWOOD
CHAIRMAN OF BOARD
JOHN L. SEVERANCE
CHAIRMAN OF FINANCE COMM
ALFRED GANDIER
E. H. RAWLINGS
VICE-CHAIRMEN OF BOARD
ERNEST F. HALL
156 FIFTH AVE., N. Y.
SECRETARY
GEO. F. SUTHERLAND
150 FIFTH AVE., N. Y.
TREASURER

156 FIFTH AVE., NEW YORK CITY

February 5, 1926

Dr. Geo. F. Sutherland, Treasurer,
Cooperating Board of Christian Education,
150-5th Ave.,
New York City.

Dear Dr. Sutherland:

I am enclosing two checks, one for $2,000 from Mrs. Schauffler, and one for $5,000 from Mrs. Kennedy, to be added to the "Undesignated Funds" of the Chosen Christian College.

Kindly send to them the official receipt.

I am glad to say that these checks are the result of definite interest in the College, following their former gifts, without any further solicitation.

Sincerely yours,

O R Avison

ORA:E
Encs-2

98. 에비슨이 마틴에게

1926년 2월 15일

S. H. 마틴 의사,

제창병원(St. Andrew's Hospital),

캐나다연합교회 선교회,

용정촌, 만주,

강계, 한국 경유.

친애하는 마틴 의사님:

당신의 1월 22일자 편지를 받았는데, 그 편지에서 당신은 맨스필드 의사가 복귀하지 않을 가능성에 대해 언급하면서 당신의 현재 사역[용정 제창병원]을 다른 의사가 와서 맡을 수 있게 되면 곧바로 당신이 "세브란스의전"으로 전임하게 해줄 것을 제안하였습니다. 그러면서 [캐나다연합교회 선교회] 실행위원회가 또 다른 의사를 즉시 한국에 임명하도록 [캐나다 선교부에] 요청하자는 의안을 통과시키면서 만든 결의안을 인용하였습니다. 당신은 또한 본국의 선교부가 이 문제를 결정하기 전에 내가 그들에게 분명하게 [마틴의 임명을] 요청할 필요가 있다고 말하였습니다.

위에서 언급한 것과 관련하여, 당신은 이 편지에서, 당신의 이전 편지에서 썼던 대로, 잔류한 캐나다장로회가 아닌 캐나다연합교회 선교회의 대표로서 "세브란스"에 임명받기를 바라는 뜻을 밝히고 있다고 판단됩니다.

암스트롱(A. E. Armstrong) 목사로부터 편지를 받았는데, 그들은 늦어도 3월에는 맨스필드로부터 그의 결정사항을 듣게 될 것으로 예상한다고 말합니다. 물론 그가 돌아오지 않기로 분명하게 결정하기 전에는 "세브란스"에 있는 그의 자리를 채우기 위한 어떤 조치도 할 수 없습니다.

당신의 편지를 암스트롱 박사에게 보내 참고하게 하려 합니다. 그러는 한편으로 당신은 "세브란스"의 교수회로부터 당신이 맡고 싶은 사역 분야에서 당신을 "세브란스"로 임명해달라는 요청서를 얻어내어 그것을 내게 보내야 합니다.

당신이 의사들의 회의에 참석하기 위해 서울에 가서 논문을 발표할 예정인 점을 주목합니다. 그곳에 있는 동안 이 문제를 반버스커크(VanBuskirk) 의사 및 그의 위원회와 충분히 상의하게 될 것 같습니다. 그러므로 아주 가까운 시일 내에 이 일에 대해 소식을 듣게 될 것 같습니다.

방금 반버스커크 의사에게도 편지를 써서 당신의 요청을 알리고 한국의사협회(K.M.A.) 회의 때 틀림없이 그 문제에 대해 듣게 될 것이라고 말하였습니다. 그러면서 그에게 그 일이 어떻게 되고 있는지를 내게 알려달라고 요청하였습니다. 맨스필드 의사가 한국으로 돌아오지 않겠다고 결심하는 경우에 모든 일이 적절한 형태로 진행되게 하기 위해서입니다. 그러므로 나는 어떤 결정이 나기 전에 맨스필드 의사에 관한 소식을 듣고, 당신과 "세브란스"의 운영진으로부터도 더 진전된 소식을 듣기를 기다리겠습니다. 내가 당신에게 이미 밝혔듯이 개인적으로는 당신이 그 의료기관에서 일하는 것을 보고 싶습니다.

안녕히 계십시오.

O. R. 에비슨

출처: PCC & UCC

February 15, 1926

Dr. S. M. Martin,
St. Andrews Hospital,
Canadian Mission,
Lung Ching Tsun, Manchuria,
Via, Kainei, Korea.

Dear Dr. Martin:

I have received your letter of January 22nd, quoting the resolution passed by the Executive Committee in Korea referring to the possibility of Dr. Mansfield not returning and the request of the Committee that another Doctor be immediately appointed for Korea, and making the suggestion that you be transferred to "Severance" as soon as the new Doctor can take your present work. You also say that the Board at home will need a definite request from me before they act on this matter.

With reference to the above I judge that in this letter you are expressing a desire to be appointed to "Severance" as a representative of the Mission of the United Church of Canada instead of the Continuing Presbyterian Church, as in former letters.

I have a letter from the Rev. A. E. Armstrong, saying they expect to get a decision from Dr. Mansfield not later than sometime in March. Of course, no steps can be taken to fill his place in "Severance" until it has been definitely decided that he will not return.

I am sending a copy of your letter to Dr. Armstrong for his information. In the meantime, I would suggest that you get from the "Severance" Faculty a request for your appointment to "Severance" stating line of work which you would expect to take up and have them forward them to me.

Dr. S. H. Martin, - - - - - - -2-

I note that you were leaving for Seoul to attend a medical meeting and read a paper there and it is likely that you would discuss this matter fully with Dr. Van Buskirk and his Committee while you were there, so that I may receive information along this line in the very near future.

I have just written a letter also to Dr. Van Buskirk in which I referred to your request and said to him that, no doubt, the matter would be talked over at the time of the K.M.A. Meeting, and asking him to report to me on the subject, in order that everything may be in proper form if Dr. Mansfield decides not to return to Korea. I shall, therefore, wait for news concerning Dr. Mansfield and further word from yourself and the "Severance" authorities before taking further action. As I have already expressed to you- I would be glad, personally, to see you connected with the institution.

Sincerely yours,

ORA

ORA:E

99. 에비슨이 암스트롱에게

5번가 156번지, 뉴욕시
1926년 2월 15일

A. E. 암스트롱 목사,

캐나다연합교회,

해외선교부,

439 컨페더레이션 라이프 챔버스,

토론토, 온타리오주,

캐나다.

친애하는 암스트롱 박사님:

방금 당신의 2월 12일자 편지를 받고 여러 소식을 알게 되어 감사드립니다. 거기에는 [캐나다연합교회 선교부가] 연희전문학교와 세브란스연합의학전문학교를 위한 기부 요청을 포함하여 현재 4백만 불을 모금하고 있다는 소식이 들어있었습니다.

맨스필드 의사가 사임할 가능성이 있어서 그의 후임으로 파운드(Norman Found) 의사를 임명할 의향이 있다고 당신이 말한 것에 주목합니다. 말하기에 이상하지만, 내가 방금 한국으로 편지를 쓰면서 그가 우리 "세브란스" 교직원으로 합류할 가능성이 있는 것에 관해 언급하였습니다. 이는 한국으로부터 2통의 편지를 받고 파운드 의사가 앞으로 안식년을 맞으면 그 기간을 마친 후에 북감리회 선교회 소속으로는 한국에 돌아오지 않을 수도 있다는 소식을 접하였기 때문입니다. 한국으로 보낸 편지에서 나는 한국에 있는 "세브란스" 운영진으로부터 파운드 의사의 임명을 원하는지 그리고 "세브란스" 사람들이 그의 요청을 진심으로 승인하는지에 대한 확실한 말을 듣기 전까지는 이곳에서 아무 결정도 내릴 수 없다고 말하였습니다. 만일 그러하다는 말을 듣는다면 나는 북감리회 선교부가 그를 그들의 "세브란스" 교직원 쿼터에 추가할 수 있도록 노력할 것입니다.

이 편지에서 당신이 그에 대해 언급한 것은 파운드 의사가 이미 그렇게 움직이면서 캐나다연합교회 선교부의 후원 아래 임명받기를 원한다는 것을 암시하고 있습니다. 나는 파운드 의사에 대해 내가 아는 것과 "세브란스" 의사들이 그를 존중하고 있는 것에 근거하여 그가 신청하면 지지를 받을 것이라고 예상합니다. 그러나 결정을 내리는 단계로 나가기 전에 이 일에 대해 확실한 의견을 들으면 물론 더 좋을 것입니다. 우리는 또한 그가 북감리회 선교부와 관계를 절연하였다는 것을 아주 확실히 알아야 합니다. 이와 관련하여 용정에 있는 당신 선교회의 마틴(S. H. Martin) 의사로부터 또 다른 편지를 받았다는 사실을 알려드립니다. 그 편지에서 그는 당신의 선교부 후원 아래 "세브란스"에서 맨스필드 의사의 후임이 되기를 요청하고 있습니다. 그의 편지가 당신의 선교부를 직접 거론하지는 않았지만, 여하튼 나는 이것이 그의 요망 사항이라고 판단합니다. 당신이 그가 무슨 말을 했는지를 볼 수 있도록 이 편지에 마틴 의사가 쓴 편지의 사본을 동봉하고, 내가 그에게 보낸 답장의 사본도 동봉하겠습니다.

3월 말이 되기 전에 당신이 맨스필드 의사가 내린 결정을 듣게 되기를 기대하고 있음에 주목합니다. 맥켄지(McKenzie)를 연희전문학교에 임명할 가능성이 있다고 언급한 것도 주목합니다. 이 일은 물론 대학의 농과 복설 계획이 앞으로 어떻게 되는지에 좌우될 것입니다. 우리가 모금 운동 기간에 충분한 기금을 얻어 그렇게 할 수 있게 되기를 바라고 있지만, 이 희망은 아직 채워지지 않았습니다. 당신은 내가 맥켄지와 당신에게 보냈던 편지에서 이 일에 관한 이전의 설명을 살피면 알 것입니다. 나는 그가 모든 면에서 받아들일 만한 사람인지를 당신과 내가 파악할 수 있도록 신청서 양식의 빈칸을 채워줄 것을 제안하였습니다. 혹시라도 그 서류에 기입된 내용에서 그를 임명하는 것이 바람직하지 않다고 판단할 점이 발견된다면 그도 나중에 이런 사실을 알게 되어 임명을 기대하지 못하고 실망만 하게 되기 때문입니다. 그러므로 그가 나를 통해 당신에게 제출한 서류들을 당신과 당신 동료들이 어떻게 판단하고 있는지를 듣게 되면 실로 기쁘겠습니다.

안녕히 계십시오.

O. R. 에비슨

출처: PCC & UCC

CHOSEN
CHRISTIAN COLLEGE

O. R. AVISON. M. D., L.L.D
PRESIDENT
H. R. UNDERWOOD. PH. D.

SEVERANCE
UNION MEDICAL COLLEGE

SEOUL, KOREA

UNDER
COOPERATING BOARD OF CHRISTIAN EDUCATION IN CHOSEN
NEW YORK CITY

REPRESENTING
THE FOLLOWING FOREIGN MISSION
BOARDS AND COMMITTEES

PRESBYTERIAN IN U. S. A.
PRESBYTERIAN IN U. S.
METHODIST EPISCOPAL
METHODIST EPISCOPAL SOUTH
UNITED CHURCH OF CANADA

JOHN T. UNDERWOOD
CHAIRMAN OF BOARD
JOHN L. SEVERANCE
CHAIRMAN OF FINANCE COMM
ALFRED GANDIER
E. H. RAWLINGS
VICE-CHAIRMAN OF BOARD
ERNEST F. HALL
156 FIFTH AVE., N. Y.
SECRETARY
GEO. F. SUTHERLAND
156 FIFTH AVE., N. Y.
TREASURER

156 FIFTH AVE., NEW YORK CITY

February 15, 1926

Rev. A. E. Armstrong,
The United Church of Canada,
Board of Foreign Missions,
439 Confederation Life Chambers,
Toronto, Ont.,
Canada.

Dear Dr. Armstrong:

Your letter of February 12th has just been
received and I thank you for the information it contains about the
askings for the Chosen Christian College and the Severance Union
Medical College, in the $4,000,000 Fund now being worked for.

I note what you say about Dr. Mansfield's possible
resignation and your willingness to appoint Dr. Norman Found to
succeed him. Strange to say, I had just written a letter to Korea
in reference to the possibility of Dr. Found joining the staff of
"Severance" due to a reference in two letters from Korea to the
possibility of Dr. Found not returning to Korea under the M.E.
Mission after his coming furlough. In my letter to Korea I stated
that I could take no action at this end until I get definite word
from "Severance" authorities in Korea that Dr. Found wished appoint-
ment and that his request was earnestly approved by "Severance"
people, in which case I would endeavor to get the M.E. Board to
add him to their quota on the "Severance" staff.
cordially

Your reference to him in this letter would in-
dicate that Dr. Found had already made such a move and was willing
to take an appointment under the Board of the United Church of
Canada. I anticipate from what I know of Dr. Found and the respect
in which he is held by "Severance" doctors that an application from
him would be support of them, but, of course, it is better to have
these statements in definite shape before proceeding to take act-
ion. We must also be quite clear that he is severing his relation
with the M.E.Board. In this notice I may say that I have another
letter from Dr. S.H.Martin of your Mission in Yong Jong, in which

Rev. A. E. Armstrong, - - - - - -2-

he asks to become Dr. Mansfield's successor at "Severance" under
your Board. At least I judge this is his desire, although his
letter does not mention your Board by name. I will enclose in
this a copy of Dr. Martin's letter, that you may see just what he
says, also a copy of my reply to him.

I note that you are expecting some decision from Dr. Mansfield
before the end of March. I note also your reference to the
possibility of Mr. McKenzie's appointment to the Chosen Christian
College. This, of course, will have to depend upon the plans of the
College for the re-opening of the Department of Agriculture. I am
hoping that we shall receive sufficient funds during our campaign
to enable us to do this, but as yet this hope has not been ful-
filled. You will see by looking up my former correspondence on this
subject that in my letters to Mr. McKenzie and you I suggested that
his application blanks be filled in in order that you and I might
both be able to know whether he would be acceptable in all respects,
also that in case there should be anything turn up through the state-
ments in those papers that would make his appointment undesirable
he might also know this and not be kept looking forward to such an
appointment, only to be disappointed later on. I shall, therefore,
indeed be glad to hear from you what the judgment of you and your
colleagues would be on the papers which he forwarded to you, through
me.

Believe me,

Sincerely yours,

ORA:E
Enc

R. Avison

100. 에비슨이 서덜랜드에게

조지 F. 서덜랜드 박사, 회계,

기독교 교육을 위한 협력이사회,

5번가-150번지,

뉴욕시.

친애하는 서덜랜드 박사님:

수표 3장을 동봉하는데, 모두 세브란스연합의학전문학교 계정에 넣을 것입니다. 존 세브란스(John L. Severance) 씨로부터 받은 750불짜리 수표와 프렌티스(F. F. Prentiss) 부인으로부터 받은 같은 금액의 수표는 장학금 계정에 넣고, 하비슨(Ralph W. Harbison) 씨로부터 받은 1천 불짜리 수표는 "비지정 기금"에 넣을 것입니다.

늘 그랬듯이 그분들께 공식 수령증을 보내고 우리 사무실에 그 복사본을 보내주면 감사하겠습니다.

안녕히 계십시오.

O. R. 에비슨

출처: UMAC

CHOSEN
CHRISTIAN COLLEGE

O. R. AVISON, M. D., L. L. D.
PRESIDENT
H. H. UNDERWOOD, PH. D.

SEOUL, KOREA

UNDER
COOPERATING BOARD OF CHRISTIAN EDUCATION IN CHOSEN
NEW YORK CITY

SEVERANCE
UNION MEDICAL COLLEGE

JOHN T. UNDERWOOD
CHAIRMAN OF BOARD
JOHN L. SEVERANCE
CHAIRMAN OF FINANCE COMM
ALFRED GANDIER
E. H. RAWLINGS
VICE-CHAIRMEN OF BOARD
ERNEST F. HALL
156 FIFTH AVE., N. Y.
SECRETARY
GEO. F. SUTHERLAND
150 FIFTH AVE., N. Y.
TREASURER

REPRESENTING
THE FOLLOWING FOREIGN MISSION
BOARDS AND COMMITTEES
PRESBYTERIAN IN U. S. A.
PRESBYTERIAN IN U. S.
METHODIST EPISCOPAL
METHODIST EPISCOPAL SOUTH
UNITED CHURCH OF CANADA

156 FIFTH AVE., NEW YORK CITY

February 15, 1926

Dr. Geo. F. Sutherland, Secretary,
Cooperating Board of Christian Education,
150-5th Ave.,
New York City.

Dear Dr. Sutherland:

      I am enclosing three checks all for
the Severance Union Medical College account. One from
Mr. John L. Severance for $750.00 and one from Mrs. F. F.
Prentiss for the same amount to be placed in scholarship
account, also one from Mr. Ralph W. Harbison for $1,000 to
be placed in "Undesignated Funds."

      Kindly send official receipts to the parties
with duplicates to this office as usual, and oblige,

Sincerely yours,

ORA:E
Encs- 3

O. R. Avison

101. 에비슨이 서덜랜드에게

5번가 156번지, 뉴욕시
1926년 2월 17일

조지 F. 서덜랜드 박사, 회계,
기독교 교육을 위한 협력이사회,
5번가-150번지,
뉴욕시.

친애하는 서덜랜드 박사님:

오웬스로부터 연희전문학교 임시이사회의 회의록을 받았는데, 존 언더우드의 주식 판매를 협력이사회로부터 승인받는 문제를 다루기 위해 소집된 회의였습니다. 그 문제는 그 조치에 대해 증명서를 작성하는 것으로 처리되어, 그 복사본을 내가 받았습니다. 이 증명서의 사본 하나를 존 언더우드(John T. Underwood) 씨에게 건네면서 그 결정이 이사회의 표결에서 이사 전체의 ⅞ 이상의 지지를 받았다고 설명하였습니다.

적법하게 이루어진 결정의 증명서와 함께 회의록의 사본을 지금 당신에게 보냅니다. 당신의 파일이나 어느 곳이든 당신이 가장 좋게 생각하는 곳에 보관되게 하기 위해서입니다. 이제 시장 상황이 가장 유리해졌다고 당신이 생각할 때마다 존 언더우드 씨와 당신이 이 주식들을 처리할 방법이 명확해졌습니다.

안녕히 계십시오.

O. R. 에비슨

출처: UMAC

156 FIFTH AVE., NEW YORK CITY
February 17, 1926

Dr. Geo. F. Sutherland, Treasurer,
Cooperating Board of Christian Education,
150-5th Ave.,
New York City.

Dear Dr. Sutherland:

I have received from Mr. Owens the Minutes
of a special meeting of the Board of Managers of the Chosen
Christian College, called to deal with the authorization of the
Cooperating Board to sell Underwood shares. The matter was dealt
with in a certificate of that action and the same sent to me in
duplicate. I have handed to Mr. John T. Underwood one copy
of this certificate with a statement that the vote of the Board of
Managers for this action was greater than two-thirds of the total
number of members on the Board.

I am now sending you a copy of the minutes of
the meeting together with the certificate, duly executed, to be
kept in your files or wherever you think best. I understand that
the way is now clear for Mr. Underwood and yourself to take act-
ion on these shares whenever you deem the market to be at the most
favorable point.

Sincerely yours,

O R Avison

ORA:E
Enc.

FEB 18 1926

DW H 10-9-27
OCT 11 1927

102. 암스트롱이 에비슨에게

1926년 2월 23일. 2.

O. R. 에비슨 박사,
　5번가 156번지,
　　뉴욕시, 뉴욕주.

친애하는 에비슨 박사님:

당신의 2월 15일자 편지를 받고 곧장 편지를 써서 파운드(Found) 의사가 세브란스에 합류하려는 어떤 움직임을 보인 것을 나는 모르고 있었다는 말씀을 드립니다. 그러나 이 일은 전적으로 오웬스(Owens)가 세브란스 교직원을 대변하여 제안하여 벌어진 일이었으리라고 생각합니다. 내가 아는 바로 파운드 의사는 그 제안을 알았거나 알지 못하였을 것입니다. 북감리회 선교회와 계속 일하는 것에 대한 파운드 의사의 태도가 어떠한지 나는 모릅니다. 오웬스는 그가 그들[북감리회 선교회]에게 배정받은 지역에서 즐거이 거주하려 하지 않을 것으로 생각하였습니다.

맥켄지(McKenzie)의 서류들에 관해 당신에게 알려드리겠습니다. 당신이 한국으로부터 농과에 관해 어떤 말을 듣기를 기다리고 있는 것에 주목합니다. 만일 맥켄지가 올해는 가지 않기로 한다면 우리 모두에게 더 좋을 것입니다.

마틴(Martin) 의사에 관해 당신은 물론 "용정에서 그의 자리가 만족스럽게 채워질 수 있게 되자마자"-이는 매우 중요한 조건입니다 그가 세브란스로 가는 것을 그 지역 선교사들이 찬성하기로 결의한 것에 유의하고 있습니다. 캐나다연합교회[1925년 6월 10일 출범]가 둘째 해에 첫째나 셋째 해보다 재정적으로 더 힘들 것 같으므로, 우리가 올해는 한국에 또 다른 선교사를 임명하지 않을 가능성이 큽니다.

이번 주에는 뉴욕에 가서 수요일과 목요일에 매디슨가 25번지에서 열리는 참조·상담위원회(Committee of Reference and Counsel)[교회규정 개정문제 등에 대해 조언하는 위원회] 회의에 참석할 것입니다. 만일 무슨 일이 있으면 우리가 수월하게 상의할 수 있습니다. 당신을 보게 되면 반갑겠습니다.

안녕히 계십시오.

AEA [A. E. 암스트롱]

2. Feb. 23, 1926.

Dr. O. R. Avison,
    156 Fifth Avenue,
    New York, N. Y.

Dear Dr. Avison:

I have your letter of Feb. 15th. and I write just to say that I do not know that Dr. Found has made any move toward joining Severance. I think it was entirely the suggestion of Mr. Owens who may have been acting, however, on behalf of Severance staff. Dr. Found so far as I know may or may not be aware of the proposal. I do not know Dr. Found's attitude toward continuing with the M.A. Mission. Mr. Owens thought he was not happily located in the station to which they have assigned him.

I shall let you know with regard to Mr. Mac-Kenzie's papers, and I note that you are awaiting word from Korea regarding the agricultural department. It will suit us all the better, if Mr. Mac-Kenzie is not to go this year.

Re Dr. Martin, you notice, of course, that the station resolution favours his going to Severance "as soon as the place can be satisfactorily filled in Lungchingtsun"--a very important condition, as we are not likely to appoint another doctor to Korea this year owing to the fact that the second year of the United Church will probably be harder financially for us than the first or the third.

I shall be in New York this week on Wednesday and Thursday attending the Committee of Reference and Counsel at 25 Madison Avenue. If there is anything we can confer about to advantage, I shall be delighted to see you.

Sincerely yours,

A&A:M

103. 에비슨이 서덜랜드에게

5번가 156번지, 뉴욕시

1926년 2월 23일

조지 F. 서덜랜드 박사, 회계,

기독교 교육을 위한 협력이사회,

5번가-150번지,

뉴욕시.

친애하는 서덜랜드 박사님:

토요일에 내가 당신의 사무실에 갔을 때 당신에게 테일러(J. E. Rex Taylor)로부터 무슨 말을 들었는지 그리고 우리가 그에게 3개월 동안 계속 봉급을 주고 네브라스카까지 가는 여비를 주기로 한 결정에 관해 무언가 알려줄 것이 있었는지 물어본다는 것을 잊었습니다.

방금 테일러의 시애틀 집 주소가 시애틀, 1815~6번 애비뉴 웨스트, 1815번지(1815~6th Ave., West, Seattle)인 것을 알아냈습니다. 네브라스카에 있는 테일러 부인의 집 주소는 네브라스카주 시라큐스, 아렌즈 댁내(c/o of Arends, Syracuse, Ned.)였습니다.

안녕히 계십시오.

O. R. 에비슨

추신.

존 언더우드 씨가 내게 15만 불짜리 기부금의 일부를 특별히 현금이 소용될 때를 위해 가지고 있을 필요가 있는지 그렇지 않은지를 당신과 상의하도록 요청하였습니다. 그는 만일 그렇지 않다면 그 돈을 투자하고 싶어 할 것입니다. 그러나 그는 그것을 투자하기 전에 어떤 융자방법을 쓸지에 관해 당신이 내게 제안했던 대로 하는 편이 안전하리라고 생각하는 것 같습니다. 그는 내가 대학에 당장 무엇이 필요한지를 조사하여 그 돈을 전부 투자하는 것이 지혜로울지 그렇지 않을지를 알아보기를 원하고 있습니다.

나는 오늘 오전에 매우 바쁘지만, 내일 우리가 약속한 그 시간에 당신을 만나기 위해 노력하겠습니다. 내일 오전에 여기에서 당신에게 전화하겠습니다.

ORA

출처: UMAC

156 FIFTH AVE., NEW YORK CITY

February 23, 1926

Dr. George F. Sutherland, Treasurer,
Cooperating Board of Christian Education,
150-5th Ave.,
New York City.

Dear Dr. Sutherland:

I forgot to ask, when I was over to your office, on Saturday, whether you had any word from J. E. Rex Taylor and whether you have been able to get to him any information concerning the decision that we arrived at for the continuance of his salary after three months and the payment of his expenses to Nebraska.

I have just found out that Mr. Taylor's address in Seattle was 1815-6th Ave., West, Seattle. Mrs. Taylor's home address in Nebraska was c/o of Mr. Arends, Syracuse, Neb.

Sincerely yours,

O R Avison

Dr. Geo. F. Sutherland,

P.S.

Mr. Underwood has asked me to confer with
you as to the necessity or otherwise of keeping some of
that $15,000 gift on hand for special cash needs, and if
not, he will favor investing it. He seems to feel that the
proposition you made to me concerning certain mortgage may
be satisfactory before investing it, however, he wishes me to
go over the immediate needs of the College to see whether it will
be wise to invest it all at the present moment or not.

I am very busy this morning but will try to see
you tomorrow at such an hour as we may agree upon. To this end
I will 'phone you tomorrow A.M.

ORA:E

104. 에비슨이 브라운에게

5번가 156번지, 뉴욕시
1926년 4월 14일

A. J. 브라운 박사,
5번가-156번지,
뉴욕시.

친애하는 브라운 박사님:

당신이 이미 소식을 들었을 수도 있는데, 그 소식처럼 한국 서울 연희전문학교의 화학 교수이고 화학 분야 교육의 책임자인 밀러(E. H. Miller)가 지금 컬럼비아대학에서 화학 전공으로 석사학위를 취득하기 위해 공부하고 있습니다. 그가 올여름에는 틀림없이 학위를 받을 것입니다.

그런 다음에는 안식년을 정한 기한대로 마치고 한국으로 돌아갈지 아니면 연희전문학교에 가장 큰 유익을 주고 한국에도 그러하도록 박사학위를 취득하기 위해 일 년을 더 머물지가 숙고할 문제로 대두되었습니다.

교육 현장의 상황이 달라져서 한국의 수준 높은 대학에서 가르치기 위해 준비할 필요가 있는 것이 불과 3, 4년 전에 필요했던 것과는 매우 달라졌습니다. 그 가운데 몇 가지를 아래에 들겠습니다.

1. 대학원 공부를 하기 위해 이 나라에 온 많은 한국인이 자신들이 앞으로 가르칠 전공 분야에서 석사학위만 아니라 박사학위까지 받고 있습니다. 대학 교수진의 선교사 교수들은 이런 사실로 인해 그들의 위신이 위협을 받는다고 느끼고 있습니다. 그렇지 않으려면 그들이 동등한 수준을 취득해야 합니다.

2. 이 나라[미국]에서는 종합대학에서 최고 실력을 인정받는 교수들의 일부가 박사학위를 받지 않은 사실을 우리가 알고 있지만, 동양에서, 특별히 일본에서는 그런 학위 미취득자를 무자격 교원으로 여기고 심각하게 불이익을 주고 있습니다. 이에 대한 총독부의 태도가 두드러져, 앞으로 연희전문학교로 파견되는 모든 교수는 박사학위

를 가져야 한다고 주장한 총독부 때문에 최근에 한국에서 어떤 움직임이 시작되었다고 하는 말을 내가 들었습니다. 이 일은 아직 우리의 관심을 끌고 있지 못하지만, 내가 받은 몇몇 편지들을 보면 이 문제가 그곳에서 크게 일반화되고 있습니다.

내가 한국으로 돌아가면 총독부와 이 문제를 다루어 그런 움직임을 저지해보고 싶습니다. 내 판단에 그것은 그곳의 교육에 가장 큰 유익을 주는 일이 아닙니다. 그러나 그런 전망이 우리 선교사 교수들의 마음에 어떤 영향을 줄지를 당신은 이해할 수 있을 것입니다.

이상의 이유에서 밀러와 남감리회 측 대학교수 피셔(Fisher)와 원한경 박사와 내가 며칠 전에 이 주제로 회의를 열고, 만일 가능하다면 이 두 사람이 한국으로 돌아가기 전에 학위를 따야 한다고 판단하였습니다.

밀러는 이미 필요한 학점의 일부를 취득하였기 때문에 대학의 한 학년 전체와 두 번의 여름 학기, 곧 1926년 여름과 1927년 여름 학기를 보내면 학업을 마치므로 1927년 가을학기 개강에 맞추어 그의 자리로 돌아갈 준비를 끝낼 수 있을 것으로 생각하고 있습니다.

이곳에서 우리는 대학 교수회의 건의안에 근거하여 대학이사회가 한 요청, 즉 대학에 가장 유익하도록 밀러가 선교지로 돌아가기 전에 박사학위를 취득할 수 있게 해달라고 한 요청이 해외선교부의 호의적인 결정을 얻는 선행 조건이 될 것이란 점을 깨닫고 있습니다.

한국에 있는 교수회의 의견을 구하기 위해 이 문제가 그들에게 제기되었으므로 조만간 틀림없이 이 일과 관련하여 전보가 올 것입니다.

밀러는 자기가 만일 선교부로부터 봉급을 평소처럼 받을 수 있다면 이 일의 재정적인 측면을 해결할 수 있을 것으로 생각한다고 내게 말합니다. 당신은 아마도 이 문제에 대해 보일 첫 번째 반응으로서 선교사가 본국에서 봉급을 받으며 일 년 이상 계속 체류하는 것은 선교부의 관행이 아니라고 말할 것이지만, 내가 전에 몇 번 설명하였듯이 교수회의 일원이 대학 이사회의 요망에 따라 이곳에 머물 때는 그가 한국에 돌아가 있는 것만큼이나 대학의 사역을 하고 있는 것이므로 여기에서 선교부가 지출할 비용은 그가 선교지에 있을 때보다 조금도 더 많지 않을 것입니다. 이는 그가 이곳에 있든지 그곳에 있든지 간에 그의 봉급을 후원하는 교회들이 그 돈을 계속 보낼 것이기 때문입니다. 그러므로 이 문제의 이런 측면은 걸림돌이 되지 않고, 만일 그가 본국에 머물 수 있게 된다면 한국에 있는 학교 당국이 반드시 그에게 학위를 따라고 요청할 것이라고 믿습니다.

지금 이 문제를 당신에게 제기하는 것은 당신이 이 일을 미리 생각해두었다가 우리가 한국에 있는 대학이사회의 전언을 듣게 되면 수월하게 검토할 수 있게 하기 위해서입니다. 그때 듣게 될 그 전언은 틀림없이 그의 체류를 찬성하는 말일 것입니다.

안녕히 계십시오.

O. R. 에비슨

출처: PHS

CHOSEN
CHRISTIAN COLLEGE

O. R. AVISON, M. D., L. L. D
PRESIDENT
H. N. UNDERWOOD, PH. D.

SEOUL, KOREA
────────
UNDER

SEVERANCE
UNION MEDICAL COLLEGE

COOPERATING BOARD OF CHRISTIAN EDUCATION IN CHOSEN
NEW YORK CITY

REPRESENTING
THE FOLLOWING FOREIGN MISSION
BOARDS AND COMMITTEES

PRESBYTERIAN IN U.S.A.
PRESBYTERIAN IN U.S.
METHODIST EPISCOPAL
METHODIST EPISCOPAL SOUTH
UNITED CHURCH OF CANADA

JOHN T. UNDERWOOD
CHAIRMAN OF BOARD
JOHN L. SEVERANCE
CHAIRMAN OF FINANCE COMM.
ALFRED GANDIER
E. H. RAWLINGS
VICE-CHAIRMEN OF BOARD
ERNEST F. HALL
156 FIFTH AVE., N. Y.
SECRETARY
GEO. F. SUTHERLAND
150 FIFTH AVE., N. Y.
TREASURER

156 FIFTH AVE., NEW YORK CITY

April 14, 1926

Dr. A. J. Brown,
156-5th Ave.,
New York City.

Dear Dr. Brown:

As you may have already heard, Rev. E. H. Miller, Professor of Chemistry and head of the Department of Chemistry in the Chosen Christian College, Seoul, Korea, is now studying at Columbia University for his master's degree, majoring in chemistry. This degree he will undoubtedly receive this summer.

The question as to whether he shall then return to Korea at the close of his ordinary furlough or whether it will be in the best interest of the Chosen Christian College for him to remain a year longer in order to get his doctor's degree, is now up for consideration.

Conditions in the educational field have so changed that the preparation required for teaching in a high grade college in Korea are very different from what they were only three or four years ago. I mention below a few of these,-

1. A considerable number of the Koreans who have come to this country for post-graduate education have secured not only their M.A.'s but also the degree of Ph. D., in the special subjects which they expect to teach. The Missionary Professors of the Faculty of the College, therefore, feel their prestige is threatened by this fact, unless they, themselves, secure equal standing.

2. While we know that some of the best teachers in Universities in this country have not received a doctor's degree, yet in the Orient and especially in Japan, non-possession of such a degree places a "teacher" at a serious limitation. So marked is this governmental attitude that I am informed there has been recently a movement started in Korea by the government to insist on all the teachers hereafter sent out to the Chosen Christian College having a doctor's degree. This

has not been brought to our attention as yet by the government, but from several letters received the matter is quite current out there.

It is my hope when I return to Korea to take this matter up with the government and to endeavor to check such a movement, which in my judgment is not in the best interests of education there. However, you can see what the effect of such a lookout is on the minds of our missionary professors.

For the above reasons Mr. Miller and Mr. Fisher, a Southern Methodist Professor in the College, Dr. Underwood and I held a conference a few days ago on this subject and it is our judgment that these two men should, if possible, get their doctor's degree before returning to Korea.

Mr. Miller feels that he,- because he has already some of the necessary credits, could complete the work with one full college year and the two summer sessions, that is, the summer of 1926 and that of 1927, so as to be ready to return to his post in time for the opening of the fall term, 1927.

We realize here that/prerequisite for favorable action by the Board of Foreign Missions would be a request from the Field Board of Managers based upon recommendation of the Faculty of the College, that Mr. Miller, - - in the best interests of the College, -- secure his doctor's degree before returning to the field.

This matter has been submitted to the Faculty in Korea to get its views on the subject and in due time, no doubt, a cable will come on the subject.

Mr. Miller informs me that he thinks he will be able to handle the financial part of the transaction if he can receive his salary from the Board, as usual. In regard to this question, of course, your first reaction might be that it is not the custom of the Board to continue a Missionary at home for more than one year on salary but as I have pointed out on other occasions, when a member of the Faculty remains here in accordance with the desire of the Board of Managers of the College, he is doing the work of the College just as much as though he were back in Korea and the expense to the Board here will not be any greater than if he were back on the field, because the Church that is paying his salary would continue to pay it whether he is here or there. I trust, therefore, that this phase of the question will not prove to be a barrier, should the authorities in Korea request him to get his degree, if

Dr. A. J. Brown, - - - - - - -2-

possible while he is at home.

I am bringing this before you now in order that you may have it in mind in advance, so as to facilitate your consideration of the matter when we get word from the Board of Managers in Korea, in case that word should be in favor of his remaining.

Sincerely yours,

ORA:E

105. 보건이 에비슨에게

1926년 4월 21일

O. R. 에비슨 박사,
5번가 156번지,
뉴욕시.

친애하는 에비슨 박사님:

당신의 4월 12일자 편지를 받았다는 것을 알리기 위해 이 편지를 씁니다. 반버스커크 (VanBuskirk) 의사의 [졸업가운] 후드와 관련해서 착오가 생겨서 유감입니다. 당신에게 자기가 어느 의학교를 졸업했는지를 명확하게 밝혔어야 하였습니다. 그 의학교가 두 군데에 있어서, 하나는 미주리주 캔자스시티에 있고, 다른 하나는 캔자스주 캔자스시티에 있기 때문입니다.* 두 학교가 다 종합대학의 호칭을 내걸고 있습니다. 이런 것은 사무직원들이 매우 쉽게 하는 실수입니다.

서덜랜드가 당신에게 17불을 돌려주고 그 돈을 반버스커크 의사에게 청구하기로 조율하였다고 내게 말하였습니다. 만일 그 후드를 반환하게 된다면, 그가 왜 일을 그렇게 하여 운송비로 애초에 치를 적은 금액보다 더 많은 금액을 잃게 하였는지 모르겠습니다.

안녕히 계십시오.

JGV [J. G. 보건]

출처: UMAC

---

* 반버스커크(James D. VanBurskirk, 1881~1967)는 미주리주 캔자스시티에서 성장하여 그곳에 있는 유니버시티 메디컬대학(University Medical College)을 1906년 졸업하였다. 1908년 북감리회 의료선교사로 내한하여 공주에서 활동하다 1913년부터 세전에서 생리학 등의 기초의학 교수, 부교장을 역임하고 건강악화로 1931년 귀국하였다.

803-1

aut Pannill
7/27/26

April 21, 1926

Dr. O. R. Avison,
156 Fifth Avenue,
New York City

Dear Doctor Avison:

This will acknowledge yours of April 12. I am
sorry for the error in connection with Van Buskirk's
Doctor's Hood. He should have made it very clear to you
concerning his medical school for there are two medical
schools - one in Kansas City, Missouri, and the other in
Kansas City, Kansas - and both have the word 'University'
in their title. It is a very easy error for any clerical
worker to fall into.

Mr. Sutherland tells me that he has arranged to
refund to you the $17.00 and charge it to Dr. Van Buskirk.
If the Hood has been returned, I do not see why he should
be at a loss for more than a small amount for transportation
charges.

Cordially yours,

JGV
JL

106. 협력이사회 회의록 (에비슨의 보고 내용 포함)

조선 기독교 교육을 위한 협력이사회

조선 기독교 교육을 위한 협력이사회의 정기회가 1926년 4월 23일 낮 12시 30분 뉴욕시 철도클럽에서 본 이사회 이사장 존 언더우드의 점심 초대로 열렸다.

다음의 사람들이 출석하였다. 북장로회를 대표하여 존 언더우드(John T. Underwood), 브라운(Arthur J. Brown) 목사·명예신학박사, 홀(Ernest F. Hall) 목사·명예신학박사, 호선 이사로서 알렉산더(George Alexander) 목사·명예신학박사, 포스트(James H. Post), 북감리회를 대표하여 노스(Frank Mason North) 목사·명예신학박사, 에드워즈(John R. Edwards) 목사·명예신학박사, 게임웰(F. D. Gamewell) 목사·명예신학박사, 호선 이사로서 서덜랜드(George F. Sutherland), 캐나다장로회를 대표하여 암스트롱(A. E. Armstrong) 목사·명예신학박사. 다음의 손님들도 참석하였다. 연희전문학교 교수들인 에비슨(O. R. Avison) 박사, 밀러(E. H. Miller) 목사, 피셔(J. E. Fisher). 웰치(Herbert Welch) 감독, 간츠(William O Gantz).

알콕(John L. Alcock), 세브란스(John L. Severance), 하운젤(C. G. Hounshell) 목사·명예신학박사, 맥케이(R. P. Mackay) 목사·명예신학박사, 롤링스(E. H. Rawlings) 목사·명예신학박사의 불출석 사유서를 제출받았다. 남감리회의 보아즈(H. A. Boaz) 감독이 보낸 편지를 읽었는데, 이 회의에 참석하도록 초청받은 것에 감사를 표하고 감독들의 회의로 인해 참석하지 못하는 것을 설명하는 내용이었다.

본 이사회의 이전 정기회 회의록을 낭독하고 승인하였다.

1925년 12월 8일 열린 집행위원회와 재정·자산위원회의 공동회의 회의록을 낭독하고 승인하였다.

회계감사들의 보고서를 낭독하고, 접수하고, 파일에 보관하게 하였다.

서덜랜드가 회계보고서를 제출하여, 이를 접수하고 파일에 보관하게 하면서 본 협력이사회가 서덜랜드의 탁월한 회계직 사역에 진심으로 감사를 표하였다.

연희전문학교와 세브란스연합의학전문학교 교장 에비슨 박사가 다음과 같이 보고하였다.

1. 그와 원한경(H. H. Underwood)이 함께 수행하고 있는 모금 운동에 관해.

a. 기부를 받기 위해 접근했던 어떤 재단은 정관 조항에서 학교에 기부하는 것을 허용하지 않는다라고 한 것을 이유로 기부를 거절하였다.

b. 최근 남부의 주들을 여행하는 동안 세브란스연합의학전문학교의 사역에 대한 에비슨 박사의 설명을 들은 어떤 의사들이 이 학교에 관심을 갖게 되어 새 건물을 짓도록 6만 불을 모금하는 것을 검토하고 있다.

c. 연희전문학교를 위해 지금까지 약정받은 금액은 총 22만 불가량이고, 세브란스연합의학전문학교를 위해 약정받은 금액은 총 17만 5천 불가량이다.

d. 많은 금액을 기부할 수 있는 사람들과 접촉하기가 아주 많이 힘들다는 것과 모금운동으로 받은 적은 액수의 기부금들로는 연희전문학교에 필요한 만큼의 돈을 채울 수 없다는 것을 깨달았다. 많은 금액을 구해야 하는 이 문제의 해결에 도움을 줄 평신도들을 협력이사회에 추가할 필요가 있다. 그 자신과 원한경 박사가 최근에 디트로이트에 갔었고, 그가 곧 돌아갈 예정인데, 그들이 디트로이트의 교회들에서 조선에 있는 대학들의 사역을 설명할 좋은 기회를 몇 번 가졌다고 보고하였다.

2. 남감리회의 교수 쿼터에서 의사 한 명과 간호사 한 명이 부족하므로 사임한 이들의 자리가 채워지기를 기대하고 있지만, 올여름에 간호사 한 명이 파견될 것이고, 북감리회의 쿼터에서는 간호사 한 명이 부족하고, 남장로회 쿼터에서는 의사 한 명과 간호사 한 명이 부족하며, 캐나다연합교회의 쿼터에서는 최근에 의사 한 명이 질병으로 사임하여 부족하고, 북장로회의 쿼터는 다 채워졌다고 보고하였다.

3. 연희전문학교 교수회에서 북감리회 측을 대표하는 부교장 베커(A. L. Becker) 목사가 곧 본국에 올 예정인데, 지금으로서는 재정적인 이유로 한국에 돌아갈 수 없을 것 같고, 그가 돌아가게 된다면 교수의 직무에만 시간을 쓰도록 부교장의 직책에서 벗어나기를 바라고 있다고 보고하였다.

4. 연희전문학교 교수회에서 남감리회 측을 대표하는 히치(J. W. Hitch) 목사가 미국에 곧 돌아올 예정인데, 한국으로 돌아가지 않을 작정이다.

5. 세브란스연합의학전문학교 교수회에서 북감리회 측을 대표하는 노튼(A. H. Norton) 의사가 미국에 곧 돌아올 예정인데, 한국으로 돌아가지 않을 것이다.

6. 연희전문학교의 교수 밀러(E. H. Miller) 목사와 피셔(J. E. Fisher)가 지금 안식년을 맞

아 이 나라에 있으면서 전공 분야를 공부하고 있는데, 일본과 한국의 교육 현장 상황이 바뀌어 높은 학위를 지닌 교수를 찾기 때문에, 이 사람들이 철학박사 학위를 반드시 받는 것이 매우 바람직하다. 대학에서 가르치고 있는 몇몇 한국인이 박사 학위를 갖고 있고, 일본 제국 안에서 매우 중요한 지위에 오르고 있다. 에비슨 박사가 밀러와 피셔가 공부를 마치고 Ph.D. 학위를 취득하도록 더 오래 머물 수 있게 조율하는 것이 필요하다는 요망을 표하였다.

7. 몇 년 전 샤록스(A. M. Sharrocks) 의사가 죽었을 때 한국을 떠났던 샤록스 부인이 병원에서 수간호사로 일하기 위해 지금 한국으로 돌아갈 준비를 마쳤다.* 한국에서 그녀를 매우 크게 필요로 하고 있다. 세브란스연합의학전문학교를 위한 북장로회 측의 쿼터가 차서 그녀를 후원해줄 곳을 찾기 위해 다른 곳과 조율해야 한다. 그는 기금 모금 운동을 하면서 이것을 확보하기 위해 노력할 것이다.

8. 에비슨 박사와 원한경 박사가 대학의 형편상 한국에 있을 필요가 있어서 올여름에 한국으로 돌아가야 한다.

9. 조선에 있는 대학들의 학년이 3월 31일에 끝나기 때문에 현지로부터 학년 말의 재정 상황에 관해 아직 보고서를 받지 못하였고, 그래서 다음 한 해를 예측할 수도 없지만, 가장 최근에 들은 소식으로는 약간의 적자가 있을 것이 예상된다.

샤록스 부인에 관해 보고받은 것을 생각하여, 봉급이 마련되면 샤록스 부인을 세브란스연합의학전문학교 병원 수간호사로 임명하는 것을 승인하기로 의결하였다.

협력이사회를 법인으로 만드는 문제에 대해 법적인 측면에서 본 이사회에 조언해주도록 초청받은 간츠(Gantz)가 장점과 단점을 설명하면서, 조심스럽게 여러 이유를 대며 법인을 설립할 것을 조언하였다. 그에 따라 다음과 같이 의결하였다.

협력이사회를 법인으로 만드는 일을 집행위원회에 일임하고, 조사한 후에 그 방법이 분

---

* 샤록스(Alfred M. Sharrocks, 1872~1919)는 북장로회 의료선교사로 1899년 내한하여 평양, 선천, 강계에서 활동하고, 1917년부터 세브란스병원 의사, 교수, 이사로 있다가 1919년 미국에서 사망하였다. 그의 부인 모리(Mory Ames Sharrocks)는 남편이 사망한 후 귀국했다가 1926년 돌아와 세브란스병원에서 간호사로 근무하면서 세전의 이사로도 활동하고 1938년 은퇴하였다. 그들의 딸 엘라(Ella J. Sharrocks)도 1926년 의료선교사로 내한하여 안동, 대구, 서울에서 활동하였고, 해방 후 세브란스병원 간호원장을 역임하였다.

명해 보이면 필요한 조치를 하고 본 이사회가 법인이 되었을 때 붙일 이름을 정하도록 집행위원회에 지시하기로 의결하였다. 집행위원회는 존 언더우드, 브라운 박사, 노스 박사, 당연직으로서 총무와 회계로 구성한다.

조선에 있는 대학들에서 사역하면서 보여준 에비슨 박사의 눈부신 능력과 뛰어난 리더십에 대해 웰치 감독이 말하였다. 연희전문학교 근처의 부지에 건설하도록 제안을 받은 여자대학의 문제가 제기되어, 그가 새 여자대학을 연합대학으로 만들고, 외국인들만 배타적으로 그 학교를 이끌지 않고 한국인들과 외국인들이 함께 관리하게 되기를 바라는 뜻을 피력하였다.

협력이사회의 현재 임원들이 다음과 같이 직책을 그대로 승계하는 투표를 진행하도록 총무에게 지시하였다. 이사장 존 언더우드(John T. Underwood), 부이사장 갠디어(Alfred Gandier) 목사, 롤링스(E. H. Rawlings) 목사, 총무 홀(Ernest F. Hall) 목사, 회계 서덜랜드(George F. Sutherland). 총무가 투표를 진행하여 현재의 임원들이 재선출되었다고 공지하였다.

집행위원회의 현재 위원들을 다음과 같이 뽑는 투표를 진행하도록 총무에게 지시하였다. 존 언더우드, 노스 목사. 브라운(Arthur J. Brown) 목사, 당연직 위원으로서 총무와 당연직 위원으로서 회계, 그리고 현재 집행위원회 회의에 참석하는 본 이사회의 시외 거주 위원들 몇 명. 총무가 투표를 진행하여 집행위원회 위원들이 적법하게 재선출되었다고 공지하였다.

현재의 재정·자산위원회를 다음과 같이 뽑는 투표를 진행하도록 총무에게 지시하였다. 위원장 존 세브란스(John L. Severance), 존 언더우드, 포스트(James H. Post), 서덜랜드, 당연직 위원 총무. 총무가 투표를 진행하여 재정·자산위원회 위원들이 재선출되었다고 공지하였다.

호선 이사의 추가 선임을 집행위원회에 일임하기로 의결하였다.

캐나다 교회들이 연합한 까닭에 캐나다장로회(Presbyterian Church in Canada)의 해외선교부(Board of Foreign Missions)가 6월까지 있다가 그 사역을 캐나다연합교회(United Church of Canada)의 해외선교부로 넘길 것이므로 연합교회 선교부가 구성되면 그들에게 조선 기독교 교육을 위한 협력이사회의 후임 이사를 임명해주도록 요청하기로 의결하였다.

에비슨 박사와 원한경 박사가 머지않아 한국으로 돌아갈 것이므로 그들이 미국에서 기금 모금 사역을 탁월하게 수행한 사실을 인정하는 기록을 남기기로 의결하였다.

베커 박사가 몇 년간 한국으로 돌아가지 못할 가능성이 있는 것에 대해, 에비슨 박사와 웰치 감독이 베커 박사는 선교사들과 한국인들에게 가장 유능한 선교사들의 한 명으로 인정되고 있으므로 그렇게 하면 연희전문학교 사역에 분명히 손해를 끼칠 것이라고 설명하였다.

본 이사회의 이사장 존 언더우드가 그 대학 교수회의 한국인 회원들이 채택한 일련의 결의안들을 읽었다. 그 결의안은 베커 박사가 정례 안식년 기간을 마치면 한국으로 돌아올 수 있는 길이 마련되기를 바라면서 이런 일이 성취되도록 자금을 모아 보태겠다는 뜻을 밝히고 있다.

연희전문학교 교수회의 한국인 회원들이 보낸 이 통신문을 베커 박사가 소속되어 있는 북감리회 해외선교부에 보내 베커 박사가 통상적인 안식년 기간보다 더 오래 미국에 체류하는 일이 없도록 조정해주기를 바라는 뜻을 표하기로 의결하였다.

에비슨 박사가 자신이 한국으로 복귀한 후 누군가를 미국에 두어 대학을 위한 기금 모금을 계속하게 하는 것이 매우 바람직하다고 발언하였고, 이사장이 그 경비를 댈 기금이 마련되어있다고 공지하였다.[*]

이 문제를 집행위원회에 일임하고 그런 사람을 구할 권한도 주기로 의결하였다.

밀러와 피셔가 Ph.D. 학위 취득을 위해 공부를 계속하도록 미국에 남아 있게 하는 것이 바람직하다는 에비슨 박사의 진술을 고려하여,

본 이사회의 총무가 이런 사실을 각 선교부에 알리면서 만일 가능하다면 이렇게 할 수 있도록 그들의 안식년을 일 년 더 연장해주기를 바란다는 뜻을 표하기로 의결하였다.

원한경 박사가 쓴 박사학위 논문이 한국에서의 교육에 관한 가장 포괄적인 연구 논문이고, 이것이 인쇄되어 책으로 나올 것이라고 총무가 설명하였다. 그에 따라,

교육을 주제로 이 책을 집필하여 눈부신 공헌을 한 원한경 박사에게 본 이사회가 사의를 표하기로 의결하였다.

오늘 철도클럽에서 점심을 제공하며 접대해준 [이사장] 존 언더우드에게 본 이사회가

---

[*] 이 계획은 남장로회 선교사로 광주에서 활동하다 1937년 한국 사역을 마치고 귀국한 스와인하트(Martin L. Swinehart, 1847~1957)를 그해에 모금사역 담당 총무로 영입함으로써 비로소 성취되었던 것으로 보인다. 그런데 스와인하트의 건강악화로 활동이 여의치 않고 별다른 성과를 얻지 못하여 1939년 본인의 요청으로 봉급 지급이 중단되었고, 1940년 총무직 사임이 수리되었다.

감사와 사의를 표하기로 의결하였다.

　폐회하였다.

어네스트 F. 홀

총무

출처: UMAC

THE COOPERATING BOARD FOR CHRISTIAN EDUCATION IN CHOSEN.

The Annual Meeting of the Cooperating Board for Christian Education in Chosen was held at the Railroad Club, New York City, April 23, 1926, at 12:30 P. M., as luncheon guests of Mr. John T. Underwood, President of the Board.

The following members were present: representing the Presbyterian Church in the U. S. A., Mr. John T. Underwood, Rev. Arthur J. Brown, D.D., Rev. Ernest F. Hall, D.D., and coopted members, Rev. George Alexander, D.D., and Mr. James H. Post; representing the Methodist Episcopal Church, Rev. Frank Mason North, D.D., Rev. John R. Edwards, D.D., Rev. F. D. Gamewell, D.D., and coopted member, Mr. George F. Sutherland; representing the Canadian Presbyterian Church, Rev. A. E. Armstrong, D.D. There were also present as guests: Dr. O. R. Avison, Rev. E. H. Miller and Mr. J. E. Fisher, members of the faculty of the Chosen Christian College, Bishop Herbert Welch and Mr. William O. Gantz.

Excuses were presented from Mr. John L. Alcock, Mr. John L. Severance, Rev. C. G. Hounshell, D.D., Rev. R. P. Mackay, D.D., and Rev. E. H. Rawlings, D.D. A letter was read from Bishop H. A. Boaz of the Methodist Episcopal Church, South, expressing his appreciation at having been invited to attend the meeting, but stating that a meeting of his Board of Bishops prevented him from doing so.

The minutes of the previous annual meeting of the Board were read and approved.

The minutes of the joint meeting of the Executive Committee and the Finance and Property Committee held on December 8th, 1925, were read and approved.

The Report of the auditors was read, received and placed on file.

The Report of the treasurer was presented by Mr. Sutherland, and was received and placed on file, the Board expressing hearty thanks to Mr. Sutherland for his excellent work in connection with the office of treasurer.

Dr. Avison, President of the Chosen Christian College and of the Severance Union Medical College, reported as follows:

1. Concerning the campaign which he and Dr. H. H. Underwood have been conducting:
   a. That certain Foundations which have been approached for contributions have declined to contribute, giving as their reason that the provisions of their charters do not allow them to contribute to these institutions.
   b. That during a recent trip through the southern states certain doctors have become interested in the Severance Union Medical College as the work was presented by Dr. Avison, and have under consideration the raising of $60,000 for a new building.
   c. That the total for the Chosen Christian College which has been pledged to date amounts to about $220,000.; that the total pledged for the Severance Union Medical College amounts to about $175,000.

d. That he had found very great difficulties in the way of getting in touch with people who can contribute large amounts of money; that a campaign to realise as much money as is needed for the Choson Colleges cannot depend on small contributions; that there is need of adding to the Cooperating Board laymen who will be able to help solve this problem of securing large amounts of money. He reported that he and Dr. Underwood have been in Detroit recently, that he is to return at once, and that they have had some good opportunities to present the work of the Choson Colleges in the churches in Detroit.

2. That the quota of members for the faculty from the Methodist Episcopal Church South lacks a doctor and a nurse, to fill the places of those resigned; it is expected, however, that a nurse will be sent out this summer; that the quota of the Methodist Episcopal Church lacks a nurse; that the quota of the Presbyterian Church in the U. S. lacks a doctor and a nurse; that the quota of the Presbyterian Church in Canada lacks a doctor to replace one who recently resigned because of illness; that the quota of the Presbyterian Church in the U. S. A. is complete.

3. That Rev. A. L. Becker, Vice President, representing the Methodist Episcopal Church on the faculty of the Choson Christian College, is to come home soon and that for financial reasons he may not be able to return to Korea at present; that when he does return he wishes to be relieved of the position of Vice President in order that he may devote his time exclusively to professorial duties.

4. That it has been reported that Rev. J. W. Hitch, representing the Methodist Episcopal Church South on the faculty of the Choson Christian College, is to return to America soon and does not expect to go back to Korea.

5. That Dr. A. H. Norton, representing the Methodist Episcopal Church on the faculty of Severance Union Medical College, expects to return to America soon and will not go back to Korea.

6. That Rev. E. H. Miller and Mr. J. E. Fisher, of the faculty of the Choson Christian College, are now in this country on furlough and are studying along their particular lines; that it is very desirable that these men should have the degree of Doctor of Philosophy, because the changed educational conditions in Japan and Korea call for professors holding advanced degrees. Some Koreans who are teaching hold such degrees, and rank is held very important in the Japanese Empire. Dr. Avison expressed the desire that arrangements might be made for Mr. Miller and Mr. Fisher to remain longer in order to complete their work for Ph. D. degrees.

7. That Mrs. A. M. Sharrocks, who left Korea several years ago at the time of Dr. Sharrocks' death, is now ready to return to Korea as Matron of the Hospital, where she is very much wanted; that the quota of the Presbyterian Church in the U. S. A. for the Severance Union Medical College is full and that other arrangements would have to be made to secure her support; that he will endeavor to secure this in connection with the campaign for funds.

8. That both Dr. Avison and Dr. Underwood should return to Korea this summer, inasmuch as the conditions in the Colleges require their presence.

9. That inasmuch as the year for the Chosen Colleges closed March 31st, no reports have yet been received from the field in regard to the financial condition at the close of the year, nor the prospects for the coming year, but that the latest information shows that there is prospect of some deficit.

In view of the report concerning Mrs. Sharrocks, it was
VOTED: To approve the appointment of Mrs. Sharrocks as Matron of the Hospital at the Severance Union Medical College when the salary is provided.

Mr. Gantz, having been invited to advise the Board from the legal point of view in regard to the incorporation of the Cooperating Board, stated both the advantages and the disadvantages, but advised the incorporation, for prudential reasons. It was therefore
VOTED: That the Executive Committee be authorized and instructed to take steps to incorporate the Cooperating Board, if after investigation the way seems to be clear, and to decide the name under which the Board shall be incorporated. The Executive Committee consists of Mr. Underwood, Dr. Brown, Dr. North, and the Secretary and Treasurer ex-officio.

Bishop Welch spoke of Dr. Avison's splendid ability and remarkable leadership in conducting the work of the Chosen Colleges. The matter of the Woman's College which it is proposed to erect on a site near the Chosen Christian College, having been referred to, he expressed the hope that the new Woman's College may be a union college; that it is desired that it shall not be exclusively controlled by foreigners, but that Koreans and foreigners shall both share in its management.

VOTED: That the Secretary be instructed to cast the ballot for the present officers of the Cooperating Board to succeed themselves, as follows: Chairman, Mr. John T. Underwood; Vice Chairman, Rev. Alfred Gandier, Rev. E. H. Rawlings; Secretary, Rev. Ernest F. Hall; Treasurer, Mr. George F. Sutherland. The Secretary announced that he had cast the ballot and that the present officers were re-elected.

VOTED: That the Secretary be instructed to cast the ballot for the present members of the Executive Committee, as follows: Mr. John T. Underwood, Rev. Frank Mason North, Rev. Arthur J. Brown, Secretary ex-officio and Treasurer ex-officio, and any out of town members of the Board present at the meeting of the Executive Committee. The Secretary announced that he had cast the ballot and that members of the Executive Committee were duly re-elected.

The Secretary was instructed to cast the ballot for the present members of the Finance and Property Committee, as follows: Mr. John L. Severance, Chairman; Mr. John T. Underwood, Mr. James H. Post, Mr. George F. Sutherland and the Secretary ex-officio. The Secretary announced that the ballot had been cast and that the members of the Finance and Property Committee had been re-elected.

VOTED: That the Executive Committee be authorized to select additional coopted members.

VOTED: That, since, because of the union of the Canadian churches, the Board of Foreign Missions of the Presbyterian Church in Canada will cease to exist in June and its work will be transferred to the Board of Foreign Missions of the United Church of Canada, the Board of the United Church be requested, when constituted, to appoint successors on the Cooperating Board for Christian Education in Chosen.

VOTED: That the Board concur in the judgment of Dr. Avison that he and Dr. Underwood return to Korea in the near future; that the Board record its appreciation of the excellent work which they have done in campaigning for funds in America.

In view of the possible inability of Dr. Becker to return to Korea for several years, Dr. Avison and Bishop Welch stated that it would be a distinct loss to the work of the Chosen Christian College, inasmuch as Dr. Becker is recognized as one of the ablest missionaries, both by the missionary body and by the Koreans.

Mr. Underwood, President of the Board, read a series of resolutions which had been adopted by the Korean members of the faculty of the College and sent to the Cooperating Board, expressing their desire that a way may be provided by which Dr. Becker can return to Korea at the end of his regular furlough period, and that the Korean members of the faculty are undertaking to provide additional funds in order that this may be accomplished. It was therefore
VOTED: That this communication from Korean members of the faculty of the Chosen Christian College be sent to the Board of Foreign Missions of the Methodist Episcopal Church, under which Dr. Becker is working, expressing the hope that arrangements may be made so that Dr. Becker shall not be compelled to remain in the United States longer than his usual furlough period.

Dr. Avison having stated that it is very advisable to have some one in the United States after his return to Korea who shall continue to endeavor to raise funds for the College, and the Chairman having announced that funds are in sight to pay the expenses, it was
VOTED: That this matter be referred to the Executive Committee with power to secure such a person.

In view of the statement of Dr. Avison concerning the desirability of Mr. Miller and Mr. Fisher remaining in the United States to continue their studies in order to secure the degree of Ph. D., it was
VOTED: That the Secretary of the Board communicate this fact to their respective Boards of Missions, expressing the hope that it will be possible to extend their furloughs for one year in order that this may be done.

The Secretary stated that the thesis which Dr. H. H. Underwood had prepared for his doctor's degree is the most comprehensive study that has been made of education in Korea, and that it is to be printed in book form. It was therefore
VOTED: To express to Dr. Underwood the appreciation of the Board for the splendid contribution which he has made to the subject of education in the preparation of this book.

Cooperating Board, Christian Education, Choson...5

VOTED: That the Board express to Mr. John T. Underwood its apprecia-
tion and thanks for his hospitality in providing the luncheon today
at the Railroad Club.

Adjourned.

ERNEST F. HALL.
Secretary

107. 서덜랜드가 에비슨에게

1926년 4월 26일

O. R. 에비슨 박사,

5번가 156번지,

914호실

뉴욕시.

친애하는 에비슨 박사님:

내가 보관하고 있는 연희전문학교 영구 기금의 잔액을 보내는 문제를 당신과 내가 한 두 번 상의한 적이 있습니다.

그렇게 하도록 정해진 총 14,500불의 융자금을 내가 받았을 때, 아직 투자하지 않은 6,475불의 영구 기금이 아직 남아 있습니다. 만일 [협력이사회 이사장] 존 언더우드 씨가 이 기금을 투자하여 조금이라도 수입을 더 늘리는 편이 지혜로울 것이란 생각에 찬성한 다면, 변호사 회사(Lawyers Company)로부터 6천 불을 융자받도록 노력해 볼 수 있습니다.

이 문제는 당신이 존 언더우드 씨와 상의하는 편이 지혜로울 것 같습니다.

안녕히 계십시오.

GFS [G. F. 서덜랜드]

출처: UMAC

TRANSFERRED

803-1

April 26, 1926

Dr. O. R. Avison
156 Fifth Avenue
Room 914
New York City.

My dear Dr. Avison:

You and I have discussed once or twice
the question of investing the balance of the permanent
funds which are in my hands belonging to Chosen Chris-
tian College.

When I receive mortgages totalling $14,500
which have been arranged for, there will still be
$6,475 permanent funds uninvested. If Mr. Underwood
would agree that it would be wise to invest these funds
so as to have a little larger income, I could try to
secure a mortgage of $6,000 from the Lawyers Company.

Maybe it would be wise for you to discuss
this with Mr. Underwood.

Sincerely yours,

GFS
JFS

108. 에비슨이 서덜랜드에게

[스타틀러 호텔] 유클리드 에비뉴와 이스트 12번 스트리트

1926년 5월 3일

조지 F. 서덜랜드 박사,

5번가 150번지,

뉴욕시.

친애하는 서덜랜드 박사님:

하루하루가 빠르게 지나가고 우리(나와 원한경)가 한국으로 떠난 후 우리 대신 모금 사역을 맡을 사람 문제로 마음을 졸이고 있습니다. 물론 우리가 이곳에 있는 동안에 그런 사람을 찾아서 그 일을 맡길 수 있다면 좋을 것입니다. 그가 신중하게 배울 필요가 있는 문제가 매우 많고 그러면 그가 거의 모든 일을 우리로부터 직접 가장 쉽게 배울 수 있기 때문입니다. 당신은 도나휴(Donahue) 씨와 대화할 기회를 가진 적이 있습니까? 만일 그렇다면 그 일에 대한 그의 태도가 어떠하였습니까? 당신은 다른 어떤 사람을 염두에 두고 있습니까? 유능하고 이 사역을 기꺼이 맡으려 하는 사람입니까?

내게 어떤 편지가 온 것이 있으면 오하이오주 클리블랜드의 스타틀러 호텔(c/o Dr. H. H. Underwood, Statler Hotel, Cleveland, O.)에 있는 원한경 박사 앞으로 보내주십시오. 나는 내 아들과 함께 헤이츠(Heights)로 나와서 머물러 있는데, 중심지에 더 가깝기 때문입니다.

우리는 다음 일요일까지 클리블랜드에 있을 것인데, 이곳의 사역이 진행되는 것에 따라 그 후에도 2, 3일 동안 더 있을 수 있습니다.

회의가 끝난 후 23일에 연희전문학교 교수회의 한국인 회원들[우애회]이 우리에게 보낸, 원한경이 우리에게 읽어주었던 것과 비슷한 내용의 베커 박사에 관한 편지가 와 있는 것을 발견하였습니다. 나는 그들에게 편지를 써서 베커 박사를 향한 그들의 사랑과, 그를 빨리 대학에 복귀시키는 데 필요한 기금이 마련되도록 기부금을 내겠다고 하는 친절한 마음씨에 대한 나의 만족스러운 마음을 표하였습니다. 그들이 보여준 정신은 매우 훌륭하

고, 그 누구도 그들로부터 그런 찬사를 받아보지 못하였으므로 베커 박사에게는 물론 큰 위로가 될 것입니다. 내가 그들에게 이 나라에 있는 선교부가 그들의 친절한 제안을 받지 않고도 베커 박사의 재정을 조달할 수 있기를 바란다는 말을 하지는 않았지만, 당신에게 아주 비공식적으로 이 같은 개인적인 문제에서 그들의 도움을 받을 필요가 없었으면 더 좋겠다는 생각을 한다고 말하겠습니다. 그곳 사람들이 제공할 수 있는 학교 사역을 위한 모든 재정협력을 물론 환영합니다. 이는 그렇게 하는 것이 그들에게도 좋고 우리에게도 도움이 되기 때문이지만, 그들의 기부를 외국인 선교사 한 명의 후원을 조력하는 일에 활용하기보다 학교 시설의 개발이나 어떤 한국인 교수의 봉급 지급에 활용한다면 더 좋을 것이란 생각이 들기 때문입니다.

그러나 나는 북감리회 선교부 사람들에게 공식적으로 어떤 제안을 하기보다는 당신에게 이런 작은 힌트를 줌으로써 개인적인 판단만을 아주 비공식적으로 밝히고 있을 따름입니다. 북감리회 선교부의 사람들이 그들의 자유 의지로 그 문제를 올바르게 결정하게 될 것이라 확신하며 내 의견은 피력하지 않을 것입니다.

안녕히 계십시오.

O. R. 에비슨

출처: UMAC

HOTEL STATLER CLEVELAND
1000 ROOMS, 1000 BATHS

UNDER SAME MANAGEMENT
HOTEL PENNSYLVANIA NEW YORK
2200 ROOMS, 2200 BATHS
HOTELS STATLER
BUFFALO
1100 ROOMS, 1100 BATHS
DETROIT
1000 ROOMS, 1000 BATHS
ST. LOUIS
650 ROOMS, 650 BATHS

Euclid Avenue at East Twelfth Street

May 3, 1926.

Dr. George P. Southerland,
150 Fifth Ave.,
New York City.

Dear Dr. Southerland:-

   The days are passing swiftly by and both Mr.
Underwood and I are getting anxious in regard to the matter
of a man to take charge of our campaign work when we leave
for Korea. Of course, it would be well for us if we can
find such a man and get him on the job while we are here,
as there will be very many matters which he will need to
study carefully and which he can get hold of most easily
from us personally. Have you had a chance to talk with Mr.
Donahue? If so, what is his attitude towards it? Do you
have in mind any others, who might be both capable and
willing to undertake this work?

   Kindly address any communications to me c/o
Dr. H. H. Underwood, Statler Hotel, Cleveland, O. as I am
staying with my son out on the Heights and this will be
more central.

   We shall be in Cleveland until after next
Sunday and possibly for two or three days thereafter, depend-
ing upon the work that develops here.

   I found after the meeting on the 23rd a letter
from the Korean members of the faculty of the Chosen Christian
College similar to the one Mr. Underwood read to us concerning
Dr. Becker. I have written to them, expressing my satisfaction
in seeing their love for Dr. Becker and their kind spirit in
offering to contribute towards funds necessary to secure his
early return to the College. I think the spirit they have
shown is very good and of course, a great compliment to Dr.
Becker as no one else has ever had such a tribute paid them.
I did not say to them that I hoped the Board in this country
would be able to finance Dr. Becker's return without accepting
their kind offer, but quite unofficially, I will say to you
that I believe it would be better if it could be made unnecess-
ary to accept their assistance in such a personal matter as
this. I would, of course, welcome every bit of financial
co-operation that the people there can possibly render towards

the work of the Institution, for I think it would do them good and help us but I have the feeling that it would be better if their contribution can be utilized in the development of the plant or in paying the salary of some Korean Professor, rather than in aiding in the support of one of the Foreign Missionaries.

However, in dropping this little hint to you, I am doing so quite unofficially and expressing my personal judgment, rather than conveying even a suggestion in the official way to the members of the M. E. Board. I am sure the members of the Board will come to a right decision in the matter of their own free will and without any expression of opinion from me.

I am,

Yours very sincerely,

O. R. Avison

109. 에비슨이 서덜랜드에게

클리블랜드, 오하이오, 1926년 5월 4일

친애하는 서덜랜드 박사님:

3백 불짜리 수표를 반송 우편으로 원한경(H. H. underwood) 박사에게 보내고 그 금액을 연희전문학교 모금 운동 경비 계정에 넣어주기 바랍니다.

우리의 모금 사역에 대해 당신이 도나휴(Donahue) 박사와 그 외 다른 사람들과 상의해 보겠습니까? 내일 수요일 캐나다 토론토에 가서 그곳에서 존 언더우드(J. T. Underwood) 씨의 전보를 받을 예정입니다. 그 전보에서 내가 언제 뉴욕으로 돌아가서 그와 화이트 (White) 박사와 더불어, 어쩌면 도나휴 박사와 당신도 더불어, 이 문제에 대해 회의하는 시간을 가질지에 대해 조언을 받을 것입니다. 그는 내가 다음 주에 가기를 원할 것 같습니다. 만일 당신이 도나휴와 연락하고 있다면 존 언더우드 씨에게 전화하여 그 회의에 관해 상의하면서 시간 등을 조정해주기 바랍니다. 또한, 뉴욕주 라이(Rye, N.Y.)의 장로교 목사관에서 사는 화이트(Stanley White) 박사와 연락하여 그분과 존 언더우드 씨의 회의 일정을 잡아주겠습니까? 그러면 그 일을 위해 뉴욕에 가도록 노력하겠습니다. 내게 보내는 편지나 전보를 클리블랜드 스타틀러 호텔(Statler Hotel)의 원한경 박사 주소로 보내기 바랍니다. 그렇게 하지 않고 토론토에 있는 내게 보내려면 그 주간의 수요일이나 목요일에 전보를 치기 바랍니다. 그때 캐나다 토론토, 컨페더레이션 라이프 챔버스 439호실, 암스트롱 목사의 사무실(c/o Rev. Armtrong, 439 Confederation Life Chambers, Toronto, Canada)로 보내기 바랍니다.

안녕히 계십시오.

O. R. 에비슨

출처: UMAC

Cleveland, Ohio. May 4/26

Dear Dr. Sutherland -

Please send by return Mail to
Dr. H. H. Underwood a check for Three
Hundred $\frac{00}{100}$ Dollars ($300.00) and charge
same to Campaign Expense A/c of the
Chosen Christian College.

Will you kindly confer with Dr. Donahue
and others about our Campaigning Work?
I shall be in Toronto, Canada, tomorrow,
Wednesday & expect to receive a telegram from
Mr. J. T. Underwood there advising me as to when
I should return to New York for a conference
with him and Dr. White & perhaps with Dr. Donahue
& you on this matter. I think he will want me to
go next week. If you are in touch with Donahue
please phone Mr. Underwood and confer with him about
such a conference and try to arrange the time &c.

Also will you get into touch with Rev. Dr. Stanley White,
Presbyterian Manse, Rye, N. Y. and arrange for a conference
with him & Mr. Underwood and I will try to get to New York
for it. Address me c/o Dr. H. H. Underwood, Statler Hotel, Cleveland by
letter or telegram unless you wish to reach me in Toronto
on Wednesday or Thursday of the week by telegram when you can

address me C/o Rev A E Armstrong.
439 Confederation Life Chambers,
Toronto, Canada.

Very sincerely

O R Avison

110. 서덜랜드가 에비슨에게

1926년 5월 5일

O. R. 에비슨 박사,

원한경 박사 편,

스타틀러 호텔,

클리블랜드, 오하이오.

친애하는 에비슨 박사님:

당신의 5월 3일자 편지를 받았습니다. 우리가 대화한 후에는 도티(Doughty) 씨를 만나지 않았습니다. 그 문제에 관해 아무것도 확실한 것이 없어서 혹시라도 우연히 그를 만나게 된다면 그에게 우발적으로라도 그 문제를 제기해야 할 것이라는 추측만 하였습니다. 만일 제안받은 이 임무를 화이트 박사에게 맡길 수 있다고 한다면, 그가 가시권에 있는 최선의 사람이라고 아주 분명하게 생각합니다. 불확실한 상황에서 도티 씨를 만나야 한다고 역설하고 싶지 않습니다. 그를 만나게 되면 망설이지 않을 것입니다.

베커 박사의 문제에 관해 당신이 추가로 말한 것을 주목합니다. 그 문제는 우리 [북감리회 선교부] 위원회의 회의 때 결정을 내리도록 아주 확실하게 상정되어 있고, 그 문제를 해결할 수 있게 해줄 기금을 알아보려 하고 있습니다. 베커 박사가 이 나래[미국]에 돌아올 때쯤에는 그 문제가 완전히 해결되기를 진심으로 희망합니다.*

안녕히 계십시오.

GFS [G. F. 서덜랜드]

출처: UMAC

---

* 서덜랜드의 희망과는 달리 이 문제는 쉽게 해결되지 않았다. 베커는 1926년 여름에 안식년을 맞아 미국으로 떠난 후 자녀 학비를 벌기 위해 조지아 공대에서 가르치다 존 언더우드의 학비 지원으로 1928년 9월 중에 돌아왔다.

803-1

May 5, 1926.

Dr. O. R. Avison,
c/o Dr. H. H. Underwood,
Statler Hotel,
Cleveland, Ohio.

My dear Dr. Avison:

I have your letter of May third. I have
not seen Mr. Doughty since our conversation. There was
nothing definite about the matter, and I simply inferred
that I was to raise the question incidentally with him if
I should happen to see him. I feel very clearly that
if Mr. White could be secured for this proposed task,
he is the best man in sight. I do not like to make it
a special point to see Mr. Doughty on an uncertainty; I
would not hesitate if I happened to meet him.

I note what you say further concerning the
matter of Mr. Becker. The question is very definitely
up in our councils for decision, and an attempt is being
made to find the funds whereby the matter can be handled.
I sincerely hope that the question will be fully settled
by the time that Dr. Becker gets back to this country.

Sincerely yours,

GF3:L

111. 에비슨이 서덜랜드에게

[스타틀러 호텔] 유클리드 에비뉴와 이스트 12번 스트리트
1926년 5월 8일

조지 F. 서덜랜드 목사, 박사,

5번가 150번지,

뉴욕시.

친애하는 서덜랜드 박사님:

당신의 5월 5일자 편지가 이곳에 있는 내게 도착했습니다. 그 편지에는, 내가 당신에게 김 씨 부인(Mrs. Kim)에게 수표를 보내달라고 부탁했던 것을, 당신이 5월 1일 출발하는 항공우편으로 그녀에게 보냈다고 하였습니다. 그 문제를 신속하게 처리해준 당신께 감사하고 싶습니다.

3백 불짜리 수표가 동봉된 당신의 다른 편지도 받았는데, 그것에 대해서도 감사합니다. 내가 당신에게 보낸 편지에서 썼던 그 회의들과 도티(Doughty) 박사와 화이트(Stanley White) 박사에 관해서는, 도티 박사에 대한 당신의 태도를 아주 잘 이해하였다고 말씀드립니다. 당신이 말한 아주 우연히 만나는 방식만큼은 제외하고 말입니다. 존 언더우드 씨와 나는 화이트 박사의 협조를 할 수만 있다면 구하고 싶다는 말씀을 드립니다. 당신도 이 문제에서 같은 마음임에 주목합니다.

화이트 박사로부터 지금 어느 때라도 이 문제에 관한 편지가 오기를 희망하고 있습니다. 존 언더우드 씨가 5월 11일까지 그 도시에 계시지 않으므로, 이번 주에는 어떻게 하더라도 그분과 회의 일정을 조율할 수 없습니다. 그래서 화이트 박사로부터 내가 무슨 말을 듣기를 기다리면서 지금은 그 문제를 놔두는 것이 합당하리라고 생각합니다. 나는 다음 주 화요일 밤이나 수요일 오전까지 클리블랜드에 있을 예정인데, 그동안 주소가 바뀌게 되면 당신에게 알리겠습니다.

원한경 박사와 내가 오늘 오전 [홀 재단의 유산 관리인] 존슨(Homer Johnson) 씨와 45분 동안 매우 간곡한 마음으로 면담하였습니다. 내가 받은 인상으로는 우리 학교가 얼마쯤

받을 것 같은데, 얼마가 될지는 모르지만, 50만 불보다는 훨씬 적을 것 같습니다.*

안녕히 계십시오.

O. R. 에비슨

출처: UMAC

---

* 이 면담 결과 1929년 연희전문이 홀 재단으로부터 20만 불을 수령하였다. 에비슨은 그 전 1925년 4월 10일 협력이사회에 제출한 교장보고서에서 홀 재단으로부터 5만 불을 받았다고 설명하였다.

HOTEL STATLER · CLEVELAND
1000 ROOMS, 1000 BATHS

UNDER SAME MANAGEMENT
HOTEL PENNSYLVANIA NEW YORK
2200 ROOMS, 2200 BATHS
HOTELS STATLER
BUFFALO 1100 ROOMS, 1100 BATHS
DETROIT 1000 ROOMS, 1000 BATHS
ST. LOUIS 650 ROOMS, 650 BATHS

Euclid Avenue at East Twelfth Street

May 8th, 1926.

Rev. Dr. George F. Sutherland,
150 Fifth Ave.,
New York City.

Dear Dr. Sutherland:-

Yours of May 5th, saying you had sent to Mrs. Kim by air mail on May 1st, the check which I asked you to send to her, has reached me here, and I wish to thank you for your prompt action in that matter.

I have also your other letter in which you enclosed the check for $300.00, for which I thank you. In regard to the conferences about which I wrote you, in reference to Dr. Doughty and Dr. Stanley White, I may say that I quite realize your attitude towards an approach to Dr. Doughty, accepting the very incidental way you mention. I may say that both Mr. Underwood and I would like to secure the co-operation of Dr. Stanley White, if possible, and I note that you also have the same mind in this matter.

I am hoping for a letter from Dr. Stanley White at anytime now, concerning this. Mr. Underwood is out of the city until May 11th, so a conference could not be arranged with him this week in any case and I think it would be just as well now to let the matter rest until I have heard from Dr. White. I shall be in Cleveland until next Tuesday night or Wednesday morning, I think, and in the meantime, will notify you of any change in address.

Dr. Underwood and I had a very cordial conference with Mr. Homer Johnson this morning, covering a period of say, three quarters of an hour. My own impression is that our institution will receive something but I do not know how much, but it is likely to be much less than $500,000.00.

Yours very sincerely,

112. 에비슨이 서덜랜드에게

[스타틀러 호텔] 유클리드 에비뉴와 이스트 12번 스트리트
1926년 5월 11일

조지 F. 서덜랜드 박사,

5번가 150번지,

뉴욕시.

친애하는 서덜랜드 박사님:

방금 2만 불에 대한 소유권·보증 법률회사(Lawyers Title and Guaranty Company)의 첫 번째 제3자 보증 융자 참여 증명서를 받았는데, 이 증명서가 귀하에게 보내졌어야 하는 것이어서 그렇게 하겠습니다. 그것이 [내 사무실이 있는] 뉴욕시 5번가 156번지에 있는 조선 기독교 교육을 위한 협력이사회 주소로 발송되었기 때문에, 이곳 사무실의 내 비서가 아직 개봉되지 않은 것을 내게 전달해주었습니다. 그러므로 이것을 당신에게 돌려주겠습니다. 당신이 그 법률회사에 당신의 정식 주소를 알려주는 것이 좋을 것 같습니다.

안녕히 계십시오.

O. R. 에비슨

출처: UMAC

May 11, 1926.

Dr. Geo. F. Sutherland,
150 Fifth Ave.,
New York City.

Dear Dr. Sutherland:-

      I have just received the guaranteed first
mortgage participation certificate of the Lawyers Title
and Guaranty Company, for $20,000.00, which I take it should
have gone to you. It was addressed to the Co-operating
Board for Christian Education in Chosen, 156 Fifth Ave.,
N. Y. and so was forwarded to me unopened by my Secretary
in the office there. I am therefore, returning it to you,
and it might be advisable for you to notify the Lawyers
Trust Company as to your proper address.

      Yours very sincerely,

O R Avison

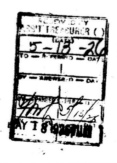

113. 서덜랜드가 에비슨에게

1926년 5월 14일

O. R. 에비슨 박사,
스타틀러 호텔,
유클리드 에비뉴와 12번 스트리트
클리블랜드, 오하이오.

친애하는 에비슨 박사님:

지난주에 화이트(Stanley White) 박사와 회의 일정을 잡는 문제를 처리하지 못하였습니다. 존 언더우드 씨가 그 도시에 없다는 당신의 8일자 편지를 월요일에 받고 그 문제를 위해 아무 일도 하지 못하였고, 도티(Doughty) 씨도 만나지 못하였습니다.

바로 이 문제에 대해 생각하면 할수록 그를 쓸 여지가 있는지에 대한 확신이 줄어듭니다. 결국에는 화이트 씨가 거부할 수도 있습니다. 도티 씨가 근동 지역 구호기금을 훌륭하게 모금해온 사실을 내가 당신에게 말했던 것 같습니다. 그러나 그것은 공공 운동의 성격이 매우 짙습니다. 도티는 뛰어난 연설가입니다. 그는 한국에 가본 적이 없고, 그러므로 한국의 상황을 직접 체득한 지식을 가지고 알려줄 수 없습니다. 이것은 그에게 넘어서기 힘든 매우 큰 걸림돌이 될 것입니다. 한국과 두 학교를 직접 경험해서 아는 사람을 구하는 일이 최우선적인 필요조건일 것 같습니다.

안녕히 계십시오.

GFS [G. F. 서덜랜드]

출처: UMAC

TRANSFERRED 803-1

May 14. 1926.

Dr. O. R. Avison
Hotel Statler
Euclid Ave. at 12th St.
Cleveland, Ohio

My dear Dr. Avison:

I was not able to take up the question of a con-
ference with Dr. Stanley White last week, and on
Monday received your letter of the 8th, indicating that
Mr. Underwood was out of the city, so that I have done
nothing about the matter, neither have I seen Mr. Doughty.

The more I have thought of this particular matter
the less certain I am about his availability, even if
Mr. Stanley White finally declines. I think I said to
you that Mr. Doughty has been a good money-raiser for the
Near East Relief. I think, however, much of it has been
of a public nature. Doughty is preeminently a platform
man. He has never been in Korea and therefore could not
present the Korea situation from first-hand information.
That would be a very great handicap which it/would be
difficult for him to overcome. It seems to me that it
is a prime necessity that any man secured have first-hand
information of Korea and the two institutions.

                    Sincerely yours,

GFS
BP

114. 에비슨이 서덜랜드에게

[호텔 라 살르] 시카고, 1926년 5월 17일

조지 F. 서덜랜드 박사
　5번가 150번지,
　　뉴욕시.

친애하는 서덜랜드 박사님:

일요일 오전에 이곳에 도착하였고, 앞으로 23일 일요일까지, 어쩌면 그날보다 하루나 이틀 후까지 이곳에 있을 예정입니다. 원한경 박사가 이번 주 목요일경에 뉴욕에 갈 것인데, 틀림없이 모금 사역의 경비로 쓸 돈 문제로 당신을 찾아갈 것입니다. 그가 금요일 저녁에 뉴욕을 떠나 시카고로 올 예정이기 때문입니다.

그가 요청하면 그 돈을 내게 주기 바랍니다. 당신에게 2천5백 불의 자동차 기금이 있는 것으로 알고 있는데, 한국에 가져갈 자동차를 사는 데 사용하기 위해 그 돈에서 발행하는 1,250불짜리 수표가 필요합니다. 클리블랜드에서 그것을 사려 하였는데, 다음 주 초쯤에 그 수표가 필요할 것입니다. 그것을 원한경 편으로 내게 보내주면 그 일이 더 쉽게 처리될 것입니다. 당신은 은행에서 그것을 보증받을 수 있습니다.

당신은 그가 오기 전에 그것을 준비해두었다가 목요일이나 금요일에 당신에게 오면 그것을 그에게 넘겨주면 됩니다.

안녕히 계십시오.

O. R. 에비슨

출처: UMAC

Hotel La Salle

Chicago May 17th 1926

La Salle at Madison St
Telephone Franklin 0700

Dr Geo. F. Sutherland
150 Fifth Ave,
New York City

$

5/24/26

Dear Dr. Sutherland, —

I arrived here Sunday morning and will be here till after Sunday 23° — perhaps a day or two after that date. Dr H H Underwood will be in New York about Thursday of this week and will doubtless call on you for some money for Campaign expenses as he will leave New York Friday evening to return to Chicago.

Please give me the money when he calls for it. You have an Automobile Fund of $2500 I think, and I shall need a check from that fund of $1250 ᵒᵒ to be used in the purchase of an auto to take to Korea. I am buying it in Cleveland + will need the check about the beginning of next week. Please send it to me by Dr H H Underwood and it will be more easily handled if you can have it certified by the bank.

You can hand it to him when he calls
on you either Thursday or Friday if you
can have it ready for him.

Yours very sincerely

O. R. Avison

115. 에비슨이 노스에게

5번가 156번지, 뉴욕시
1926년 6월 10일

프랭크 메이슨 노스 목사, 박사,

5번가 150번지,

뉴욕시.

친애하는 노스 박사님:

오늘 오전에 서덜랜드 박사와 더불어 베커(Becker) 박사가 안식년을 맞아 귀국하는 것과 베커 박사의 자녀 교육에 필요한 돈의 일부를 제공하려는 한국인들의 매우 친절한 제안에 관해 이야기하였습니다.

서덜랜드 박사에게 한국인들의 이 제안은 베커의 오랜 기간 꾸준한 사역에 그들이 감사하고 있음을 보여주는 훌륭한 증거로 생각된다고 말하고, 그렇지만 베커 박사가 속한 선교부가 그 제안을 받을 필요가 없게 만들 어떤 방법을 찾기를 매우 간절히 원한다고 말하였습니다. 그런 것이 베커 박사를 난처하게 만들고 선교의 대의를 교란할까 두렵기 때문입니다.

만일 한국인들이 일정 금액을 모을 수 있다면 그 돈을 대학으로 돌려서 베커 박사가 맡은 과의 장비를 개선하게 하면 좋을 것이고, 이는 그들 자신과 교육 사역을 어떤 난처한 상황에 빠뜨리지 않고 참으로 유익을 얻도록 그렇게 할 수 있기 때문이라고 말하였습니다.

서덜랜드 박사가 나의 이 말에 동의하면서 당신도 이런 견해를 가진 것으로 생각한다고 언급하였습니다. 그러므로 이 편지를 당신에게 보내 내가 당신과 강력하게 같은 편에서서 당신이 다른 어떤 것을 성공적으로 준비하기를 바란다는 뜻을 알리고자 합니다.

전에 내가 말했듯이, 그 제안 자체는 훌륭하지만, 그 결과는 의심스럽습니다.

나는 8월 14일 시애틀에서 출항하는 "그랜트 대통령"(President Grant) 호 기선의 항해권을 샀고, 7월이 되자마자 뉴욕을 떠날 계획입니다. 대륙을 천천히 횡단하면서 몇 군데를 방문하여 이 사역을 위해 어떤 사람들과 접촉하고 싶기 때문입니다.

내가 떠난 후에 모금 사역을 할 적합한 사람을 구하는 일에 아직 성공하지 못하였지만, 우리는 계속 구하면서 내가 가기 전에 그런 사람을 발견하기를 바라고 있습니다.

안녕히 계십시오.

O. R. 에비슨

156 FIFTH AVE., NEW YORK CITY

June 10, 1926

Rev. Dr. Frank Mason North,
150-5th Ave.,
New York City.

Dear Dr. North:

I was talking with Dr. Sutherland this morning on
the matter of Dr. Becker's return on furlough and of the
very kind offer of the Koreans to provide a certain part
of the money needed for the education of Dr. Becker's child-
ren.

I said to Dr. Sutherland that I thought this offer
on the part of the Koreans was a fine evidence of their
appreciation of Dr. Becker's long and constant work on their
behalf, but that I very much hoped that Dr. Becker's Board
would find some way to make it unnecessary for that offer to
be accepted, as I feared it would be an embarrassment to Dr.
Becker and to the Missionary cause.

I said that if the Koreans were able to raise a cer-
tain amount of money it would be fine to have them turn it over
to the College for the better equipment of Dr. Becker's Depart-
ment, as that could be done, not only without any embarrass-
ment, but with real profit, both to themselves and to the
educational work.

Dr. Sutherland agreed with me in this and remarked
that he thought this was also your own view, - I am, there-
fore, dropping you this note to let you know that I strongly
coincide with compliment you in such a position and hope you will be success-
ful in making some other arrangement.

As I said before, I think the offer in itself is fine,
but the outcome would be doubtful.

Rev. Dr. Frank Mason North   -2-

        I have taken sailings on the S/S "PRESIDENT GRANT"
from Seattle August 14th and am planning to leave New York
very early in July as I wish to make the trip across the
continent slowly in order to make certain visits and endeavor
to make certain contacts for the sake of the work.

        We have not succeeded yet in securing a suitable man
to carry on the campaign work after I leave but we are work-
ing at it and hope that before I go such a man will be found.

                        Sincerely yours,

                        O. R. Avison

ORA:E

116. 에비슨이 서덜랜드에게

1926년 6월 10일

조지 F. 서덜랜드 박사, 회계,
기독교 교육을 위한 협력이사회
5번가-150번지
뉴욕시.

친애하는 서덜랜드 박사님:

제이콥스 앤 컴퍼니(Jacobs & Company)로부터 저울을 사는 일과 관련하여, 제이콥스 씨가 오늘 내게 연락할 것이란 말을 들었지만, 아직 그에게서 듣지 못하였습니다. 내가 사나흘 동안 시내에 없을 것이므로 오웬스(Owens)의 5월 17일자 편지에서 언급된 이 저울들의 구입을 더 기다리지 않는 편이 좋을 것 같다고 생각됩니다.

오웬스의 편지 내용처럼 이 특정 저울의 주문을 수정하고 가능한 한 빨리 사서 선적시키는 편이 더 좋겠다고 생각합니다. 그러면 다음 주에 내가 돌아와서 제이콥스와 연락하려고 노력하겠습니다. 그때 우리가 대리인의 문제를 다룰 수 있고, 만일 그 일이 조율되면, 저울을 그 대리인이 취급하는 필수 구매항목들의 하나로 만들 수 있습니다. 그렇지 않으면 통상적인 방식으로 대금이 부과될 수 있습니다.

내가 한국으로 돌아간 후 당신이 피츠필드 및 다른 곳의 기부자들과 어떻게 연락할지를 묻는 당신의 질문에 관해 말하자면, 당신이 우리에게 제안한 대로, 한국에서 일 년에 두 번 당신에게 편지를 보내 이 기부금들에 대해서 알려주면 우리가 하기 시작한 일을 이룰 수 있게 되고 이 방법을 실행하는 것을 보게 되리라고 생각합니다.

존 언더우드(John T. Underwood) 씨와 함께 처리하기로 한 문제들에 관해서는, 내가 다음 주에 돌아가자마자 그것들을 돌아볼 것이고, 한국에 가기 전에 정리해야 할 계정들에 관해서는 그것들을 조사하여 당신 아니면 내가 떠나기 전에 충분한 시간을 갖고 보고서들을 준비하겠습니다.

케네디(Kennedy) 부인과 쇼플러(Schauffler) 부인이 기부한 7천 불은 당신이 그 돈을 곧

바로 오웬스에게 보내 두 한국인 교수들의 집을 짓는 데 사용하게 해줄 것으로 알고 있겠습니다. 맥켄지(McKenzie) 씨가 지급한 약정금의 일부 금액 1천 불도 장비 구입을 위해 사용하도록 보내줄 것으로 알고 있겠습니다.

　　존 언더우드(John T. Underwood) 부인이 기부한 1천 불은 심리학과 교육학 과목에 필요한 장비를 사도록 원한경에게 지급되는 것으로 우리 두 사람이 이해하고 있다고 생각됩니다.

안녕히 계십시오.

ORA [O. R. 에비슨]

　　추신. 밀러(E. H. Miller)의 주소는 아래와 같습니다.
웨스트 미쉘로레나 스트리트 122번지, 산타바바라, 캘리포니아(122 W. Michelorena St., Santa Barbara, Calif.).

출처: UMAC

156 FIFTH AVE., NEW YORK CITY

June 10, 1926

Dr. Geo. F. Sutherland, Treasurer,
Cooperating Board of Christian Education,
150-5th Ave.,
New York City.

Dear Dr. Sutherland:

Regarding the purchase of scales from Jacobs &
Company, I have not yet heard from Mr. Jacobs, who said he
would call me up today, and as I am going out of town for
three or four days I think it will be well not to wait
any longer in regard to the purchase of these scales referred
to in Mr. Owens' letter of May 17th.

I think that this particular scale had better be
purchased and shipped as soon as possible, in accordance with
the order corrected as per this letter of Mr. Owens', then when
I return, next week, I will then endeavor to get into touch
with Mr. Jacobs, when we can take up the question of Agency
and if an arrangement for that is made, this scale can be a
part of the necessary purchases in connection with the Agency
otherwise it can be charged up in the usual way.

In regard to your question as to how you would be
able to keep up with Pittsfield and other donors after I return
to Korea, I think your suggestion that we send you letters from
Korea twice a year reporting on these gifts and the uses to which
they have been put will enable us to accomplish what we have
started to carry out and I will see that this method is put into
effect.

In regard to the matters which are to be taken up with
Mr. John T. Underwood, I will attend to those as soon as I re-
turn next week and in reference to accounts to be straightened

Dr. Geo. F. Sutherland -2-

out before I go to Korea, I will go into those and have
statements ready in plenty of time before you or I leave.

I understand that you will at once send to Mr. Owens the
sum of $7,000, contributed by Mrs. Kennedy and Mrs. Schauffler
to be used for the erection of two Korean Professor's homes,
also $1,000 paid in by Mr. McKenzie on his pledge, to be used
for the purchase of equipment.

I think we both understand that the $1,000 contributed
by Mrs. John T. Underwood is payable to the order of Dr.
H.H.Underwood for the purchase of equipment for the Depart-
ments of Psychology and Education.

Sincerely yours,

O.R.Avison

ORA:E

P.S. Rev. E. H. Miller's address is;

122 W. Michelorena St.,
Santa Barbara, Calif.

117. 에비슨이 서덜랜드에게

5번가 156번지, 뉴욕시

1926년 6월 22일

조지 F. 서덜랜드 박사, 회계,

기독교 교육을 위한 협력이사회,

5번가-150번지,

뉴욕시.

친애하는 서덜랜드 박사님:

존 언더우드(John T. Underwood) 씨가 보낸 다음의 수표를 동봉합니다.

1. 1,250불짜리 수표. 이 금액은 연희전문학교를 위해 오웬스에게 보내는 것으로, 원한 경 박사가 모금 운동을 돕기 위해 이 나라에서 3년 동안 머물렀기 때문에 대학 측이 그에게 [체류 비용으로] 지불할 필요가 있는 금액을 대신 제공하기로 한 존 언더우드 씨가 그 약속을 이행하기 위해 준 것입니다. 이 금액으로 1925~26년 회계연도에 필요한 2,100원과 1926~27년 예산의 500원, 합하여 2,600원이 충당될 것입니다.

2. 3천 불짜리 수표. 모금 운동 경비에 추가하기 위한 것입니다.

3. 2천 불짜리 수표. 역시 모금 운동 경비에 추가하기 위한 것으로, 나의 한국 귀국 전 활동비로만 아니라 한국 귀국 여비로도 사용될 금액입니다.

안녕히 계십시오.

O. R. 에비슨

출처: UMAC

CHOSEN
CHRISTIAN COLLEGE

O. R. AVISON, M. D., L. L. D
PRESIDENT

H. H. UNDERWOOD, PH. D.

SEOUL, KOREA

UNDER

SEVERANCE
UNION MEDICAL COLLEGE

COOPERATING BOARD OF CHRISTIAN EDUCATION IN CHOSEN
~~TRANSFERRED~~ NEW YORK CITY

JOHN T. UNDERWOOD
CHAIRMAN OF BOARD
JOHN L. SEVERANCE
CHAIRMAN OF FINANCE COMM
ALFRED GANDIER
E. H. RAWLINGS
VICE-CHAIRMEN OF BOARD
ERNEST F. HALL
156 FIFTH AVE., N. Y.
SECRETARY
GEO. F. SUTHERLAND
156 FIFTH AVE., N. Y.
TREASURER

REPRESENTING
THE FOLLOWING FOREIGN MISSION
BOARDS AND COMMITTEES

PRESBYTERIAN IN U. S. A.
PRESBYTERIAN IN U. S.
METHODIST EPISCOPAL
METHODIST EPISCOPAL SOUTH
UNITED CHURCH OF CANADA

156 FIFTH AVE., NEW YORK CITY

June 22, 1926

Dr. Geo. F. Sutherland, Treasurer,
Cooperating Board of Christian Education,
150-5th Ave.,
New York City.

Dear Dr. Sutherland:

I am enclosing the following checks from Mr.
John T. Underwood;

1. Check for $1250, this amount to be forwarded to
Mr. Owens, in behalf of the Chosen Christian College,
to cover Mr. Underwood's pledge for the sum needed
by the College to provide substitutes for Dr. H. H.
Underwood, on account of his staying the third year in
this country in order to help campaign. This will cover
the amount of 2100 Yen required for the fiscal year
1925-1926 and 500 Yen in the budget 1926-1927, total
2600 yen.

2. Check for $3000, to be added to the campaign expense
account.

3. Check for $2000, also to be added to the campaign
expense account, needed for the work before I return
to Korea and also my travel expenses to Korea.

Sincerely yours,

O. R. Avison

ORA:E

Enc-

118. 노스가 에비슨에게

FMN [F. M. 노스]
1926년 6월 24일

O. R. 에비슨 의사,
5번가 156번지,
뉴욕시.

친애하는 나의 에비슨 박사님:

베커의 안식년에 대응하는 문제를 다룬 당신의 10일자 편지를 받은 사실을 더 빨리 알렸어야 하였습니다. 한국인들의 훌륭한 정신에 대해 당신이 느낀 것에 공감하고, 베커의 사적인 필요를 채워주려는 그들의 도움을 받아들이지 않는다고 하여 현지에서 불만을 품는 어떤 상황이 발생하는 것이 아니라면, 그 도움을 받으라고 권할 만하지 않다는 것에 동감합니다. 당신은 이 문제를 나보다 더 잘 판단할 수 있습니다.

그 일에 내가 어떤 영향을 줄 수 있다고 말해도 된다면, 베커가 한국인들의 이런 도움을 받지 않고 난처해하지도 않은 채 안식년을 보낼 수 있도록 내가 할 수 있는 일을 기쁘게 할 것입니다. 내가 이렇게 노력하여 얼마나 성공할 수 있을지는 모르지만, 그 문제에 대한 당신의 마음을 알게 되어 기쁩니다.

행운을 빌며,

안녕히 계십시오.

출처: UMAC

803·1

June 24, 1926.

O. R. Avison, M.D.,
156 Fifth Avenue,
New York City.

My dear Dr. Avison:

        I should have acknowledged earlier your
favor of the 10th, concerning the arrangement for Dr.
Becker's furlough.   I share with you in your feeling
concerning the fine spirit of the Korea group, and the
inadvisability of accepting their help for Dr. Becker's
personal aid, unless by not doing so some condition
would be created on the field which would not be satis-
factory.   You can judge about this better than I.

        May I say that so far as I have any influence
in the case I shall be glad to do what I can to enable Dr.
Becker to take his furlough without accepting this aid from
the Koreans, and without embarrassment to himself.   How
far I can be successful in this effort, I do not know, but
I am glad that I know your mind on the subject.

        With best wishes,

                        Yours cordially,

119. 에비슨이 서덜랜드에게

5번가 156번지, 뉴욕시

1926년 6월 25일

조지 F. 서덜랜드 박사, 회계,

기독교 교육을 위한 협력이사회

5번가-150번지,

뉴욕시.

친애하는 서덜랜드 박사님:

존 언더우드(John T. Underwood) 씨에게 보냈던 몇 가지 명세서의 사본들을 당신이 참고하고 보관하도록 동봉합니다. 최근에 받은 오웬스의 편지도 함께 보내는데, 그것은 그가 내게 보낸 편지에 당신에게 보내도록 동봉했던 것입니다. 또한, 모금을 시작할 때부터 6월 17일까지 쓴 모금 사역 비용의 일부를 간단하게 정리한 명세서도 동봉합니다. 이것은 당신의 계정에 청구해도 될 지출비입니다. 이것은 나에게 1,430.25불을 지급해야 하는 것을 보여줍니다. 이 금액의 수표를 당신이 형편이 닿는 대로 내게 보내주면 좋겠습니다.

안녕히 계십시오.

O. R. 에비슨

출처: UMAC

156 FIFTH AVE., NEW YORK CITY

June 25, 1926

Dr. Geo. F. Sutherland, Treasurer,
Cooperating Board of Christian Education,
150-5th Ave.,
New York City.

Dear Dr. Sutherland:

I am enclosing copies of several statements made to
Mr. John T. Underwood, for your information and filing, also
a recent letter from Mr. Owens, which he enclosed for you. I
am also enclosing a condensed statement of a part of the cost
of the Campaign from the beginning until June 17th...this being
part of the expenses which are chargeable to your account. This
shows a balance of $1430.26 in my favor and I would be glad to
receive a check from you at your convenience for this amount.

Sincerely yours,

ORA:E

Encs.

120. 서덜랜드가 에비슨에게

1926년 6월 28일

O. R. 에비슨 박사,
5번기 156번지
뉴욕시.

친애하는 에비슨 박사님:

당신이 6월 10일자 편지에 답장하기를 잊고 있었던 것 같습니다. 거기에서 당신은 내게 저울들을 주문한 대로 제이콥스 앤 컴퍼니(Jacobs & Company)로부터 사고 대리점의 문제는 나중에 당신이 다루게 하라고 제안하였습니다.

이 저울을 사려고 시도한 적이 한 번 있었지만, 제이콥스 앤 컴퍼니는 한국에서 지정한 것에 정확하게 부합하는 저울을 가지고 있지 않았습니다. 그런 것이 대리점을 설립한 여러 이유 가운데 하나였습니다. 그 때문에 그들은 당신이 자신들을 방문해주기를 원하였습니다. 나는 이 문제를 조사하여 주문을 넣을 시간을 얻지 못하였습니다. 당신이 지금 이 도시로 돌아왔으므로, 당신이 그들을 만나게 될 때까지 그 문제를 미뤄두는 것이 좋지 않을까 생각합니다.

내가 그것을 사야 한다면 물론 반드시 6월 30일 전에 사야 합니다.

안녕히 계십시오.

GFS [G. F. 서덜랜드]

8031

June 28, 1926

Dr. O. R. Avison
156 Fifth Avenue
New York City.

My dear Dr. Avison:

I think I neglected to answer your letter of
June 10th in which you suggested that I purchase the scales
from Jacobs & Company, as ordered, allowing you to take up
the matter later of the Agency.

I think I tried to purchase this scale at one
time, but came to the conclusion that Jacobs & Company did
not have a scale which exactly met the specifications from
Korea; and that was one of the reasons in addition to estab-
lishing the Agency, which led them to want you to call upon
them. I have not had an opportunity to investigate this
matter and to place the order. Since you are now back in
the city, I wonder if it would not be well to let the matter
rest until you have an opportunity to meet them.

Of course, if I am to make the purchase, it
must be done before the 30th of June.

Sincerely yours,

GFS
JFS

121. 서덜랜드가 에비슨에게

1926년 6월 29일

O. R. 에비슨 박사,
세브란스연합의학전문학교
(서울, 한국.)
5번가 156번지, 뉴욕시.

친애하는 에비슨 박사님:

당신의 6월 25일자 편지와 그때 받은 청구서를 따라 여기에 나의 1,430.26불짜리 수표를 넣어 당신에게 보냅니다. 그 금액은 모금 운동 기금에서 변제될 것입니다.

오웬스가 보낸 편지의 사본을 흥미롭게 보았습니다. 어떤 언급도 필요 없을 것 같습니다. 그것은 대학이 여전히 재정적으로 아슬아슬하게 운영되고 있는 것을 보여주고 있습니다.

안녕히 계십시오.

JFS*

출처: UMAC

---

* 원문에 표기된 'JFS'는 서덜랜드(George F. Sutherland)의 첫 이니셜 'G'를 'J'로 잘못 타이프친 것이거나 아니면 서덜랜드의 타자수 이름의 이니셜(차례 번호 128번 문서 하단의 발송자가 'GFS JFS'로 표기된 것을 참고) 표기였을 것으로 짐작된다.

803/

June 29, 1926.

Dr. O. R. Avison
Severance Union Medical College
Seoul, Korea.)
  156 Fifth Ave., N.Y.C.

My dear Dr. Avison:

As per your letter of June 25th, and statement
rendered at that time, I am sending you herewith my
check for $1,450.26 which amount is being charged to
the Campaign Fund.

I note with interest the copy of the letter re-
ceived from Mr. Owens.   I think no comment is necessary.
It shows that the College is still running on a very close
financial margin.

Sincerely yours.

LPG
JFB

1 encl.

122. 에비슨이 서덜랜드에게

5번가 156번지, 뉴욕시
1926년 7월 13일

조지 F. 서덜랜드 박사, 회계,
기독교 교육을 위한 협력이사회
5번가-150번지,
뉴욕시.

친애하는 서덜랜드 박사님:
나의 한국 귀환 여행에 관해서 다음과 같은 점들을 주목해주기 바랍니다.

1. 북장로회 선교부에서 여행 업무를 담당하는 아버(Aber) 양이 우리를 위해 시애틀에서 고베로 가는 "그랜트 대통령"호 기선의 표를 샀습니다. 그녀가 조만간 당신에게 이 표값을 북장로회 선교부에 갚으라고 요청할 것입니다. 이 금액은 물론 모금 운동 경비 계정에서 변제되어야 할 것입니다.

2. 내가 7월 14일 저녁 8시 35분에 뉴욕을 떠날 예정이므로 14일 이른 시간에 다음의 기금을 받기를 원합니다.

   a. 자동차 기금에서 4백 불을 제외한 잔액을 보관하였다가 그것으로 자동차 운송비용과 자동차 보험료를 내주기 바랍니다. 북장로회 선교부의 맥닐(McNeill)이 조만간 당신에게 그 금액을 갚아달라고 요청할 것입니다.

   b. 한국으로 가기 위해 항해권 외에, 앞서 말했듯이, 다음의 내용으로 5백 불을 받기를 원합니다.

        현금 1백 불
        10불짜리 미국 익스프레스 수표 16장 ㄱ
        20불짜리 미국 익스프레스 수표 12장 ㄴ ― 총 4백 불

c. 맥닐이 조만간 당신에게 시애틀로 보내는 우리 트렁크들과 한국으로 보낼 몇 가지 물품의 운송과 보험에 대해 청구서를 제출할 것입니다. 그것들은 모두 모금 운동 경비에서 변제될 것입니다.

만일 자동차 비용을 위한 수표와 위에서 언급한 5백 불짜리 수표를 수요일 (오늘) 오전 어느 시간에 받을 수 있다면 내게 매우 편리할 것입니다.

안녕히 계십시오.

O. R. 에비슨

대리 서명 E.

출처: UMAC

CHOSEN
ISTIAN COLLEGE

O. R. AVISON, M. D., L. L.
PRESIDENT
H. H. UNDERWOOD, PH. D

SEVERANCE
UNION MEDICAL COLLEGE

TRANSFERRED SEOUL KOREA

UNDER

COOPERATING BOARD OF CHRISTIAN EDUCATION IN CHOSEN
NEW YORK CITY

JOHN T. UNDERWOOD
CHAIRMAN OF BOARD
JOHN L. SEVERANCE
CHAIRMAN OF FINANCE COMM
ALFRED GANDIER
E. H. RAWLINGS
VICE-CHAIRMAN OF BOARD
ERNEST F. HALL
156 FIFTH AVE., N. Y.
SECRETARY

REPRESENTING
THE FOLLOWING FOREIGN MISSION
BOARDS AND COMMITTEES
PRESBYTERIAN IN U. S. A.
PRESBYTERIAN IN U. S.
METHODIST EPISCOPAL
METHODIST EPISCOPAL SOUTH
UNITED CHURCH OF CANADA

156 FIFTH AVE., NEW YORK CITY

July 13, 1926

Dr. Geo. F. Sutherland, Treasurer,
Cooperating Board of Christian Education,
150-5th Ave.,
New York City.

Dear Dr. Sutherland:

Regarding my return trip to Korea, please make note
of the following points;

1. Miss Aber, who has charge of the travel affairs
   for the Presbyterian Board, is purchasing our
   tickets on the S/S "PRESIDENT GRANT" from Seattle
   to Kobe. She will, in due time, ask you to pay
   the cost of these tickets to the Presbyterian
   Board. This amount will, of course, be charged
   to the Campaign Expense Account.

2. I am leaving New York at 8:35 P.M., July 14th,
   and I would like to have the following funds in
   hand, early on the 14th;

   a- The balance of the auto funds, except $400.00,
      which you will please keep to pay for freight
      and insurance on the auto, which amount Mr.
      McNeill of the Presbyterian Board will ask you
      for, in due time, to cover his payments on ac-
      count of same.

   b- On account of travel to Korea, outside of the boat
      tickets, as mentioned above, $500.00 which I would
      like to get as follows;

      Cash $100.00
      American Express Checks, 16 in $10.00 denomina-
          ations,
              "   "   "   12 in $20.00 denomin-
          ations. -- making total of $400.00

CHR

Dr. Geo. F. Sutherland, Treasurer-   -2-

    c. Mr. McNeill will present bills to you, in due time,
for freight and insurance on our trunks to Seattle and
on some other goods to Korea, all of which will be
charged to the Campaign Expense Account.

    If I can have the check for the auto fund and the $500.00,
mentioned above, sometime Wednesday forenoon, (today) it will be
a great convenience to me.

                Very sincerely yours,

ORA:E   Per

123. 에비슨이 서덜랜드에게

5번가 156번지, 뉴욕시

1926년 7월 14일

조지 F. 서덜랜드 박사, 회계,

조선 기독교 교육을 위한 협력이사회,

5번가-150번지,

뉴욕시.

친애하는 서덜랜드 박사님:

[에비슨의 사무실 근무] 속기 타자수 잉글랜드(Agnes England) 양의 봉급을 주당 30불로 차후에 통지할 때까지 지급해주겠습니까? 그녀는 7월 10일까지 봉급을 받았습니다. 이 문제에 관해서는 일이 진행되는 것을 보고 나서 당신께 편지로 더 설명하겠습니다.

사무실 임차는 1926년 10월 31일까지 유지되지만, 만일 그럴 기회가 생기면 그곳을 전대(轉貸)하는 것을 그들에게서 승인받았습니다. 그 임대료는 월 40불이고, 선불이며, 7월분 임대료는 이미 냈습니다.

사무실 가구들 가운데 당신이 우리에게 빌려준 책상이 있는데, 당신이 당분간은 그것을 그대로 놔두게 해주면 좋겠습니다. 그것이 더 이상 필요하지 않게 되었다고 생각되면 곧바로 잉글랜드 양에게 편지를 써서 그것을 당신에게 보내도록 하겠습니다. 그녀는 어떤 책상이 그것인지를 알고 있습니다. 다른 가구들 가운데 언더우드 타자기회사의 것도 있고, 북장로회 선교부의 것도 있는데, 잉글랜드 양이 그런 것을 정확히 알고 있습니다.

만일 당신에게 어떤 문헌이 필요한데, 잉글랜드 양에게 보관된 것이 있다면 그녀가 당신에게 기꺼이 가져다줄 것입니다.

안녕히 계십시오.

O. R. 에비슨

출처: UMAC

CHOSEN
CHRISTIAN COLLEGE

O. R. AVISON, M. D., L. L. D
PRESIDENT
H. H. UNDERWOOD, PH. D.

SEVERANCE
UNION MEDICAL COLLEGE

SEOUL, KOREA
UNDER
TRANSFERRED

COOPERATING BOARD OF CHRISTIAN EDUCATION IN CHOSEN
NEW YORK CITY

REPRESENTING
THE FOLLOWING FOREIGN MISSION
BOARDS AND COMMITTEES
PRESBYTERIAN IN U. S. A.
PRESBYTERIAN IN U. S.
METHODIST EPISCOPAL
METHODIST EPISCOPAL SOUTH
UNITED CHURCH OF CANADA

JOHN T. UNDERWOOD
CHAIRMAN OF BOARD
JOHN L. SEVERANCE
CHAIRMAN OF FINANCE COMM
ALFRED GANDIER
E. H. RAWLINGS
VICE-CHAIRMEN OF BOARD
ERNEST F. HALL
156 FIFTH AVE., N. Y.
SECRETARY
GEO. F. SUTHERLAND
156 FIFTH AVE., N. Y.
TREASURER

156 FIFTH AVE., NEW YORK CITY

July 14, 1926

Dr. Geo. F. Sutherland, Treasurer,
Cooperating Board of Christian Education in Chosen,
150-5th Ave.,
New York City.

Dear Dr. Sutherland:

Will you please pay Miss England's salary as stenographer until further notice, at the rate of $30.00 per week. She has received her salary up to July 10th. I will write you further regarding this matter as I see how things go.

The lease for the office holds good until October 31, 1926, but they are authorized to sub-let it if they have an opportunity. The rent is $40.00 per month, payable in advance and the rent for July has been already paid.

Amongst the office furniture is a desk which you lent to us,- if you care to leave it for the present I shall be glad, but as soon as I see that there will be no further need for it I will write to Miss England and have her send it to you. She knows which one it is. Certain other pieces of furniture belong to the Underwood Typewriter Company and other pieces to the Presbyterian Board, Miss England knows just what these are.

If you need any literature, Miss England will be glad to provide you with it as long as the supply holds out.

Very sincerely,

O R Avison

ORA:E

AUG 2 1 1926 FILE

124. 이병두가 에비슨에게

1926년 7월 27일

O. R. 에비슨 박사,

　5번가 156번지,

　　뉴욕시.

친애하는 에비슨 박사님:

당신이 시카고를 방문한 후, 시카고 한인교회 교인들이 당신의 세브란스병원 사역에 감사한 마음을 표시하기 위해 특별한 기부를 하기로 결정하였습니다. 이 일이 몇 주 전에 이루어져서 30불을 보내는데. 여기에 그 금액의 수표를 동봉합니다. 교인들은 당신이 병원의 새 건물을 위해 가장 필요한 곳에 그 돈을 사용하기를 바라고 있습니다.

시카고 한인교회 교인들이 당신에게 안부 인사를 하면서 당신이 감당하는 모든 일에서 크게 성공하기를 빕니다.

안녕히 계십시오.

이병두(P. William Lee)[*]

시카고한인교회 이사부 부장[**]

---

[*] 이병두(Pyungtoo William Lee)는 1916년 평양 숭실학교를 졸업하고 9월 도미하여 오하이오주 웨슬리언대학과 주립대학 대학원에서 수학하면서 국민회, 한인학생회, 구미위원회에 가담하여 독립운동에 진력하였다. 1918년 2월에 조직된 대한인국민회 시카고지방회에서 임원으로 활동하였고, 1919년에는 오하이오 웨스트리버티 감리교회에서 연설하여, 교인들이 6월 14일 대한인국민회와 상원의원을 경유하여 미의회에 한국에서 악형을 받는 선교사들·목사들의 석방과 임시정부 승인을 청원하게 만들었다. 1919년 3월에는 이춘호(1920년 오하이오 웨슬리언대학을 졸업하고 1922년 연희전문 교수로 부임)가 회장으로 있는 한인학생회의 일원으로서 월간 영문보 발행에 참여하여 한국인의 독립정신을 미국의 대학들에 알렸다. 그 후 1960년 『동아일보』 보도에 따르면, 펜실베니아주의 한 회사 고문으로 재직하면서 뉴욕에 있는 '연세대학 재단본부'(협력이사회를 가리키는 듯)에 5만 불을, 이화여대에 1만 불을 기증하였고, 그해 10월 한국을 잠깐 방문하고 미국으로 돌아갔다.

[**] 시카고한인교회는 1923년 '이사부'(Board of trustees)의 주도로 창립되었다. 이때 김창준이 전도사로 부임하여 목회를 시작하였고, 이병두는 창립 당시에 이사부 회계 2명 중 1명으로 활동하였다.

서덜랜드 박사님,

위의 금액을 요청받은 대로 대변(貸邊)에 기입하고, 그 30불을 나의 모금 사역 경비 계정에 넣기 바랍니다. 내가 그 돈을 사역비로 사용하였기 때문입니다. 이 씨에게 수령증을 보내주기 바랍니다.

출처: UMAC

Committee on Friendly Relations Among Foreign Students

347 Madison Avenue, New York City
Telephone Vanderbilt 1200

CHARLES D. HURREY
GENERAL SECRETARY

EDWARD H. LOCKWOOD
EXECUTIVE SECRETARY

P. WILLIAM LEE
SECRETARY FOR KOREAN STUDENTS

Box 183
Chicago Heights, Ill.

July 27, 1926

Dr. O. R. Avison
156 Fifth Ave.
New York City.

My dear Dr. Avison:

   After your visit to the city of Chicago and the
Chicago Korean Church the members of the church decided to
have a special offering as an appreciation on our part to
your work of the Severance Hospital. This is done several
weeks ago and the offering amounted to thirty ($30.00) dol-
lars for which I enclose herewith the check for same. It
is the wish of the church members that you would use the
money for the best needed in the new building of the Hospi-
tal.

   The members of the Chicago Korean Church extend
you their best wishes and pray for your greatest success on
all of your undertakings.

Most sincerely yours,

P. William Lee

Chairman of Board of Trustees
of Chicago Korean Church.

[handwritten note:] Dr. Sutherland -
Please credit the
above amt. as requested
and charge me with the
$30.00 on the Campaign Fund
as I used it for that
purpose. Please send
receipt to Mr Lee

125. 에비슨이 서덜랜드에게

빅토리아, 브리티시컬럼비아 [캐나다]
1926년 8월 13일

조지 F. 서덜랜드 박사,

5번가 150번지,

뉴욕시.

친애하는 서덜랜드 박사님:

8월이 이미 많이 지났으므로 당신이 다시 사무를 보고 있을 것으로 짐작합니다. 당신이 없는 동안 내가 일부 기금을 쓴 것을 발견하게 될 것입니다.

우리는 내일 저녁 이곳 항구에서 출항할 예정입니다. 그리하여 한국으로 가는 우리 여정의 마지막 단계에 곧 오를 것입니다. 나의 오랜 체류 기간에 나를 끊임없이 배려해준 당신께 감사하고 당신이 우리에게 얼마나 큰 도움이 되었는지를 말해주고 싶습니다. 다만 내 사역의 성과가 그에 비해 크지 않아서, 당신이 만일 인출할 자금을 많이 가지고 있었더라면, 재원이 그처럼 적어서 당신이 이미 당혹해하고 있을 때 우리가 당신에게 자금을 요청하여 더 당혹해할 필요가 없었을 것인데, 그러지 못해서 유감입니다. 그러나 나는 여전히 규모가 큰 어떤 기부금이 와서 절박한 이 상황에서 구해주기를 바라고 있습니다. 한인학생회(Korean Student Association)의 총무인 시카고의 이병두(P. William Lee) 씨가 보낸 편지를 동봉합니다. 그 편지를 보면 그 내용을 알게 될 것입니다. 당신은 내가 그 수표를 내 여비의 일부를 지불하기 위해 사용한 것을 알 것입니다. 그러므로 당신은 장부에서 그것을 조정해야 하고, 세브란스 건물을 위한 모금액에서 그 돈을 갚아야 하며, 이 씨에게 수령증을 보내야 합니다.

암스트롱(A. E. Armstrong) 목사에게 편지를 써서 세브란스의학교를 졸업한 최동(Paul Choy) 의사에게 돈을 지급해주도록 요청하였습니다. 그는 토론토대학에서 대학원 공부를 하기 위해 최근에 캐나다 토론토에 도착하였습니다. 그래서 당신에게서 그 금액을 받게 하겠다고 암스트롱에게 알렸습니다. 그 금액은 장학금 계정에 부과되어야 합니다. 나는 그것이 머지않아 크게 확대되기를 바라고 있습니다. 내가 서울에 도착하면 곧바로 오웬스와 재정의 문제점들을 면밀하게 조사하여 편지로 당신에게 상세하게 설명하겠습니다.

안녕히 계십시오.

O. R. 에비슨

출처: UMAC

Victoria, B.C.,
13th August, 1926.

Dr.George F.Sutherland,
150, Fifth Avenue,
New York City.

Dear Dr.Sutherland:-

I suppose you are back again at your desk as August is already well advanced. You will have noted that I made some inroads on the funds during your absence.

We are expecting to sail from this port tomorrow evening, so we shall soon be on the last stage of our journey to Korea, and I want to thank you for your unfailing courtesy to me during my long stay and to tell you what a great help you have been to us. I am only sorry that the result of my work was not greater than it has been, so that you might have had plenty of funds to draw from and need never again be embarrassed by our having to call on you for funds when you were already embarrassed by having such small resources. However, I am still hoping that some good sized contributions will yet come in to relieve the stringency. I am enclosing a letter from the Secretary of the Korean Student Association, Mr.P.William Lee, or Chicago, which will explain itself. You will note that I used the cheque in part payment of my travel account, so you will have to adjust it on your books, paying that sum out of the Campaign Fund to the Severence Building Fund Account and sending a receipt to Mr.Lee.

I have written to Rev.A.E.Armstrong, asking him to make payments of money to Dr,Paul Choy, a graduate of the Severence Medical School, who recently arrived in Toronto, Canada, to pursue his post graduate studies at Toronto University, and advising Mr.Armstrong to collect such sums from you, the same to be charged to the Scholarship Account, which I hope will be ere long considerably enlarged. As soon as I get to Seoul I will go carefully into the financial problems with Mr.Owens and write you fully,

Yours very sincerely,

126. 에비슨이 에네스에게

빅토리아, 브리티시컬럼비아 [캐나다]

1926년 8월 14일

에네스 박사,

　5번가 150번지,

　　뉴욕시.

친애하는 에네스 박사님:

이 편지는 "작별 인사"를 하고 우리의 이 나라 체류 기간에 베푸신 호의에 감사하다는 말씀만 드리려고 쓴 것입니다. 이와 함께 우리를 위해 10만 불을 구하는 일에 속히 성공하기를 희망하는 마음도 표하려 합니다. 당신과 우리는 몇 달 동안 이 일에 몰두해왔습니다. 그 금액을 받는다면 서덜랜드 박사만 기뻐할 뿐 아니라 연희전문학교에서 사역하는 이들도 다시 소년이 된 듯한 심정으로 좋아할 것입니다.

우리는 오늘 저녁 이곳을 출항하여, 곧 한국의 우리 사역으로 복귀할 것입니다.

안녕히 계십시오.

O. R. 에비슨

출처: UMAC

Victoria, B.C.

August 14th. 1926.

Dr.Ehnes,
    150, Fifth Ave.,
    New York City.

Dear Dr.Ehnes:-

       This is just a word of "Goodbye" and thanks
for your courtesies during our stay in this country.   In
doing this, may I also express the hope that you will be
speedily successful in securing for us that $100,000.00
which you and we have had in mind for several months.   I
am sure the receipt of that sum would make Dr.Sutherland's
heart glad as well as making those at work in the Chosen
Christian College feel like boys again.

       We are sailing from here this evening, so will
soon be back at our work in Korea.

          Yours very sincerely,

127. 잉글랜드가 에비슨에게

[1926년 10월 7일]*

O. R. 에비슨 박사,
세브란스연합의학전문학교.
서울, 한국.

친애하는 에비슨 박사님:

내가 사무용품들을 처분하는 것에 대해 박사님과 원한경 박사님께 어떤 의견이 있으신가 하여 전체 물품의 상태를 아래에 열거합니다.

2대- 언더우드 타자기들. 1550278번에서 1907046번까지. 후자에는 음향 틀이 부착되어 있습니다. 전자는 당신의 학교 교수인 밀러(E. H. Miller) 목사에게 빌려주었습니다. 밀러가 일을 마치면 그것을 베시 스트리트(Vesey Street) 30번지에 있는 언더우드 타자기회사 사무실에 반환할 것입니다.

1개- 타자기 책상

1개- 문서보관 캐비닛

1개- 작은 타자기 책상 (접이식)

이상의 물품들은 모두 베시 스트리트 30번지의 언더우드 타자기회사에 반환해야 합니다.

1개- 큰 마호가니 책상은 서덜랜드 박사의 5번가 150번지 북감리회 부서 (5층)에 반환해야 합니다.

4개- 작은 의자와 큰 책상 의자 2개는 5번가 156번지 북장로회 선교부에 반환해야 합니다.

1개- 의자 하나는 5번가 156번지 908호 스튜어트(Stuart) 양의 사무실에 반환해야 합니다.

---

* 10월 7일은 이 편지의 작성일이 아니라 미국 북감리회 측이 이 편지를 보관한 날짜이다.

1개- 편지의 무게를 재는 저울은 스튜어트 양의 사무실에 반환해야 합니다.

2개- 나무 편지함들은 스튜어트 양의 사무실에 반환해야 합니다.

1개- 갈색의 마포 칸막이 커튼은 5번가 156번지 북장로회 선교부에 반환해야 합니다.

2개- 액자에 넣고 유리로 덮어 벽에 건, 뉴욕시에서 활동하는 건축가들인 머피(Murphy)와 다나(Dana)가 찍은 큰 연희전문학교 사진들은 추후 지시가 있을 때까지 북장로회 선교부의 맥네일(McNeill) 씨가 관리하게 하였습니다.

1개- 편지 사본들과 카탈로그들이 들어있는 철제 서류함은 한국 서울에 있는 에비슨 박사께 보내야 합니다.

2개- 폐지 바구니들은 한국 서울로 보내야 합니다.

2개- 전보 정리함은 한국 서울로 보내야 합니다.

지도들, 사진들, 카드 인덱스 파일 4개, 책, 연필 깎기, 자들, 필기용 패드, 철제 북엔드, 환등기, 유리 잉크 스탠드, 핀 접시, 구술 녹음 레코드 2개, 등등은 한국 서울로 보내야 합니다.

한국 서울에 있는 박사님께 보낼 모든 물품은 운송을 위해 맥닐 씨에게 넘기겠습니다. 물론 이 물품들은 새것이 아닌 것으로 알고 있습니다.

팸플릿들, 남겨진 문구들, 임대 사무실은 [협력이사회 총무] 홀(Hall) 박사에게 관리를 맡길 것입니다.

블랙우드(Blackwood) 부인의 부서에도 "Korea"* 소책자들과 원한경 박사의 저서 "한국의 근대 교육"(Modern Education in Korea)**이 보관되어 있습니다.

원한경 박사의 것인 메일라(Maila) 포장지 ½롤, 골판지 ½롤이 남아 있습니다. 이것은 맥닐 씨에게 맡겨—가지고 있든지 박사님께 보내든지 하여—처리하게 할 예정입니다.

벽에 있는 화장실용품 사물함은 수건을 제공한 부서로 돌려줄 것입니다.

서덜랜드 박사의 사무실에서 이 사무실로 보낸 기부자 수령증들은 형편에 따라 홀 박

---

* 1924년 에비슨의 미국 체류 기간에 발행된 연희전문학교 홍보용 소책자이다. 40쪽 분량으로 페이지 표시가 없고, 서지사항 표시도 없이 마지막 페이지에 'Printed in U.S.A.'란 문구만 있다. 겉표지에는 'KOREA'란 단어와 한국을 중심에 둔 한중일 지도가 있고, 전체적으로 한국의 고적과 근대 교육 발전 과정, 연희전문학교의 교육 목표와 각종 현황을 제시하고 있다. 이 자료집 앞 부분에 이 책자의 전체 사진을 수록하고 있다.

** 원한경의 뉴욕대학 박사학위 논문을 출판한 책으로 1926년 뉴욕 International Press에서 발행되었다.

사에게 넘기든지 박사님께 보내든지 하겠습니다.

사무실 가구의 물품들과 한국으로 보내는 화물들마다 착오가 발생하지 않도록 지시어가 적힌 라벨을 붙이고 있습니다. 또한, 이 편지의 사본을 원한경 박사, 홀 박사, 서덜랜드 박사, 맥닐 씨에게 보내고, 존 언더우드(John T. Underwood) 씨의 사무실에 있는 메이트슨(Matteson) 양에게도 보낼 예정입니다.

만일 사무실 물품들의 처분에 관해 변경하거나 제안할 것이 생기면 그것에 관해 박사님께 편지를 쓰겠습니다.

박사님과 원한경 박사에게 온 모든 우편물은 한국 서울에 있는 박사님께 적절하게 전달하도록 하겠습니다. 이 일에 관해 위스델(Wisdell) 양에게 이야기하겠습니다.

이 편지가 박사님과 원한경 박사, 두 분께 세세한 모든 일을 두루 알리고 있으므로 내가 하는 일이 박사님의 승인을 받을 것이라고 믿습니다.

안녕히 계십시오.

(아그네스 잉글랜드,

에비슨 박사와 원한경 박사의 비서)

출처: UMAC

10-7-26

TRANSFERRED 8031

Dr. O. R. Avison,
Severance Union Medical Hospital,
Seoul, Korea.

Dear Dr. Avison:

In order that you and Dr. Underwood may have some idea of the disposition I am making of the office effects, I enumerate below a complete status:

2- Underwood typewriters. Nos. 1550278-1907046.
The latter one has a sound cabinet attachment.
The former has been loaned to the Rev. E. H.
Miller, of your Faculty. Mr. Miller will return
it to the offices of the Underwood Typewriter
Company, 30 Vesey Street, when he will have finished.

1- Typewriter desk,
1- Filing cabinet,
1- Small typewriter table, (collapsible style).

ALL ABOVE ARTICLES TO BE RETURNED TO THE OFFICES OF
THE UNDERWOOD TYPEWRITER COMPANY, 30 VESEY STREET.

- - - - - - - - - - -

1- Large mahogany desk to be returned to Dr. Sutherland's
department. M. E. Board, 150-5th Ave. (5th floor).

4- Small chairs and two large desk chairs to be returned
to the Presbyterian Board, 156-5th Ave.

1- Chair to be returned to Miss Stuart's office,
Presbyterian Board, Room 903, 156-5th Ave.

1- Letter weighing scale to be returned to Miss Stuart's
office.

2- Wood letter trays to be returned to Miss Stuart's
office.

1- Brown burlap screen, to be returned to the Presbyterian
Board, 156-5th Ave.

2- Large wall pictures, under glass and frame, of
Cho-sen Christian College, Ry-Murphy & Dana,
Architects, New York City. Placed in care of Mr.
McNeill of the Presbyterian Board, to hold for
further instructions.

1- Metal filing case to be forwarded to Dr. O.R.Avison,
Seoul, Korea, containing copies of correspondence
and catalogues.

2- Waste-paper baskets to be forwarded to Seoul, Korea.

2- Wire letter trays to be forwarded to Seoul, Korea.

Maps, camera pictures, four card-index files, books,
pencil sharpener, rulers, writing pads, metal book-
ends, lantern slides, glass ink stands, pin trays,
two dictaphone records, etc etc., to be forwarded to
Seoul, Korea.

All material forwarded to you at Seoul, Korea, will
be given over to Mr. McNeill for transportation. It
is understood, of course, that none of this material
is new.

Booklets, left-over stationery and the office lease
will be left in Dr. Hall's care.

Mrs. Blackwood's department still holds the "Korea"
booklets and Dr. Underwood's "Modern Education in Korea."

There have been left over; 1/2 roll of Manila wrapping
paper and 1/2 roll of corrugated paper, which belongs
to Dr. Underwood. I am leaving this in Mr. McNeill's
care- to either hold or forward to you.

The toilet cabinet, on the wall, will be returned to
the towel supply department.

Demar's receipts, sent to this office by Dr. Sutherland's
office, I am giving over to Dr. Hall, or forwarding
to you, as the case may be.

I am placing a direction label on each article of office
furniture and Korea shipments to avoid any error. I am
also sending a copy of this letter to Drs. Underwood,
Hall and Sutherland, Mr. McNeill and to Miss Matteson,
of Mr. John T. Underwood's office.

Dr. O. R. Avison,   -3-

     If any change or suggestion comes up regarding the disposition of the office effects I shall write you of it.

     All mail either for you or Dr. Underwood will be properly forwarded to you in Seoul, Korea. I shall speak with Miss Winfell about this item.

     I trust that this will give both you and Dr. Underwood a comprehensive idea of all details and that what I have done will meet with your approval.

          Sincerely yours,

          (Agnes England,
           Secretary to Drs. Avison and Underwood.)

128. 에비슨이 암스트롱에게

1926년 10월 20일

A. E. 암스트롱 목사,
　　해외선교부,
　　　　캐나다연합교회,
　　　　　　토론토, 캐나다.

친애하는 암스트롱 씨:

맥켄지(F. F. McKenzie)에 관한 당신의 전보를 받은 후 연희전문학교 이사회의 집행위원회를 최대한 빨리 소집하여 당신의 전보를 그 위원회에 보여주면서 지난 몇 년 동안 당신이 나와 그리고 맥켄지가 나와 통신해온 것을 설명하였습니다. 여기에 방금 내가 맥켄지에게 쓴 편지의 사본을 동봉합니다. 그 편지를 보면 맥켄지가 우리에게 파송되기를 우리가 얼마나 크게 바라고 있는지를 밝히 알게 될 것입니다. 그러나 현재의 학교 수입은 우리가 이미 수행 중인 사역과 앞으로 하기로 약속된 사역을 감당하기에도 부족합니다. 당신이 [캐나다장로회 파송 선교사로서 문과 교수직을] 사임한 잭(Jack) 씨 대신에 매년 4천원을 보내고 있는 그 빈자리를 마땅히 채우기 위해 그를 우리에게 보내고 싶어 할지라도, 우리의 현재 예산 수입을 생각하면 이 돈을 포기하는 것이 사실상 불가능해 보입니다. 우리는 물론 지난 2년 반 동안 내가 미국에서 보내며 벌인 모금 운동이 이후에도 결실을 내어 많은 금액이 기본재산에 더해지고 그리하여 우리 연간 수입도 더해져 재정 여건이 머지않아 개선됨으로써 당신이 [학교에 보내는] 기부금을 더 늘려줄 수 없게 되더라도 우리가 맥켄지의 봉급을 주고 사역을 수행할 수 있게 되기를 바라고 있기는 하지만, 바로 지금은 우리가 그런 부담을 추가로 감당할 수 있으리라고 말할 수 없습니다. 그래도 맥켄지가 내년 가을까지는 나올 생각이 없으므로 (세인트루이스에서 내가 그를 만났을 때 그가 여하튼 그렇게 말했던 것으로 이해하고 있습니다), 그동안 우리의 여건이 좋아지면 좋겠습니다.

당신이 그를 한국에 보내기를 매우 간절히 바라고 있고, 그도 이 선교지를 여러 해 동안 마음에 품어왔다는 것을 알고 있습니다. 그래서 나는 당신에게 본 대학 사역을 위해 기부금을 추가하는 셈 치고 그를 우리에게 파송하기 위해 힘써 노력해달라고 감히 요청하려 합니다. 만일 당신이 이렇게 할 수 있다면 이곳에서 매우 크게 감사할 것이고, 나는 그런 취지의 전보를 받은 것에 사의를 표할 것입니다.

당신은 내가 맥켄지에게 쓴 편지에서 처음 몇 해 동안의 봉급과 사역비로 충당될 돈을 구하기 위해 열심히 노력해보라고 그에게 제안했던 것을 볼 것입니다. 그가 이 일을 감당할 수 있다고 여기면 좋겠습니다.

내가 밴쿠버를 떠나기 전에 당신에게 쓴 편지에서 말했듯이, 밴쿠버에서 그가 다녔던 교회가 그를 그들의 파송 선교사로 삼으려 하는 것 같은데, 그 교회 사람들이 선교부에서 [교회들로부터] 모금하는 일반 기금 분담금에 추가하여 그에게 봉급으로 활용될 금액을 줄 수 있을지에는 의문이 제기되었습니다. 이 교회가 이 사역을 위해 어떤 기부금을 추가해줄 가능성은 아주 큽니다. 그러므로 그가 [한국으로] 나올 준비가 되었을 때쯤에는 필요한 금액이 모두 채워질 가능성이 어느 정도 생길 것이므로 당신은 그를 임명해도 되겠다는 느낌을 받을 수도 있을 것입니다.

내가 그에게 이 편지의 사본을 보내려 하는데, 당신이 그와 함께 이 문제를 호의적으로 다루어줄 것이라고 믿습니다. 이 편지에서 이곳에 있는 우리가 그를 몹시 원하고 있다는 인상이 당신에게 전달되면 좋겠습니다. 만일 우리가 그를 얻지 못한다면 매우 크게 실망할 것인데, 오로지 재정문제로 인해서 그리될 것입니다. 그 도시에 있는 한 두 명의 부유한 사람들에게 이 계획을 알려서 관심을 가지게 해줄 수 있겠습니까? 예를 들면, 플라벨 (Joseph Flavelle) 경과 우드(E. R. Wood) 씨와 우드(William Wood) 씨가 있습니다. 이 가운데 어느 사람이라도 이 일의 중요성을 깨달을 수 있게 된다면 이 일을 맡으려 할지도 모릅니다.

[캐나다연합교회] 선교부에 있는 당신의 동료들께 나의 안부 인사를 전해주기 바랍니다.

안녕히 계십시오.

O. R. 에비슨

출처: PCC & UCC

Chosen Christian College

OFFICE OF THE PRESIDENT

O. R. AVISON, M. D.

CO-OPERATING BOARDS

PRESBYTERIAN CHURCH IN THE U.S.A.
METHODIST EPISCOPAL CHURCH
METHODIST EPISCOPAL CHURCH, SOUT
PRESBYTERIAN CHURCH IN CANADA

RECEIVED Seoul, Chosen

DEC 20 1926

S'D

October 20, 1926.

Rev. A. E. Armstrong,
Board of Foreign Missions,
United Church of Canada,
Toronto, Canada.

Dear Mr. Armstrong:

As soon as possible after receiving your cable concerning Mr. F. F. McKenzie I called together the Executive Committee of the Board of Managers of the Chosen Christian College and laid before that Committee your cablegram, together with a statement of the correspondence between you and me and between Mr. McKenzie and me during the past few years. I am enclosing in this a copy of a letter, just written to Mr. McKenzie, which will give you a clear understanding of how much we desire to have Mr. McKenzie sent to us. However, the revenues of the Institution are inadequate at this time even for the work that we have already undertaken and pledged to do so that, while you would naturally like to send him out to us in the place that was made vacant by the resignation of Mr. Jack and in lieu of whose services you are sending us ¥4,000 a year, we feel it is practically impossible for us to give up this amount from our budget income at the present time, although we are hoping, of course, that as a further result of the campaign during the last two and a half years of my stay in the United States, considerable additions will be made to the endowment and so to our annual income, making it possible that within the near future the improvement in our financial condition will enable us to carry Mr. McKenzie's salary and work even though you cannot increase your contributions, but at the present moment I cannot say that we could undertake such an addition. However, as Mr. McKenzie is not expecting to come out until next fall (at least so I understood him to say when I saw him in St. Louis), our condition may improve during the interval.

I know that you are very anxious to have him come to Korea, the field which has been on his heart for so many years, and I am going to venture to ask you to make a strong effort to send him to us as an addition to your contribution to the work of the College. If you can do this, it will be very greatly appreciated here and I shall appreciate a cablegram from you to that effect.

You will see from my letter to Mr. McKenzie that I have suggested that he must make a strong effort to secure money for his salary and the cost of his work during the first few years and I hope he will feel that he can undertake this.

Chosen Christian College

Seoul, Chosen

CO-OPERATING BOARDS

PRESBYTERIAN CHURCH IN THE U.S.A.
METHODIST EPISCOPAL CHURCH
METHODIST EPISCOPAL CHURCH, SOUTH
PRESBYTERIAN CHURCH IN CANADA

- 2 -

Rev. H. E. Armstrong   20/10/26

    As I wrote you before I left Vancouver, the church which he attended in Vancouver would like to take him on as its missionary, but doubt was expressed as to whether they could pay the amount of his salary additional to the quota that they were expected to raise towards the general funds of the Board. It is quite possible that this church could make some additional contributions towards this work so that you might feel justified in undertaking his appointment with a certain degree of probability that the total amount would be made up by the time he was ready to come out.

    I am sending him a copy of this letter and I trust you will take the question up sympathetically with him. I wish this letter to convey to you the impression that we out here want him very much, that we shall be very much disappointed if we do not get him and that it is only a question of finance. Can you not interest one or two wealthy men in the city in this project? For instance, there are Sir Joseph Flavelle and Mr. E. R. Wood and Mr. William Wood, any one of whom might undertake this himself if he could see the importance of it.

    Kindly give my best regards to your colleagues on the Board.

                Yours very sincerely,

                O. R. Avison

ORA:P

129. 에비슨이 맥켄지에게

1926년 10월 20일

프레드 F. 맥켄지 박사,
　농과대학,
　　미주리대학교,
　　　콜럼비아, 미주리.

친애하는 맥켄지 박사님:

내가 미국을 떠날 때는 연희전문학교 이사회의 회의가 9월 첫 주에 열릴 것이라고 예상하였지만, 이곳에 도착한 후에 그 회의가 이미 9월 24일로 정해져 있는 것을 알게 되었습니다. 그래서 그때까지 어떤 결정을 내릴 수가 없었습니다. 이사회가 모였을 때는 의제로 제기된 사업들이 매우 많고 매우 긴급하여 농과 문제가 많은 관심을 받지 못하였습니다. 이미 있는 과들의 운영에 영향을 미칠 몇 가지 심각한 상황을 시급하게 돌아보아야 하였기 때문입니다. 예를 들면, 올해 예산 지출이 약 5천 불의 적자를 내고 내년을 위한 시설 개선과 교원 확충 요청이 이미 제기되어 있어서 이를 이행하기 위해 지출이 수천 불까지 늘어날 것으로 보이지만, 현재 이 일을 할 수 있을 만큼 수입이 늘어날 것을 기대하지는 못하고 있습니다. 형편이 이러하여 농과를 개설하는 문제를 공식적으로 제기하기에 적절한 상황이 아니라고 생각되므로 지금까지는 당신에게 알려드릴 확실한 결정사항이 없습니다. 그러나 이곳에서 학교 일을 주도하는 몇 사람과 함께 우리의 한국 귀환 전에 당신과 내가 의논하였던 분야의 교수로 당신을 임명하는 문제에 관해 의논하였습니다. 또한, 이번 주에 이사회의 집행위원회가 열려 암스트롱 씨가 며칠 전에 우리에게 보냈던 전보를 참고하면서 전체 문제를 의논하는 가운데 그들에게 당신은 어떤 결정이 나기를 크리스마스 이후까지 기다릴 수 없다는 생각을 하고 있다고 말하였습니다. 그날 이후에는 당신이 바람직해 보이는 다른 자리를 구해도 될 자유가 있다고 여길 것이라는 생각이 들었기 때문입니다. 집행위원회는 이곳의 우리 사역을 위해 당신을 가능한 한 붙잡아야 한다고 생각하고 이사회에 제출할 한 건의안으로서 다음의 결의안을 통과시켰습니다. 그 결의안은 다음과 같습니다.

재정이 마련되면 맥켄지 박사를 대학 교수진에 더하는 것이 매우 바람직하다는 것을 이
회의의 일치된 의견으로 삼는다.

한국인 대학 학감[유억겸]과 이곳의 일본 YMCA 간사인 일본인 [이사] 니와(Niwa)가 미국
인 이사 몇 명과 함께 집행위원회에 참석하였는데, 모두 다 당신이 올 준비가 잘 이루어
지기를 바라는 뜻을 나타냈습니다.

현재는 농과를 완전한 대학의 형태로 만들기로 결정할 수 없을 것 같습니다. 총독부의
인가를 받을 만한 진정한 농업대학으로 만들려면 그만한 금액이 필요하기 때문입니다. 그
러나 이 나라의 현실 여건에서는 정규 농업대학보다도 더 나은 농업 사역의 형태라고 많
은 사람이 생각하는 실례들이 제시되고 있습니다. 예를 들면, 북장로회 선교회에 속한 루
츠(Lutz) 씨는 오하이오주립대 졸업생으로서 동물 사육을 전공하였는데, 평양 [숭실]전문
학교에서 일하면서 내가 이전 편지에서 당신에게 대략 설명하였고 세인트루이스에서 우
리가 만났을 때 이야기했던 그 사역 방식, 곧 첫해에 주요사역으로서 언어를 배우고, 둘째
해에 그 공부를 계속하고, 셋째 해에 첫째 해만큼 노력하지 않더라도 철저하고 유용한 언
어 지식 습득에 필요한 일을 하면서, 현재 사용되고 있는 모든 농업 방법을 또한 신중하
게 조사하고, 자신이 지닌 과학적인 농업의 기본지식을 어떻게 활용하면 동물 사육법의
개선과 여러 종류 작물 재배법의 개선 두 방면에서 한국인들이 지금 쓰는 방법을 개선할
수 있는지를 조사하면서 가장 큰 만족을 얻고 있습니다. 또한, 그 기간에 농부들, 특별히
이 나라 각 지역의 청년들과 더불어 개선의 제안이 가능한 어떤 점에서 시작하여 다양한
주제로 교육할 수 있는 만남을 갖고 있습니다. 그렇게 하면 우리가 소유한 실습지에 나가
실제로 함께 일하려고 오는 몇몇 청년들에게 경작할 땅을 비옥하게 준비하고 종자를 개
량하는 새 방법을 보여줄 기회가 생깁니다. 이 후자가 틀림없이 매우 희망적인 사역 유형
이 될 것으로 생각합니다. 그 이유는 그 청년들이 추가 교육을 요구하도록 그들을 이끌
것이기 때문이고, 때가 되면 정규 교육을 개설하게 하고, 정규 대학을 개설할 필요를 다시
유발할 가능성이 가장 크기 때문입니다. 한국인들은 그런 발전과정이 이번에 할 수 있는
가장 효과적인 사역 유형이 될 것으로 생각하고 있고, 학교 학감은 우리가 그 일에 나서

야 한다는 생각을 매우 강력하게 품고 있습니다.

암스트롱 씨와 당신의 부친께 각각 이 편지의 사본을 보내어 우리가 무슨 생각에서 당신을 이곳에 오게 하려 하는지를 정확히 알려주려 합니다. 물론 대학 학과가 즉시 개설되지 않거나 개설되지 않을 일을 맡는 것을 반대하는 청년들도 일부 있으리라는 것을 알고 있습니다. 그러나 당신에 대해서는 우리가 오랫동안 통신하고 당신과 개인적으로 대화한 결과 확신을 갖고 있습니다. 그 확신은 사람들이 처한 상황이 요구하는 것에 따라 가장 좋은 방법으로 섬기기를 당신이 바라고 있고, 즉시 대학 학과의 수장이 되는 데에 주된 목표를 두고 있지 않으며, 농업 지식을 한국 영농법의 발전을 위해 사용하여, 내가 말한 더 유용한 목적을 여러 해 동안 성취하지 못한 소수의 전문가에게만 과학영농을 가르치기보다 농민의 대다수가 그 방법을 채택하게 하기를 원하고 있다는 것입니다.

이제 재정문제에 관해 말하자면, 이 편지의 서두에서 지적하였듯이 우리 대학의 재정이 매우 부족합니다. 그래서 세인트루이스에서 당신에게 말했듯이 당신이 즉시 오는 일은 당신의 봉급과 앞서 설명한 사역에 필요한 경비를 조달하기 위해 캐나다연합교회 선교부가 추가로 돈을 마련하는 것에 달려 있습니다. 그러므로 이곳에 있는 사람들은 캐나다 선교부를 통해서나 다른 어떤 재원을 통해 대학 수입을 그만큼 늘릴 수 없는 한은 대학이 당신에게 오라고 요청할 수 없을 것으로 생각하고 있습니다. 밴쿠버에서 내가 당신에게 편지를 썼듯이 당신의 아버지는 당신의 교회가 당신을 아주 빨리 그들의 선교사로 삼고 봉급과 다른 것들을 제공할 것으로 확신하는 모습을 보였습니다. 그러면서도 그 교회가 선교부에 내는 정규 기부금에 추가하여 제공하는 일은 할 수 없을까봐 염려하였습니다. 이제 내가 암스트롱 씨에게 쓴 편지의 사본 한 부를 여기에 동봉하여 당신께 보냅니다. 그 편지에 이런 점이 잘 드러날 것입니다. 이 편지들은 적어도 11월의 세 번째 주 안에는 암스트롱과 당신에게 도착해야 합니다. 이렇게 하면 올해 말이 되기 전에 모두가 충분히 검토할 시간을 갖게 될 것입니다.

당신을 [한국으로] 나오게 하는 것을 개인적으로 나 혼자만 매우 간절히 바라고 있을 뿐만 아니라 나와 이야기를 나눈 교수진 전원과 집행위원회의 모든 위원도 매우 간절하게 바라고 있다는 말을 여기에서 더합니다. 내가 개관했던 유형의 사역이 이곳보다 더 효과적으로 수행될 곳이 어디에도 없고, 과학적인 영농 원리의 적용이 인구의 85%가 생존을 위해 농업을 의존해야만 하는 이 나라에서보다 더 크게 필요한 곳이 어디에도 없다는 나의 신념을 말하고자 합니다. 여러 시대를 거쳐 한국에서 가장 우수한 농민들이, 중국에서처럼, 그들의 필요에 따라 매우 훌륭하고 강력한 영농법을 개발해온 것은 인정하지만, 어떤 과학적인 지식에 근거한 것이 아닌 까닭에 이런 말을 하는 것입니다. 만일 과학적인 원칙들이 적용되면 훨씬 많은 산물을 땅에서 얻을 수 있고, 현재 널리 인정되고 있는 바와 같이 경제 여건이 심각한 한국에 이런 것이 확실히 필요하다고 확신합니다. 한국의 모든 미래가 경제 상태 개선에 달려있는데, 그 나라 농업의 개선보다 더 효과적으로 이를 개선하게 해줄 것이 없습니다. 그리하여 이 일이 당신이 이 나라를 위해 극히 중요한 봉사를 수행하는 것에 달려있을 것이므로 내가 아는 다른 누구보다도 당신이 이 사역에 종사하게 하기를 훨씬 더 좋아합니다.

만일 당신이 당신 자신에게나 이 사업계획에 밴쿠버 사람들이 관심을 가지게 할 수 있다면 당신의 교회와 개인들을 통해 새 기부금을 얻어 당신의 봉급을 충분히 충당할 뿐만 아니라 당신이 맡을 사역의 경비로 연 1천 불에서 3천 불을 남길 수 있을 것입니다. 처음 두 해에는 이 금액이 모두 필요하지 않겠지만, 해가 가고 당신의 사역이 커지면 더 많은 금액이 소요될 것입니다. 당신이 이 추가 기금을 구하여 확실히 올 수 있게 하도록 노력해보지 않겠습니까?

에비슨 부인과 나는 세인트루이스에서 당신과 당신 부인을 만난 후에 전보다도 더 강력하게 당신과 그녀가 특별히 이곳에서 할 사역에 적합하다고 느꼈습니다. 당신들이 모두 한국인을 사랑할 것이고 그들이 당신들을 사랑할 것이라고 믿습니다.

이곳의 일이 진전되면 곧 다시 편지를 쓰겠습니다. 집행위원회의 보고서를 표결을 위해 이사회 이사들에게 두루 보냈는데, 전달되는 동안 그들이 틀림없이 찬성하는 투표를 할 것이라고 생각하고 있습니다.

나의 부인도 당신과 맥켄지 부인께 따뜻한 안부 인사를 드립니다.

안녕히 계십시오.

O. R. 에비슨

출처: PCC & UCC

Chosen Christian College

Seoul, Chosen

CO-OPERATING BOARDS

PRESBYTERIAN CHURCH IN THE U.S.A.
METHODIST EPISCOPAL CHURCH
METHODIST EPISCOPAL CHURCH, SOUTH
PRESBYTERIAN CHURCH IN CANADA

Copy for Armstrong

October 20, 1926.

Dr. Fred W. McKenzie,
College of Agriculture,
University of Missouri,
Columbia, Mo.

Dear Dr. McKenzie:

When I left America I expected the Board of Managers of the Chosen Christian College would meet during the first week of September, but when I arrive here I found that its meeting was already scheduled for September 24 so I was unable to take any action during the interval. When the Board did meet, the business to be attended to was so much and so urgent that the question of an Agricultural Department could not receive much attention because immediate thought had to be given to several serious conditions affecting the Departments that already are running. For instance, the budget expenses are showing a deficit for this year of about $5,000 and the requests already in for improved facilities and added teachers for the next school year will increase the expenditures by several thousand dollars for which we have at the present time no expected addition to our receipts. That being the case, it did not seem opportune for me to bring up officially the question of the opening of the Department of Agriculture so that there is no definite action to report so far. However, I talked with several of the leading men here concerning your appointment to the Faculty along the lines you and I were discussing previous to our return, and also this week a meeting of the Executive Committee of the Board of Managers was held at which we discussed this entire matter in the light of the cablegram Mr. Armstrong sent us a few days ago, stating that you felt you could not await longer than Christmas for a decision as you felt that after that date you should be free to take any other position that might seem desirable to you. The feeling in the Executive Committee was that we ought, if at all possible, to secure you for our work here and the following resolution was passed as a recommendation to the Board of Managers. The words of that resolution are:

"It is the sense of this meeting that if finances can be arranged, it is very desirable that Dr. F. F. McKenzie should be added to the Faculty of the College."

On the Executive Committee we had the Dean of the College who is a Korean and Mr. Niwa, the Secretary of the Japanese Y. M. C. A. here who is himself a Japanese, together with

Chosen Christian College
Seoul, Chosen

CO-OPERATING BOARDS
PRESBYTERIAN CHURCH IN THE U.S.A.
METHODIST EPISCOPAL CHURCH
METHODIST EPISCOPAL CHURCH, SOUTH
PRESBYTERIAN CHURCH IN CANADA

P. F. M.   - 2 -   20/10/26

several american members of the Board and all expressed the hope
that the arrangement for your coming could be completed.

The getting of an Agricultural Department in the shape
of a thorough-going college was felt to be impossible of decision
at the present time because of the amount of money which would
be required to put it in such shape as to be recognized by the
Government as a real college of agriculture, but instances were
given of what many consider to be of even a better type of agri-
cultural work for the present conditions in this country than
would be an agricultural college of the regular type. For instance,
a Mr. Lutz, a member of the Presbyterian Mission, North, and a
graduate of Ohio State University, having his major in animal
husbandry, is connected with the Pyeng Yang College and is finding the
greatest satisfaction in the type which I outlined to you in my
former letters and which we discussed during our meeting in St.
Louis, i.e., to study the language as your main work during your
first year, to continue that study in the second and third years,
although not so intensely as at first but to do whatever is neces-
sary to secure a thorough, useful knowledge of the language, and
also during the same period to investigate carefully all the
methods of agriculture as now carried on and to study out what
your knowledge of the scientific principles of agriculture would
enable you to do to improve what the Koreans are now doing them-
selves -- this both in the way of improvement of the animal stock
and in the improvement of crops of various kinds; also during the
same period to hold conferences with farmers, especially young
men in various parts of the country, at which instruction can be
given upon various topics, beginning with some one point at which
an improvement can be suggested. Then there is the opportunity
of taking fields which we have and giving demonstrations to
several young men who may be willing to come to work with you
practically in order that you may show them the advantages of
the newer methods of fertilization, of soil preparation, and of
improved seeds. This latter I should consider of a very hopeful
type of work because it would lead to a demand by these young
men for additional instruction and in time to the opening of
regular classes, which again would most probably result in a
necessity of opening a regular college. The Koreans themselves
feel that such a process of development would be the most effective
type of work that could be carried on at this time and the Dean
of the School feels very strongly that we should engage in it.

I am sending Mr. Armstrong and your father each a copy
of this letter so that they may know exactly what is in our minds
in reference to your coming here. I know, of course, that some
young men would be adverse to undertaking anything less than an
immediately developed, or to be developed, college department,

Chosen Christian College

OFFICE OF THE PRESIDENT

O. R. AVISON, M.D.

Seoul, Chosen

CO-OPERATING BOARDS
PRESBYTERIAN CHURCH IN THE U.S.A.
METHODIST EPISCOPAL CHURCH
METHODIST EPISCOPAL CHURCH, SOUTH
PRESBYTERIAN CHURCH IN CANADA

- 3 -

F. F. M.   20/10/26

but I have the conviction concerning yourself, after our prolonged correspondence and my personal talk with you, that you have the desire to serve the people according to the best methods which their condition demands, and that your chief aim is not to be immediately at the head of a college department but that you want to use your knowledge of agriculture for the development in Korea of agricultural methods which can be adopted by a large majority of the farming people rather than to educate a few specialists in scientific agriculture who could not for many years accomplish the more useful purposes to which I have referred.

Now with regard to finances: As I indicated at the beginning of this letter, our College finances are very inadequate, and, as I said to you in St. Louis, the question of your immediate coming would likely depend on the securing of the additional money from the Canadian Board for your salary and necessary expenses in the carrying out of the work indicated so the men here feel that it will be impossible for the College to ask you to come unless such an increase in the College's revenues can be obtained either through the Canadian Board or through some other source. As I wrote you from Vancouver, your father expressed his conviction that your church would take you up very quickly as its missionary, providing your salary and other things, but he feared that they would not be able to do it as an addition to their contribution as regularly made to the Board. Now I am writing Mr. Armstrong a letter, a copy of which I will enclose in this to you, which will cover this point. These letters should reach Mr. Armstrong and you not later than the third week in November, and this will give time for a full consideration by everybody before the end of this year. I shall await with interest your reply to my letter and also Mr. Armstrong's reaction to what I shall say to him.

I will just add here that not only am I personally very anxious to have you come out but every man on the faculty with whom I spoke and every member of the Executive Commitee is very earnest in his desire to have you come. I may say that in my belief there is no place where such a type of work as I have outlined can be more effectively done than here and there is no place where there is a greater need for the application of scientific principles to agriculture than in this country where 85% of the people must depend upon agriculture for their sustenance. I say this, although it is recognised that through the ages the best farmers of Korea, as of China, have developed, out of their necessity, very good methods of

Chosen Christian College

OFFICE OF THE PRESIDENT

O. R. AVISON, M. D.

Seoul, Chosen

CO-OPERATING BOARDS

PRESBYTERIAN CHURCH IN THE U.S.A.
METHODIST EPISCOPAL CHURCH
METHODIST EPISCOPAL CHURCH, SOUTH
PRESBYTERIAN CHURCH IN CANADA

- 4 -

F. F. M.　　　　　　　　　　　　　　　　20/10/26

intensive agriculture, but these are not based upon any scientific knowledge, and I am convinced that, if scientific principles were applied, a very much enlarged product can be obtained from the soil, and certainly Korea needs this at the present time when her economic condition is as serious as it is generally recognized to be. The whole future of Korea is dependent on her improved economic status and there is no point at which this improvement can be more effectively brought about than in the improvement of her agriculture so it would rest with you to perform an exceedingly important service to this country and I would much prefer to have you engage in this work than to leave it to anyone else whom I know.

I feel sure that, if you can yourself interest the people in Vancouver in yourself personally and in this project, it would be possible for you to secure new contributions through your church and through individuals of not only to cover your salary but to leave from one to three thousand dollars a year for the expenses of the work that you would be undertaking. All of this amount would not be needed the first two years, but year by year your work would grow and larger sums could be used. Will you not endeavor to secure these additional funds and so make your coming a certainty?

Since meeting with you and Mrs. McKenzie in St. Louis both Mrs. Avison and I have felt more strongly than even before that you and she are particularly suited to the work to be done here. I believe you will both love the Korean people and they will you.

I shall write again very shortly as soon as anything further develops here. The report of the Executive Committee will be sent around to the members of the Board for their vote, but in the meantime I think there is no doubt but that their vote will be in the affirmative.

Mrs. Avison joins in kindest regards to yourself and Mrs. McKenzie.

Yours very sincerely,

O R Avison

ORA:P

130. 서덜랜드가 에비슨에게

1926년 11월 5일

O. R. 에비슨 박사,
세브란스연합의학전문학교,
서울, 한국.

친애하는 에비슨 박사님:

남장로회 선교부의 회계 윌리암(Edwin F. William) 씨가 보낸 편지를 받았습니다. 그 편지에서 그는 그들이 세브란스에 미국인 의사 대신 매년 2천 불을 보내는 것에 대해 세브란스에 미국인 의사를 대신하여 한국인 의사를 파견할 계획을 세웠거나 그동안 [오긍선 의사를] 파견해온 사실에 근거하여 이의를 제기하였습니다. 그의 편지를 해석해보면, 당신이 남부에 갔을 때 그와 함께 이 문제를 의논하면서 그[남장로회] 선교부는 한국인 의사를 후원하는 것 외에 2천 불을 더 내야 할 것이란 의견을 피력하였다고 말한 것 같습니다. 그는 자기 선교부는 이렇게 해야 할 것으로 생각하지 않는다고 말하고, 자기가 제기한 모든 의문에 대해 나의 의견을 물었습니다.

나는 세브란스의전과 연희전문을 포함하여 우리의 모든 선교 기관에 앞으로 그 나라 사람이 맡을 자리가 늘어나 그가 제기한 문제를 진지하게 검토할 필요가 어쩌면 예상보다 좀 더 빨리 생길 것이라고 대답하였습니다. 그 기관과 그 같은 한 개인의 관계가 앞으로 그의 선교부만 아니라 다른 선교부들에도 속한 다른 여러 사람의 관계로 증폭될 수 있기 때문입니다. 내가 아는 한, 처음 합의규정에는 어느 선교부가 그 학교에 있는 본토인 사역자를 후원하는 것에 관한 조항이 없습니다. 어쩌면 그런 것을 검토해야 할 때가 반드시 올 것입니다.

그러므로 나는 그가 그 문제를 협력이사회에 공식적으로 제기하여, 그의 선교부가 원하는 내용의 통신문을 그곳 총무 홀(Hall) 박사에게 보내면서 그에게 그 제안을 협력이사회의 모든 사람에게 일찍 통지하여 다음 연례회의 전에 그것을 얼마간 검토할 시간을 갖게 해주도록 요청할 것을 제안합니다. 그에게는 내 생각의 한계 안에서 모든 관련 단체가 실행할 만하고 공정하다고 여길만한 계획은 단 한 가지밖에 떠오르지 않았다고 말하였습니다. 그것은 어떤 선교부가 외국인 선교사 한 명보다 본토인 한 명을 후원하겠다고 제안하여 대학이사회가 그런 후원을 승인하면, 그를 후원하는 선교부들이 후원금을 규칙으로 정해진 어떤 수당과 함께 지급해야 하고, 본토인에게 지급할 금액[선교사보다 낮은 봉급]과 어느 [선교사] 사역자가 사역하지 않은 대신 지급하기로 본래 합의된 2천 불 사이의 차액을 현금으로 지급해야 한다는 것입니다.

이 과정을 이행하여 후원 선교부들과 대학 이사회가 합의할 수 있게 되면 그 학교들에 손실을 주지 않고 본토인으로 외국인 선교사를 대체할 수 있게 할 것입니다. 그 학교가 현금을 더 받게 되기 때문에, 만일 외국인을 대체한 사람이* 선교사만큼이나 유능하면 그 학교에 이로울 수도 있습니다. 또한, 그 학교의 예산 자금 조달에 여러 선교부가 참여하는 것을 단절하지 않고도 그렇게 할 수 있을 것입니다.

이런 말을 당신에게 하는 것은 당신 마음에 떠오른 의견을 말하게 하기 위해서일 뿐입니다.

안녕히 계십시오.

GFS [G. F. 서덜랜드]

---

* 이 부분의 원문은 "If the foreigner who was substituted"(만일 대체된 외국인)인데, 이 표현이 문맥에 맞지 않으므로 '외국인을 대체한 그 나라 사람'으로 바꾸어 번역하였다.

803 1

November 5, 1926

Dr. O. R. Avison
Severance Hospital
Seoul, Korea.

My dear Dr. Avison:

I have a letter from Mr. Edwin F. Willis,
Treasurer of the Southern Presbyterian Board, in which he
raises the question of the $2,000 annually which they have
been paying to Severance in lieu of an American doctor,
in view of the fact that they are sending, or have sent
to Severance a Korean doctor in place of this American
doctor. As I interpret his letter he says that this matter
was discussed with you when you were in the South and you
held the opinion that the Board ought to pay the $2,000
in addition to supporting the Korean doctor. He says that
his board does not feel that they ought to do this, and
asks my opinion regarding the raising of the whole question.

I have replied saying that the increasing place
which the nationals are bound to take in the future in all
of our missionary institutions, including Severance and
Chosen, will probably make it necessary at some early date
to consider seriously the question that he has raised.
Because what he is doing in connection with this one indi-
vidual, will probably be duplicated in the future in connec-
tion with many other individuals not only of his own, but
other boards. So far as I know, there is no provision in
the original terms of agreement whereby any Mission Board
would support national workers in the institutions. Possibly
the time has come when that must be taken under consideration.

I therefore suggested that he formally take up
the matter with the Cooperating Board, sending such communi-
cation as his committee might desire, to Dr. Hall as secretary,
and asking him to do so at an early date so that all members

of the Cooperating Committee may be advised of the proposal
before the next annual meeting and have time to give it
some consideration. I have told him that so far as I have
been able to give thought to it, there was only one plan
that occurred to me that might be feasible and fair to all
parties concerned. Namely, that if any Board proposed to
support a national rather than a foreign missionary and if
the support of that national was approved by the field Board
of Managers, then the boards supporting the national should
pay the national's support with any allowances that might
be due according to the rule, and that they pay in cash the
difference between what was paid the national and the $2,000
that was originally agreed upon, as being paid as a substitute
for a worker when he was not on the job.

By this process nationals could be substituted
for foreign missionaries whenever it was agreeable to the
supporting board and the field Board of Managers, without
any loss to the institutions; possibly with a gain to the
institution, if the foreigner who was substituted was just as
efficient as the missionary, because the institution would
have the additional amount of cash. It could also be done
without dislocating the participation of the various Boards
in the budget of the institution.

I am simply telling you of this so that you may
pass on any comment that may occur to you.

Sincerely yours,

GFS
JFS

131. 암스트롱이 에비슨에게

1926년 11월 6일

O. R. 에비슨 박사,
    연희전문학교,
        서울, 한국, 일본.

친애하는 에비슨 박사님:

오웬스의 9월 30일자 편지를 9월 24일 열린 연희전문학교 이사회의 지난 정기회 회의록 및 보고서와 함께 받았습니다. 그 안에 회계보고서도 있었는데, 재정이 곤란한 것을 보여주고 있습니다.

특별히 당신이 북미에서 기금을 모으는 힘든 사역을 한 후에 그런 어려움을 겪고 있어서 유감입니다. 그래서 감히 제안하건대, 당신이 후원 선교회들을 향해 그들이 매년 지급해주는 학교 유지비를 늘려줄 것을 각자의 선교부에 요청해달라고 부탁하는 것이 필요할 것 같습니다. 다른 곳[선교회]들도 여전히 필요한 것보다 [각자의 선교부로부터] 덜 받고 있는데 어느 한 곳에만 지급금을 늘려달라고 건의하는 것은 합당하지 않으므로 건의할 수 없다고 우리 선교회가 말할 것이 예상되므로 쉬운 일이 아니라는 것은 알고 있습니다. 그러나 만일 다른 선교회들은 형편이 더 나아서 그런 건의를 할 수 있다고 한다면, 우리 선교회도 찬성해야 할 것입니다. 이는 우리가 특별히 우리 선교회에 보내는 지급금을 늘려줄 수 있을 듯하고 올해에 지난해보다 늘려주었기 때문입니다. 내가 말하고자 하는 뜻은 당신이 기본재산 기금 10만 불의 추가 유입을 기다리고만 있으면 안 된다는 것입니다. 오웬스는 [학교의] 연례 수입을 필요한 수준으로 충분히 끌어올리려면 그것이 필요하다고 말합니다. 오웬스에게 내가 그의 편지를 받았다고 말해주기 바랍니다.

반버스커크 의사에게도 내가 그의 10월 7일자 편지를 받았다고 말한 것을 전해주겠습니까? 이사회가 마틴 의사를 세브란스연합의학전문학교의 내과에 임명하는 문제를 다룬 편지였습니다. 마틴 의사로부터도 편지를 받았는데, 그는 한국 기독교인 의사들을 가르치는 사역에 참여하게 된 것을 기쁘게 생각하고 있는 것 같습니다. 나는 이를 그가 병원장으로서 맨스필드를 승계하지 않는다는 뜻으로 받아들입니다. 그가 내과에 속하게 될 것이기 때문입니다.* 당신도 알듯이 연합에 반대하는 장로교인들은 마틴 의사를 후원하려 하였습니다. 그가 한동안 그들의 목록에 올라 있었기 때문입니다. 그들은 내가 그들에게 그가 연합교회와 운명을 같이 하고 세브란스에서 우리를 대표하기로 결정하였다고 알려주었을 때 실망하였습니다. 나는 그들에게 혹시 세브란스를 후원하는 일에 참여해보겠느냐고 물었습니다. 당신이 그들을 환영할 것이라고 확신합니다. 당신의 생각이 그렇다면, 토론토 베이 스트리트 320번지, 우편번호 2(320 Bay Street, Toronto 2)의 그랜트(A. S. Grant) 박사에게 편지를 쓰고 싶어 할지도 모르겠습니다. 그가 그들의 선교부(General Board of Missions)의 총무이기 때문입니다.

내가 맥켄지(McKenzie) 박사에게 썼던 11월 2일자 편지의 사본을 동봉합니다. 그 편지에서 그에게 내가 11월 2일 당신에게 전보를 쳤다는 사실을 알렸습니다. 맥켄지 박사로부터 아직 답장을 받지 못하였지만, 그가 당신이 그에게 쓴 편지와 내게 쓴 편지가 도착하기를 기다리고 있을 것이라고 예상합니다. 당신의 전보는 재정 문제가 해결되었는지가 명확히 밝혀주지 않았습니다. 그러므로 우리가 당신의 편지를 받기 전까지는 그의 신청서를 우리가 어떻게 해주기를 당신이 바라고 있는지를 알 수 없습니다. 그는 만일 한국에 빨리 갈 수 없다면 평생 사역지를 정하기를 바라면서 아프리카로 마음이 기울고 있습니다.

최동(Paul D. Choy) 의사는 나를 통해 서덜랜드 박사로부터 매달 50불을 받고 있습니다. 그의 학비와 책값이 추가로 필요하여 내가 서덜랜드 박사에게 50불을 또 달라고 편지를 썼습니다. 최동 의사가 당신으로부터 재정에 관한 소식이 오기를 기다리고 있으므로 나도 당신으로부터 소식을 듣기를 바라고 있습니다. 특별히 그러한 이유는 최동 의사에게 매달 오는 이 돈의 재원에 대해 알려진 것이 당신이 내게 보낸 편지에서 말한 것뿐이고 서덜랜드 박사가 그 일에 대해 당신의 승인을 받지 않았기 때문입니다. 만일 그렇다면 당신이 서덜랜드 박사에게 그 장학금에 대해서와 그 돈을 그 기금에 매달 청구하는 방법에 대해 말해주겠습니까? 당신의 편지 사본을 내게 보내주고 내가 보살피고 있는 최동 의사에게도 편지를 써주겠습니까? 그는 녹스칼리지(Knox College)에서 연합교회 신학생들과 똑같이 할인된 가격으로 방을 얻었습니다. 그것은 주당 6불이고 본래 가격은 9불인 것으로 알

---

* 맨스필드는 세브란스의전에서 해부학과 조직학을 가르쳤다.

고 있습니다.

　당신은 우리 [연합]교회와 연합반대파 교회 사이의 선교지 분할 문제에 관심을 가질 것입니다. 그랜트 박사와 내가 공동으로 대만 선교회의 총무 킨리(Kinney) 양에게 보낸 편지의 사본을 동봉합니다. 그것을 보면 우리가 어떻게 했는지를 알게 될 것입니다. 우리 한국 선교회가 대만에 있는 6명의 젊은 선교사들 가운데 한 명 아니면 더 많은 사람을 데려올지도 모릅니다. 우리는 블랙(Black) 의사가 동의하면, 그를 대만에서 한국으로 옮겨서 용정촌의 마틴을 승계시킬 생각을 하고 있습니다.

　에비슨 부인과 당신의 행운을 빕니다.

안녕히 계십시오.

AEA [A. E. 암스트롱]

　추신 - 내가 전에 편지를 쓴 후에 맥켄지 박사가 보낸 편지를 받았습니다. 그는 내가 짐작하였듯이 당신의 편지가 도착하기를 기다리고 있습니다. 그는 이렇게 말하였습니다. "그동안 다른 어느 곳으로부터 분명한 임명 소식을 받지 못한다면 여전히 당신에게 갈 여지가 있습니다. 아직까지는 크게 진전된 것이 없는 줄로 알고 있지만, 언제 결정이 날지를 말할 수는 없습니다. 우리에게 빨리 소식을 들려주기를 희망하고, 즉각적인 결정이 나는 길이 열리기를 바랍니다." 맥켄지 박사가 아프리카에서 사역하는 어느 선교부에 신청서를 넣은 것이 분명합니다.

출처: PCC & UCC

November 6, 1926

Dr. O. R. Avison,
   Chosen Christian College,
      Seoul, Korea, Japan.

Dear Dr. Avison:

I have received Mr. Owen's letter of September 30th accompanied by the Minutes and Report of the adjourned session of the annual meeting of the Chosen College managers held on September 24th, and including Report of Treasurer which shows financial embarrassment.

We are sorry for your difficulties, especially after your hard work raising funds in North America, and I venture to suggest that it may be necessary for you to ask the supporting Missions to request their Boards to increase their annual grants on maintenance account. I know the difficulty because our own Mission will say to us that they cannot reasonably recommend an increase of a grant to one department when the other departments are still receiving less than they require. However, I think if other Missions are in a better position to make such recommendation, our Mission should be agreeable, especially as we are likely to increase the grant to our Mission, as we have increased it this year over last year. What I mean is you cannot wait for the $100,000 additional endowment which Mr. Owens says is necessary to yield sufficient to bring the annual revenue up to what is necessary. Please tell Mr. Owens that I have received his letter.

Will you please also pass on to Dr. VanBuskirk word that I am in receipt of his letter of October 7th concerning Dr. Martin's appointment to the Medical Department by the Board of Managers of Severance Union Medical College? I have a letter from Dr. Martin, and he seems happy in the thought that he is to join you in the work of training Korean Christian doctors. I take it that he is not to succeed Dr. Mansfield as Superintendent of the hospital, as he is to be connected with the Department of Internal Medicine. As you know, the non-concurring Presbyterians were expecting to support Dr. Martin, as he was for a time of their list. They were disappointed when I informed them that he had decided to cast in his lot with the United Church and to become our representative to Severance. I have told them that if they would like to take a share in Severance, I am sure you would welcome them, and if this is your feeling, you may wish to write Dr. A. S. Grant, 320 Bay Street, Toronto 2, as he is the Secretary of their General Board of Missions.

I enclose copy of letter which I wrote November 2nd to Dr. McKenzie in which I report to him the cablegram you sent November 2nd. I have not heard from Dr. McKenzie yet, but I expect he will await the arrival of your letters to him and to me. Your cablegram did not make it clear that the financial question was solved and, therefore, until we get your letter, we do not know what you wish us to do with his application, as he is desirous of settling his life work and is inclined to Africa, if he cannot go soon to Korea.

Dr. Paul D. Choy is in receipt of $50 monthly from Dr. Sutherland through me. He needs extra for fees and books, and I have written Dr. Sutherland for another $50. Dr. Choy has been expecting to hear from you with reference to financing, and I had hoped to hear from you also, especially as Dr. Sutherland did not have authority from you apart from the note you sent to me regarding the source from which this money was to come monthly for Dr. Choy. If you have not done so, will you kindly send Dr. Sutherland specific word as to the Bursary Fund and how he is to charge these monthly amounts against that fund? Kindly send me a copy of your letter, and will you please also write to Dr. Choy in my care? He has a room in Knox College at the same reduced rate as United Church Theological students. I think it is $6.00 weekly, the regular rate being $9.00.

You will be interested in the division of the fields between our Church and the non-concurring Church. I enclose a copy of the joint letter from Dr. Grant and myself to Miss Kinney, Secretary of Formosa Mission Council which will indicate what we have done. It may be that our Korea Mission will get one or more of the half-dozen younger Missionaries in Formosa. We would like to transfer Dr. Black from Formosa to Korea to succeed Dr. Martin at Lungchingtsun, if he is agreeable.

With best wishes to Mrs. Avison and yourself, I am

Very sincerely yours,

AEA:M

P. S.--Since the foregoing was written I have a let-
ter from Dr. F. F. McKenzie, and he is awaiting, as
I surmised, the arrival of your letters. He says,
"In the meantime we shall still be available to you
provided there is no definite appointment forthcom-
ing from elsewhere. Nothing we know of has developed
very much as yet, but one cannot say when a decision
will be reached. Let us hope word is received right
soon, and that it may open the way to immediate ac-
tion". Evidently Dr. McKenzie has his application
to some Board at work in Africa.

132. 서덜랜드가 에비슨에게

1926년 12월 16일

O. R. 에비슨 박사,
세브란스연합의학전문학교,
서울, 한국.

친애하는 에비슨 박사님:

연희전문학교를 위한 기부금 약정서를 방금 몇 개 살펴보았습니다. 대부분 아주 잘 지급되었지만, 한 분, 곧 미시간주 랜싱(Lansing)의 쿠퍼(R. W. Cooper) 씨는 약정금 25불을 한 번도 지급하지 않았습니다. 나는 그에게 어떤 효과가 있을 새로운 접근법을 찾아내려 애쓰고 있습니다.

그 대학에 관심을 보였던 모든 사람에 관한 어떤 생각이 내게 떠올랐는데, 그것은 우리가 그들에게 보낼 어떤 특별한 정보를 얻으면 좋겠다는 것입니다. 당신이 적어도 두세 페이지는 되게 타이프로 친 어떤 보고서를 내게 보내 이곳에서 복사할 수 있게 해주지 않겠습니까? 그러면 그것을 기부를 약정했던 모든 사람과 당신이 내게 이름을 알려준 또 다른 사람들, 곧 당신과 관계를 형성한 사람들과 당신이 기부금을 받기를 기대했던 사람들에게 보낼 수 있을 것입니다. 이것은 당신이 귀환하여 한국에서 알게 된 제반 상황과 두세 달 동안 조사한 것에 관한 보고서가 될 수 있습니다. 그것은 우리에게 관심을 보인 모든 우인에게 보내는 매우 유용한 약간의 정보가 될 수 있으리라고 생각합니다.

물론 한국에서 직접 보고서를 보내는 것도 가능합니다. 그렇게 하겠다면, 당신이 대학의 우인들에게 보내는 어떤 전반적인 상황 보고서의 사본 한 부를 내게 보내주면 좋겠습니다. 그러면 내가 상황을 계속 파악하여 어떤 통신문을 내보낼 때 어긋난 내용을 쓰지 않게 될 것입니다.

안녕히 계십시오.

GFS [G. F. 서덜랜드]

출처: UMAC

December 16, 1926

Dr. O. R. Avison
Severance Hospital
Seoul, Korea.

My dear Dr. Avison:

I have just been trying to follow up some of
the pledges for Chosen Christian College. Most of the
payments are being made fairly well, but one gentleman,
Mr. W. Cooper of Lansing, Michigan, has never paid
his pledge of $25.00. I have been struggling to discover
some new method of approach which would get results from
him.

It occurred to me that in connection with all
of the persons who have shown their interest in the Col-
lege, that it would be well if we had some special infor-
mation to send them. Would it not pay for you to send me
a typewritten statement of not more than two or three pages
which could be duplicated here, and which I could send to
all persons who have made pledges and to any others whose
names you might give me; persons whom you have been culti-
vating and from whom you expected money. This
could be a report of conditions as you found them in Korea
after your return and an opportunity for two or three months
study. I think it could come as a very helpful bit of in-
formation to all of our interested friends.

It is, of course, possible that you are making
reports direct from Korea. If that is the case, it would
be well for you to send me a copy of any general statements
that you are sending to the friends of the College, so that
I will be kept in touch with the situation and not work at
cross purposes in connection any correspondence which I am
sending out.

Sincerely yours,

GFS
JFS

133. 에비슨이 에드워즈에게

1926년 12월 20일

J. R. 에드워즈 목사, 명예신학박사,

해외선교부 총무,

북감리회,

5번가 150번지,

뉴욕시, 뉴욕주.

친애하는 에드워즈 박사님:[*]

여기에 이달 17일 열린 연희전문학교 이사회의 회의록과 그 밖의 문서들을 동봉합니다.

이 회의는 지난 9월에 일정이 잡혔는데, 운영진이 이사회에 예산안을 제출하여 다음 회계연도 말에 적자를 내지 않을 것이란 점을 납득시키기 위해 회의를 연 것입니다.

우리가 1개 과를 줄여야 할지도 모른다는 두려움이 있었지만, 교직원을 일부 감축하고, 특별히 기본재산 수입을 더 많이 받으면, 세 과를 계속 운영할 수 있다는 것을 알게 되었습니다. 학생들로부터 받을 예상수입은 매우 보수적으로 산정되었습니다.

내년 여름에 디펜도르퍼(Diffendorfer) 박사가 한국을 방문할 예정이라는 소식을 들었습니다. 대학이 학기 중일 때 그가 와서 교직원들과 학생들을 만날 수 있기를 바랍니다.

안녕히 계십시오.

O. R. 에비슨

출처: UMAC

---

[*] 에드워즈(J. R. Edwards)는 아래에서 거명되는 디펜도르퍼(R. E. Doffendorfer)와 더불어 북감리회 선교부의 통신 총무로 활동하고 있었다.

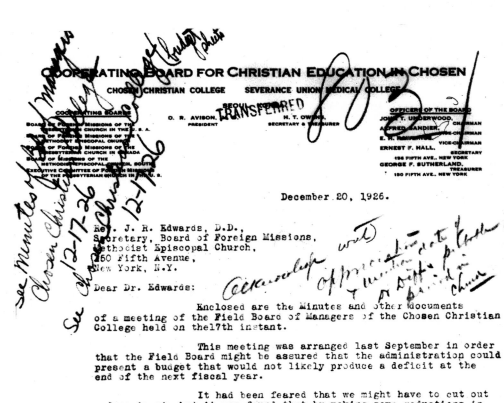

COOPERATING BOARD FOR CHRISTIAN EDUCATION IN CHOSEN

CHOSEN CHRISTIAN COLLEGE   SEVERANCE UNION MEDICAL COLLEGE

COOPERATING BOARDS

BOARD OF FOREIGN MISSIONS OF THE
PRESBYTERIAN CHURCH IN THE U.S.A.
BOARD OF FOREIGN MISSIONS OF THE
METHODIST EPISCOPAL CHURCH
BOARD OF FOREIGN MISSIONS OF THE
PRESBYTERIAN CHURCH IN CANADA
BOARD OF MISSIONS OF THE
METHODIST EPISCOPAL CHURCH, SOUTH
EXECUTIVE COMMITTEE OF FOREIGN MISSIONS
OF THE PRESBYTERIAN CHURCH IN THE U.S.

O. R. AVISON, **SEOUL** H. T. OWENS,
PRESIDENT   SECRETARY & TREASURER

OFFICERS OF THE BOARD

JOHN T. UNDERWOOD, CHAIRMAN
ALFRED GANDIER, VICE-CHAIRMAN
E. H. RAWLINGS, VICE-CHAIRMAN
ERNEST F. HALL, SECRETARY
150 FIFTH AVE., NEW YORK
GEORGE F. SUTHERLAND, TREASURER
150 FIFTH AVE., NEW YORK

TRANSFERRED

December 20, 1926.

Rev. J. R. Edwards, D.D.,
Secretary, Board of Foreign Missions,
Methodist Episcopal Church,
150 Fifth Avenue,
New York, N.Y.

Dear Dr. Edwards:

      Enclosed are the Minutes and other documents
of a meeting of the Field Board of Managers of the Chosen Christian
College held on the 17th instant.

      This meeting was arranged last September in order
that the Field Board might be assured that the administration could
present a budget that would not likely produce a deficit at the
end of the next fiscal year.

      It had been feared that we might have to cut out
a department, but it was found that by making some reductions in
staff, and especially due to the greater receipts from endowment
income, we would be able to keep our three departments going.
The anticipated receipts from students were made on a very conserva-
tive scale.

      It is reported that Korea is to have a visit
from Dr. Diffendorfer next summer. We hope he will come at a
time when the College will be in session, so that he can meet the
staff and student body.

      Very sincerely,

      O R Avison

FEB 2 1927 Filed

134. 에비슨이 홀에게

1926년 12월 20일

어네스트 F. 홀 목사,
협력이사회 총무,
5번가 156번지,
뉴욕시, 뉴욕주.

친애하는 홀 박사님:

이달 17일 열린 연희전문학교 이사회의 회의록을 동봉하니 찾아보시기 바랍니다.

이 회의는 운영진이 이사회에 예산안을 제출하여 대학이 다음 회계연도 때 적자를 내지 않고 운영될 수 있음을 알려 그들을 안심시키기 위해 지난 9월 회의 때 일정이 잡혔습니다.

재정위원회 회의를 여러 차례 열고 커리큘럼위원회 회의도 몇 번 연 후에 우리는 이사회에 예산안을 제출하여 오른편[대변]에 잔액이 남는 것을 보여줄 수 있게 되었음을 알게 되었습니다. 74,274원이 수입으로, 72,630원이 지출로 기입되고, 잔액 1,644원이 예비비로 기입되어 있습니다.

교직원을 일부 감축하였고, 학비 수입을 매우 보수적으로 추정하였습니다. 우리가 지난해 학생 수입 예산에서 거의 5천 원을 줄었기 때문에, 올해 너무 낙관적이 되지 않으려 하였습니다. 예를 들면, 우리가 문과의 입학생을 50명을 받아들이면서 27명분만 예산에 넣었고, 다른 두 과에 대해서도 마찬가지로 보수적으로 잡았습니다.

여러 선교부의 지급금에 대한 예산은 그들이 추정한 금액대로 세웁니다. 만일 예고 없는 삭감을 하게 되면, 그들이 다른 방면에서 제공해야 합니다. 우리는 서덜랜드 박사에게 만일 [미국에서] 투자한 자금의 연간 수입 총액을 산정할 수 없게 되면 우리에게 알려달라고 전보를 쳤습니다. 아무 대답이 없는 것이 좋은 일로 여겨집니다. 그가 아무 말도 하지 않았으므로 우리가 기본재산 수입을 제시되어있는 대로 옳게 산정하고 있다고 추정합니다. 보수적으로 금액을 추정하고 있다는 또 다른 증거는 환율로 입증됩니다. 우리는 지난해를 기준으로 46원으로 추정하였는데 원화가 $49\frac{1}{3}$로 인상되었습니다.

우리는 정직하게 예산안을 제출하고 있습니다. 예비비를 예기치 않게 집행하더라도 그것이 우리가 수입 안에서 운영할 수 있게 해줄 것이라고 믿습니다.

안녕히 계십시오.

O. R. 에비슨

출처: PUL

December 20, 1926.

Rev. Ernest F. Hall,
Secretary, Cooperating Board,
156 Fifth Avenue,
New York, N.Y.

Dear Dr. Hall:

Enclosed find Minutes of meeting of the Field Board of Managers
of the Chosen Christian College held on the 17th instant.

This meeting was scheduled at last September's meeting in order
that the Board might have opportunity to satisfy itself that the administra-
tion could submit a budget that would enable the College to run next fiscal
year without a deficit.

After numerous meetings of the Finance Committee, and also some
sessions of the Curriculum Committee, we found ourselves able to submit to
the Board a budget that shows a balance on the right hand side.   It calls
for an income of Y74,274, and an expenditure of Y72,630, the balance of
Y1,644 being called a contingent fund.

Some reductions in staff have been made, and the estimates for
receiving students are very conservative.   As we fell down nearly Y5,000
last year in budgeted receipts from students, we are trying not to be too
optimistic this year.   For instance, in the Literary Department, while we
will accept an entrance class of 50 we are budgeting only 27, and the other
two departments have been equally as conservative.

We are budgeting the amounts from the various Boards which appear
in their estimates. If any unforeseen cuts are made, they will have to be
provided for otherwise.   We cabled Dr. Sutherland to let us know if we
could not count upon the total annual income from invested funds, no reply
to be counted as favorable.   Not having heard from him we assume that we are
correct in counting upon endowment receipts as shown.   A further evidence
of conservatism in estimates is shown in exchange. We have estimated at par.
Last year, we estimated at 46 and the yen rose to 49-7/8.

We believe that we are submitting an honest budget, and one that,
barring unforeseen contingencies, will enable us to keep within our income.

Very sincerely,

O.R. Avison

135. 에비슨이 암스트롱에게

1926년 12월 29일

A. E. 암스트롱 목사,

해외선교부,

퀸 스트리트 웨스트 299번지,

토론토 2[우편번호], 캐나다.

친애하는 암스트롱 씨,

얼마 전에 당신이 내게 연희전문학교에 조희염 씨*의 자리를 찾을 여지가 있는지를 묻는 편지를 보내서 내가 당신에게 우리는 이미 그가 교수 자격을 갖춘 모든 과목에서 충분한 수의 교원들을 두고 있는 까닭에 그에게 자리를 줄 수 없다고 답장을 썼던 것을 당신은 기억할 것입니다. 최근에 조 씨로부터 2통의 편지를 받았는데, 그는 [캐나다] 장로회 잔류파의 그랜트 박사를 만나 그 장로회가 서울에 있는 대학들에서 사역할 가능성이 있는지를 의논하였다고 설명하였습니다. 한 편지에서는 마틴(S. H. Martin) 의사가 그 장로회의 후원을 받아 세브란스연합의학전문학교에 올 예정이라고 설명하였습니다. 이 일에 관해 내가 아무 말도 듣지 못하였으므로 당신이 이 문제를 설명해주면 좋겠습니다. 그가 두 번째 편지에서는 그랜트 박사가 그에게 연희전문학교와의 협력 문제를 [잔류파 선교부의] 집행위원회와 다루겠다는 말을 했다고 설명하고 있습니다. 그러면서 그가 연희전문학교에 교수 자리를 신청하여 그들이 분명한 제안을 할 수 있게 하겠다는 뜻을 조 씨에게 알렸다고 설명하고 있습니다. 계속해서 조 씨는 그랜트 박사가 그 후에 집행위원회와 상의한 결과 만일 서울에 있는 그 대학이 그를 교수로 받아들인다면 그들이 조 씨의 후원금을 제공하기로 결정하였다는 말을 그에게 하였다고 설명하고 있습니다. 그리하여 조 씨가 연

---

* 조희염(曹喜炎)은 캐나다장로회 선교사들의 지원으로 캐나다 달하우지대학 문학부와 토론대 신학교를 졸업하고 미국 시카고대에서 공부하면서 이용설, 오한영, 노준탁, 장세운(수물과 제1회 졸업) 등과 함께 북미 대한인유학생회에서 활동하며 총회장을 역임하였다. 1927년 귀국하여 영생학교 교사가 되었다가 1930년 독일에서 열린 기독교청년면려회 세계대회에 참석하였고, 이후에 원산에서 목회하였으며, 1938년부터 연희전문 이사로 활동하였다.

희전문학교에 교수직을 얻기 위해 공식적으로 신청하였습니다. 우리는 이 통신문을 캐나다연합교회 [한국] 선교회의 총무인 스코트[William Scott]*에게 보내고 그에게 이 문제에 대한 그 선교회의 견해를 밝히는 진술서를 얻어달라고 요청하였습니다. 답장을 기다리는 동안 나는 이 사실을 [캐나다연합교회 선교부 총무인] 당신에게 알립니다. 우리는 이 문제와 관련하여 캐나다장로회와 캐나다연합교회가 어떤 관계에 있는지를 모르기 때문입니다. 당신이 그 문제에 관해 설명해주면 좋겠습니다. 그 장로회 측이 한국에서 선교사역을 하지 않는데도 이곳의 대학들과 자유롭게 협력해도 되는지? 우리가 그랜트 박사와 통신하는 것을 당신이 원하고 있는지? 마틴 의사와의 관계는 어떻게 될 것인지?

큰 관심을 가지고 당신의 답장을 기다리겠습니다.

안녕히 계십시오.

O. R. 에비슨

출처: PCC & UCC

---

* 스코트(William Scott, 1886~1976)는 캐나다장로회 선교사로 1914년 내한하여 함북과 간도에서 활동하였다. 용정 은진중학교 교장을 역임하고 함흥 영생학교를 설립하였으며, 연전 교수로도 활동하였다. 해방 후 다시 내한하여 조선신학교(현 한신대)에서 가르치면서 신학노선 문제로 보수신학자들과 갈등을 겪고 김재준과 함께 예장 총회에서 제명되었다.

SEVERANCE UNION MEDICAL COLLEGE
NURSES TRAINING SCHOOL
SEVERANCE HOSPITAL

SEOUL, KOREA

December 29, 1926.

Rev. A. E. Armstrong,
c/o Board of Foreign Missions,
299 Queen Street West,
Toronto 2, Canada.

Dear Mr. Armstrong,

You will remember that some time ago you
wrote me concerning the possibility of us finding a place
in the Chosen Christian College for Mr. H. Y. Cho, and that
I wrote you in reply that we could not give him a position
because we have already a sufficient number of teachers in
all the subjects for which he is qualified. Two recent
letters received from Mr. Cho, saying that he had been in
Conference with Dr. Grant of the Continuing Presbyterian
Church as to the possibility of that church doing work in
the Seoul Colleges. In one of his letters he made the
statement that Dr. S. H. Martin is to come to the Severance
Union Medical College under the support of the Presbyterian
Church. Concerning this I have had no information and shall
be glad to hear from you as to this matter. His second letter
states that Dr. Grant told him that he would take up the
question of cooperation with the Chosen Christian College
with the Executive Committee, and he advised Mr. Cho to make
application to the Chosen Christian College for a position
on the faculty so that they might have a definite proposition
before them. Mr. Cho then went on to say that Dr. Grant
told him afterwards that he had consulted with the Executive
Committee and they had decided that they would provide support
for Mr. Cho if the College in Seoul would accept him as a
Professor. Mr. Cho, therefore, has made formal application
to the Chosen Christian College for a position on the Faculty.
We have forwarded this correspondence to Mr. Scott, the
Secretary of the Canadian Mission, and asked him to secure a
statement from his Mission as to the opinion of the Mission
concerning this matter. While waiting for a reply I am
sending this word onto you as we do not understand the relation
that exists between the Presbyterian Church and the United
Church in regard to such matters as these, and I shall be glad
to hear from you on the subject. Will the Presbyterian
Church be free to cooperate with these Colleges even tho
they have no Mission work in Korea? Do you wish us to take
up correspondence with Dr. Grant? What is the relation of
Dr. Martin to be?

I shall await your reply with much interest.

Yours very sincerely,

ORA-S

▌찾 아 보 기▐

맥켄지(Frederick F. McKenzie) 219, 225, 226,
  235, 241, 260, 265, 329, 336, 421, 422, 425,
  438, 439

맨스필드(Thomas D. Mansfield) 176, 178, 179,
  225, 232, 235, 236, 237, 241, 246, 260, 265,
  311, 324, 325, 328, 329, 438

머레이(Florence J. Murray) 243

머피와 다나(Murphy and Dana) 416

모범촌 274

모스(Arthur B. Moss) 148, 200, 213

모홍크 호텔(Mohawk Hotel) 215

미국 육군 의료국(American Army Medical
  Bureau) 134

미시간대학(University of Michigan) 137

믹스(H. V. Meeks) 부인 267

밀러(E. H. Miller) 107, 109, 137, 248, 343,
  344, 351, 352, 353, 355, 388, 415

ㅂ

바라카 클럽(Baraca Club) 202

바이람(Roy M. Byram) 60, 63

박영효(朴泳孝) 134

반버스커크(James D. VanBuskirk) 89, 135,
  184, 186, 243, 325, 349, 437

반벡튼(France VanVecten) 252

반코트 기념기금(Van Cott Memorial Fund)
  111, 116

버비지(Wilfred A. Burbidge) 225, 226

버코비츠(Zacharias Bercovitz) 118, 119, 120,
  126

베시(Frederick G. Vesey) 184, 226, 260, 265

베이커(Frank E. Baker) 87

베커(Arthur L. Becker) 107, 136, 204, 213,
  352, 355, 365, 371, 383, 393

벨(Eugene Bell) 227

병리학 134, 138

보건(J. G. Vaughan) 85, 278, 299, 307, 309,
  349

보건학 134, 138

보스턴대학교 문과대학(College of Liberal Arts,
  Boston University) 85

보아즈(Hiram A. Boaz) 351

북경협화의학원(Peking Union Medical College)
  133

브라운(Arthur J. Brown) 52, 54, 55, 105, 121,
  126, 148, 152, 271, 343, 351, 354

브루엔(Henry M. Bruen) 118, 121

블랙(Donald M. Black) 439

비거(John D. Bigger) 243

비치(John N. Beach) 부인 254

ㅅ

생리학 133

샤록스(Alfred M. Sharrocks) 353
  ── 부인 353

샤이드(John Scheide) 97, 99, 136

서덜랜드(George F. Sutherland) 50, 52, 54, 77, 81, 83, 93, 95, 97, 99, 101, 103, 107, 109, 111, 113, 116, 135, 148, 149, 151, 152, 158, 164, 170, 174, 182, 189, 193, 197, 202, 208, 210, 215, 230, 244, 252, 254, 257, 263, 267, 269, 271, 273, 280, 282, 284, 286, 288, 290, 292, 297, 301, 303, 305, 314, 316, 320, 322, 332, 334, 339, 349, 351, 354, 362, 364, 368, 371, 373, 376, 378, 380, 383, 387, 391, 395, 397, 399, 401, 405, 408, 410, 413, 415, 416, 417, 434, 438, 443, 447

세균학 134, 138

세브란스(John L. Severance) 55, 77, 93, 101, 131, 135, 136, 148, 151, 152, 254, 305, 332, 351, 354

세브란스의용품상회(Severance Wholesale Medical Supply Company) 135, 276

세인트 조셉스 병원(St. Joseph's Hospital) 134

소유권·보증 법률회사(Lawyers Title and Guaranty Company) 376

송언용(宋彦用) 164

송기주(宋基柱, K. C. Song) 205

쇼플러(A. F. Schauffler) 부인 107, 109, 139, 322, 387

스미스(Roy K. Smith) 59, 63

스코트(William Scott, M.A.) 138, 451

스클라 제조회사(J. Sklar Manufacturing Co.) 243, 244, 276, 303

스타이츠(Frank M. Stites, Jr.) 133

스타틀러 호텔(Statler Hotel) 364, 368, 371, 378

스탠다드 오일회사(Standard Oil Company) 139

스테블러(C. E. Stabler) 263

스토버(Myrta Stover) 294

스투처(E. W. Stutzer) 136

스틸(Chas. A. Steele) 280, 303

스팀슨관 136

스프렁거(Mary Ann Sprunger) 294, 299

시카고대학(University of Chicago) 205

시카고한인교회 407

신 병실 135, 189

신경학 133

심호섭(沈浩燮, H. S. Shim) 133

ㅇ

아그네스 잉글랜드 417

아넙(Jesse H. Arnup) 160

아펜젤러관(이학관) 49, 107, 136

안동 기독병원 118

안존수(John Soo Ahrn) 288

알렉산더(George Alexander) 148, 351

알렌(Mary C. Allen) 부인 210

알콕(John L. Alcock) 54, 148, 351

암스트롱(A. E. Armstrong) 65, 68, 71, 89, 91, 168, 176, 179, 185, 191, 217, 219, 220, 227, 233, 235, 241, 246, 261, 265, 324, 328, 337,

351, 368, 410, 421, 425, 427, 439, 450

앤더슨(Margaret P. Anderson) 225

앤드루(Truman Andrew) 53, 74

어드만(Walter C. Erdman) 118, 119, 121, 126

언더우드(Horace G. Unerwood) 69

언더우드(John T. Underwood) 52, 54, 55, 93, 95, 97, 99, 103, 113, 131, 139, 148, 149, 151, 152, 271, 282, 305, 316, 320, 334, 339, 351, 354, 355, 362, 368, 373, 378, 387, 388, 391, 395, 417

언더우드 타자기회사(Underwood Typewriter Co.) 95, 97, 113, 292, 415

언더우드관 49, 136

에네스(Ehnes) 413

에드워즈(John R. Edwards) 351, 445

에디슨(Brooklyn Edison) 113

에디슨 제너럴 모기지(Brooklyn Edison General Mortgage) 103

에모리대학(Emory University) 99, 133

에비슨(Douglas B. Avison) 59, 63

에비슨(Joyce Rawson Avison) 226

에비슨(Martin Avison) 316

에클레스(A. J. Eccles) 부인 269, 284

엔디코트(James Endicott) 160, 166

여자대학 354

연합장로교회(Union Presbyterian Church, Schenectady, NY) 111

영(Lither L. Young) 184, 226

예수교서회 160

오긍선(吳兢善) 99

오릴리아(Orillia) 교회 185, 191

오웬스(Herbert T. Owens) 63, 89, 93, 131, 148, 157, 161, 244, 254, 280, 282, 297, 303, 305, 334, 336, 387, 388, 391, 395, 399, 411, 437

오하이오주립대(Ohio State University) 426

오한영(吳漢泳, H. Y. Oh) 99, 133

와드(Ralph A. Ward) 52, 148, 152

와서 우릴 도우라(*The Call of Korea*) 69

외과 133

우드(Charles S. Wood) 136

우애회(Association of College Teachers, 연희전문학교) 137, 364

워드(Ralph A. Ward) 55

원한경(H. H. Underwood) 52, 132, 140, 148, 150, 205, 208, 210, 344, 351, 352, 353, 355, 364, 368, 371, 373, 380, 388, 391, 415, 416, 417

웰치(Herbert Welch) 74, 131, 354, 351, 355

위생학 134, 138

윈 기념 성경학교(Roger Winn Memorial Bible Institute) 60

윌러(W. Reginald Wheeler) 53, 54, 55

윌리스(Edwin L. Willis) 269, 284

윌리암(Edwin F. William) 433

윌슨(C. P. Wilson) 139

유니온교회(Union Church) 136

유억겸(俞億兼) 426

토마스(Sallie B. Thomas) 295, 299

팁톤(Samuel P. Tipton) 59, 63

ㅍ

파운드(Norman Found) 328, 329, 336

페인(Zola L. Payne) 278, 309

포스트(James H. Post) 54, 148, 152, 351, 354

포터(William Potter) 301

포프(Henry F. Pope) 107, 109, 139

푸트(William R. Foote) 68

프렌티스(F. F. Prentiss) 부인 81, 131, 135, 136, 332

플레처(Archibald G. Fletcher) 63

피셔(James E. Fisher) 248, 344, 351, 352, 353, 355

핀슨(W. W. Pinson) 148, 284, 269

ㅎ

하비슨(Ralph W. Harbison) 332

하운젤(C. G. Hounshell) 148, 351

하크니스(Edward S. Harkness) 131

한국의 근대 교육(*Modern Education in Korea*) 416

한국의사협회(K.M.A.) 325

한인학생회(Korean Student Association) 410

헐버트(Homer B. Hulbert) 69

헨쇼(A. W. Henshaw) 부인 111

헨젤(August Hensel) 182

호이트(H. Spencer Hoyt) 59, 63, 243

호프만(Clerence S. Hoffman) 122

홀(Ernest F. Hall) 52, 54, 65, 93, 148, 149, 151, 152, 271, 351, 354, 356, 416, 417, 433, 447

홀 재단(Estate of Charles M. Hall) 131, 139, 149, 313, 316, 320, 373

홉커크(Clerence C. Hopkirk) 120, 133

화서협합대학(華西協合大學, West China University) 160

화이트(Stanley White) 368, 373, 378

히멜버거(J. Himmelberger) 263

히치(James W. Hitch) 352

▌편찬자 소개

▌연세대학교 국학연구원 연세학연구소

연세학연구소는 연세 역사 속에서 축적된 연세정신, 연세 학풍, 학문적 성과 등을 정리하고, 한국의 근대 학술, 고등교육의 역사와 성격을 살펴보기 위해 설립되었다. 일제 강점하 민족교육을 통해 천명된 "동서고근 사상의 화충(和衷)"의 학풍을 계승, 재창조하는 "연세학"의 정립을 지향한다. 〈연세학풍연구총서〉, 〈연세사료총서〉를 간행하고 있다.

▌번역 ㅣ 문백란

전남대학교 사학과, 연세대학교 대학원(문학박사)에서 수학하였으며, 현재 연세학연구소 전문연구원으로 활동하고 있다. 「언더우드와 에비슨의 신앙관 비교」 등의 논문들을 썼고, 본 연구소에서 간행한 『연·세전 교장 에비슨 자료집』(Ⅰ)과 (Ⅲ)~(Ⅵ)를 번역하였다.

▌감수 ㅣ 김도형

서울대학교 국사학과, 연세대학교 대학원(문학박사)에서 수학하였으며, 연세대학교 교수, 한국사연구회 회장, 한국대학박물관협회 회장, 동북아역사재단 이사장 등을 역임하였다. 『민족문화와 대학: 연희전문학교의 학풍과 학문』과 『근대한국의 문명전환과 개혁론: 유교비판과 변통』, 『국권과 문명: 근대 한국 계몽운동의 기원』, 『민족과 지역: 근대 개혁기의 대구·경북』을 비롯한 다수의 논저가 있다.

▌자료수집 ㅣ 최재건

연세대학교 신과대학, Yale University의 Graduate School과 Divinity School, Harvard University의 The Graduate School of Arts & Science(문학박사)에서 수학하였고, 본 연구소 전문연구원으로 활동하였다. 현재 한국성결대학교 석좌교수이다. 『언더우드의 대학설립』과 『한국교회사론』을 비롯한 다수의 국·영문 저서 및 역서가 있다.